久留米大学経済叢書　第18巻

文化経済学と地域創造

環境・経済・文化の統合

駄田井 正・藤田八暉 編著
datai tadashi　fujita hachiteru

新評論

巻頭言

　「文化経済」あるいは「文化経済学」という言葉は、徐々に市民権を得つつあるが、まだまだ一般の人には聞きなれない言葉であろう。経済学部では、経済学の新潮流の一つである「文化経済学」に注目し、検討の結果、2002年4月に文化経済学科を増設した。「文化経済学」を冠した学科ができた日本で初めての事例である。無事に文化経済学科の創設10周年を迎えることができたことは、我々教員一同にとって無上の慶びとするところである。

　文化経済学科の創設にさきがけ、1998年に経済学科に文化経済コースを設置した。このコースの特徴は、文化産業、非営利組織、観光、環境などを中心に据え、従来の効率優先・利潤優先の経済学の分析視点をもっと生身の人間に近い視点に置き換え、経済を捉えようとする点にあると言えるであろう。経済学部にとって、1998～2001年の期間は文化経済学科増設のための準備期間であり、この揺籃期を経て2002年に文化経済学科が誕生する。

　当初、「文化・ネットワーク経済コース」と「観光・環境経済コース」の2コースを設けたが、その後、2007年にカリキュラム改訂を行い、現在の「地域創造コース」と「環境・ツーリズムコース」の2コースとなった。また、教員および学生数に関しては、2002年時の文化経済学科担当教員数は11名（内1名は兼務）、学生募集定員は100名であり、現在もこの状況はほぼ同じである。

　今、10年を経過して、文化経済学科のカリキュラムは逐次整備され、中心部分はある程度固まったように感じている。核となる部分が出来上がれば、そこを拠り所として新しい領域にも踏み込んで教育・研究が出来るというものであ

る。これから、この分野の教育・研究の一層の充実を図り、新しい経済学を実り豊かなものに仕上げていくことが課題である。

　文化経済学科は経済学部の"チャレンジ"であり、新しい経済学への試みである。同時に、他大学との差別化を図る狙いもある。学会などに出席した際、他大学の先生から「久留米の経済学部には面白い学科がありますね」という言葉をいただくようになった。少しは知名度も上がってきたのかとも思うが、文化経済学科が20周年目を迎えるころには単に"面白い学科"というだけでなく、さらに学科内容の改善を推し進め、「久留米の文化経済学科はすごい」と言われることを目指している。

　そして、久留米が文化経済学の中心地となり、学部の理念に謳っている「経済学的視点を持ち、地域に貢献できる実践的人材の育成」という大儀が確実に果たせるようになることを祈念している。

経済学部長　山田和敏

はしがき

　我が国は、1960年代の高度経済成長が象徴するように、物質的・経済的な豊かさを追い求めてきた結果、GDPは世界トップクラスとなり、多くの人が物質面の豊かさを享受できるようになった。しかしその一方で、激甚な産業公害を経験し、また近年は地球温暖化や生物多様性の損失などの地球環境問題への対応が急がれる状況にあることから、豊かさや環境に対する国民の意識も変化してきている。

　これまで「豊かさ」と言えば、物の豊かさのことを表すことが多かったが、近年では心の豊かさを重視する人の割合が多くなっている。内閣府の「国民生活に関する世論調査」によれば、2012（平成24）年度の調査結果では、心の豊かさに重きを置くとする人の割合が64％と過去最高になっている。

　我が国は、急速に少子高齢社会を迎えようとしており、将来に希望がもてるような長期的な方向での国民的合意が必要とされている。言い換えると、GDPで表される数字ではなく、国民が真の豊かさを感じられる持続可能な社会の実現に向けての国民的合意である。このため、国民一人ひとりが幸せを実感出来る生活を享受し、将来世代にも継承することが出来る社会を構築しなければならない。

　持続可能な社会は、環境と経済・社会の両立が成立することで実現される。そして文化は、それらの関係を取り持つものである。これが本書の副題を環境と経済と文化の統合とした理由である。

　本書の第1部では、このテーマをそれぞれ総論的、各論的、または事例的に論述した5篇の論文を収録している。これらは、久留米大学経済学部文化経済学科の創立10周年を記念して開催された公開講座の講義内容をもとに書かれた

ものである。したがって、専門家のみならず一般読者をも意識したものとなっている。

　本書の第2部は、同じく創設10周年を記念して開催された二つのシンポジウムをまとめたものである。

　シンポジウム1「筑後川流域の陶芸文化と小鹿田皿山」は、筑後川流域が中国大陸と朝鮮半島に近いという地理的環境から、小石原（福岡県）、小鹿田（大分県）、一の瀬（福岡県）、白石（佐賀県）などの焼物生産地を形成し、長い歴史的背景をもつ特色ある窯業の生産が今日に残されていることから、映像作家であった故中村孝一氏が残した映像資料を参照しながら、筑後川の流域に形成された陶芸文化の現状と将来について、文化経済学の視点から話し合ったものである。

　シンポジウム2「これからの都市デザイン―コンパクトシティの実現をめざして」は、我が国が人口減少・超高齢社会を迎えるなか、モータリゼーションなどを背景として、都市のスプロール化や中心市街地の空洞化の進行といった事態に立ち至っていることから、これに対処するために都市のコンパクト化を独自の方法で実践している富山市の森雅志市長に特別講演をいただき、持続可能な地域社会の形成に向けて、これからの都市デザインにおいて環境が良好で暮らしやすいコンパクトシティを実現するための具体的な方策についてパネルディスカッションしたものである。

　本書は、このように久留米大学経済学部文化経済学科の創設10周年を記念して開催された公開講座やシンポジウムをもとにして編まれたものである。したがって、本書の刊行については、大学内は言うに及ばず大学外の多くの方にご協力いただいた賜物であり、ここに衷心から感謝の意を申し述べたい。

　2014年1月吉日

駄田井　　正

藤田　八暉

もくじ

巻頭言 …………………………………………………………………………… i
はしがき ………………………………………………………………………… iii

第1部 論文集：環境と経済と文化の統合

第1章　文化経済学からの視点（駄田井　正）　5

はじめに　5

1　文化経済学の系譜 …………………………………………………… 6
2　文化経済学と経済社会学 …………………………………………… 6
（1）文化経済学の視点　9
（2）政策科学としての文化経済学　10

3　厚生経済学と文化経済学の基本公式 …………………………… 10
（1）厚生経済学批判　10
（2）文化経済学の基本公式　12
（3）文化力と経済力の相互作用　14

4　幸福と文化力 ………………………………………………………… 15
（1）文化の定義　15
（2）幸福のパラドックス　16
（3）二つの幸福感　17
（4）文化と社会　18

5　文化による経済の活性化 …………………………………………… 18
（1）都市や地域の集客力と文化力　19
（2）地域自立と産業構造　20
（3）文化産業と創造的都市・地域　21

第2章　循環型社会形成の理念とその推進方策〔藤田八暉〕　25

はじめに　25

1　我が国の廃棄物処理法制の変遷 ………………………………… 27
　(1)　公衆衛生対策の視点　27
　(2)　公害防止対策の視点　28
　(3)　廃棄物減量・リサイクル対策の視点　28
　(4)　循環型社会形成推進の視点　28

2　廃棄物処理法の概要 ……………………………………………… 30
　(1)　廃棄物処理法の制定　30
　(2)　廃棄物処理の体系　31

3　廃棄物の排出処理等の状況 ……………………………………… 32
　(1)　ゴミの排出・処理状況　32
　(2)　産業廃棄物の排出状況　34
　(3)　産業廃棄物再生利用量、減量化量および最終処分量　35

4　ドイツの循環経済政策 …………………………………………… 36

5　循環型社会形成推進基本法の概要 ……………………………… 37
　(1)　循環型社会の姿　37
　(2)　循環型社会形成推進基本法の制定　38
　(3)　循環型社会形成推進基本法の要点　39
　(4)　我が国の物質フロー　42

6　個別物品に応じたリサイクル法 ………………………………… 43
　(1)　容器包装に係る分別収集及び再商品化の促進等に関する法律（容器包装リサイクル法）　43
　(2)　特定家庭用機器再商品化法（家電リサイクル法）　44
　(3)　食品循環資源の再生利用等の促進に関する法律（食品リサイクル法）　44
　(4)　建設工事に係る資材の再資源化等に関する法律（建設リサイクル法）　44
　(5)　使用済み自動車の再資源化等に関する法律（自動車リサイクル法）　45
　(6)　資源の有効な利用の促進に関する法律（資源有効利用促進法）　45

(7) 使用済み小型電子機器等の再資源化の促進に関する法律（小型家電リサイクル法）　45

7　拡大生産者責任の原則の確立　…………………………………… 46
　(1) 拡大生産者責任の一般原則の確立　46
　(2) 拡大生産者責任と循環型社会基本法　47
　(3) OECDにおける拡大生産者責任の適用に向けた動き　48
　(4) 汚染者負担の原則と拡大生産者責任の原則　48

8　循環型社会形成の推進方策　………………………………………… 49
　(1) 2Rの取り組みがより進む社会経済システムの構築　49
　(2) 循環資源の高度利用と資源確保　50
　(3) 循環分野での環境産業の育成　50
　(4) 地域循環圏の構築　51
　(5) 各主体に望まれる具体的な活動　52

むすびに代えて——2050年を見据えた循環型社会の展望 …………… 53

第3章　地域文化と地域活性化——沖縄県うるま市勝連町「肝高の阿麻和利」を中心に（伊佐　淳）　57

　はじめに　57

1　うるま市および旧勝連町の概要　……………………………………… 58
2　「肝高の阿麻和利」の誕生　…………………………………………… 60
3　地域文化と地域活性化　………………………………………………… 62

　むすびに代えて　……………………………………………………………… 72

第4章　文化の消費とマーケティング（浦川康弘）　77

　はじめに　77

1　文化の消費の重要性　…………………………………………………… 78

(1) 物質的追求から創造的活動へ　78
　(2) 文化の消費と創造的活動　80
 2　従来と今日のマーケティングの違い …………………… 86
 3　文化の時代の消費構造 ……………………………………… 90
 4　文化的価値の経済的価値への転換 ………………………… 91
 5　持続可能性とマーケティング ……………………………… 94
　(1) マーケティングの変遷　94
　(2) 文化資本を活かした企業　95
　(3) 文化資本ストックの活用とマーケティング　96

第5章　公教育の文化経済論（森　正直）　99

 1　教育と文化と経済の関係 …………………………………… 99
 2　「教育」の提供側に見られる2区分——私教育と公教育 …… 102
 3　公教育の核心 ………………………………………………… 106
 4　公教育の現状と公教育の文化経済論 ……………………… 107
 5　高等教育も含めた「公教育」の文化経済論 ……………… 113

むすびに代えて——文化経済学への期待 …………………… 118

第2部　シンポジウム：地域文化とまちづくり

1　筑後川流域の陶芸文化と小鹿田皿山 ……………………… 123
　基調報告　「自然・文化・経済」（駄田井　正）　124
　基調講演　「陶芸王国九州」（山本康雄）　131
　パネルディスカッション　筑後川流域の陶芸文化と小鹿田皿山　146

2 これからの都市デザイン──コンパクトシティの実現を目指して … 175
　特別講演　「コンパクトシティ戦略による富山型都市経営の構築」（森雅志）　176
　基調報告　「創造都市への展望」（佐々木雅幸）　203
　　　　　　　「芸術文化活動とまちづくり」（是永幹夫）　216
　パネルディスカッション　これからの都市デザイン
　　　　　　　　　　　　　──コンパクトシティの実現を目指して　221

あとがき　257

執筆者紹介　258

文化経済学と地域創造
――環境・経済・文化の統合――

第1部

論文集：環境と経済と文化の統合

筑後川まるごとリバーパークの図。
筑後川流域全体を、川と水をテーマにしたテーマパークと見なしている

第1章
文化経済学からの視点

駄田井　正

はじめに

　3年ぶりに政権に返り咲いた自由民主党は、安倍首相のもとにデフレ脱却を目指して、インフレターゲット2％を掲げている。デフレ脱却にインフレ政策を実行するのは古い経済学の処方である。日本経済が悩み続けてきたデフレは、産業や日本社会の構造変化に起因していて、それに適応する変革が行われていないことにある。ひと言で言えば、いまだに工業化社会の枠組みを引きずっているということである。

　近年、「サービス経済」だとか「情報知識社会」だと言われて久しい。それに対応した経済学が形成されていない、とは言えないにしても、そのような経済学が主流とはなっていないことも間違いない。

　これまでの工業化社会を前提とした経済学を産業経済学としたならば、ポスト工業化社会を前提とした経済学は文化経済学となる。本論は、文化経済学の視点から、経済学方法論と政策のあり方の基本的な考え方を述べたものである。

　経済成長や発展が経済成長の根底であるという従来の産業経済学的な発想では、現在社会の混迷はますます深まるだけであろう。限りない経済成長と人口の増加は、人類社会の持続可能性を崩すことになる。人間の幸福とは何か、そしてその幸福を実現する社会とはどのようなものであるかという視点からの経済政策でなければならない。

1 文化経済学の系譜

　文化経済学は、Boumol and Brown（1966）を嚆矢とするが、その後、分析手法と実証（経験的）研究の両面における発展進歩に並んで、研究領域も拡張してきている。この文化経済学の発展・進歩に関しては、大きく二つに分けられる。

　第1の分野は、前述のBoumol and Brown（1966）に端を発しているが、文化・芸術にまつわる活動分野に経済学的分析手法を応用するものである。この場合の分析手法は、概ね市場経済に立脚する主流派経済学のパラダイムに基づいている。また、この分野における主なテーマは、文化芸術に対する嗜好の形成、芸術作品に対する需要と供給、文化的施設・産業の運営管理、芸術に関する経済史、芸術への公的支援などとなっている［Blaug（2001）］。

　第2の分野は、Klamer（1996）、Throsby（1999）に端を発すると考えられるが、主流派経済学のパラダイムを越えた方法論の展開となっている［Blaug（2001, p.123）］。主流派経済学のパラダイムへの挑戦には、歴史学派や制度学派そしてマルクス経済学派などの伝統があるが、近年は文化人類学の経済現象への適用（経済人類学）である経済社会学との接点ももっている。

2 文化経済学と経済社会学

　経済社会学とは何かを一言で言うならば、「経済現象に適用された社会学的視点」であると言われる［渡辺（2002, p.3）］。主流派経済学と経済社会学の方法論の相違は、社会と経済の関係をどう見るかに最も明瞭に現れる。主流派経済学は経済を一般社会から切り離して分析する。それは「経済人」という概念によく現れている。経済人は人間的感情を眠らせたまま経済的利益を合理的に

図1-1　埋め込まれた経済と分化した経済

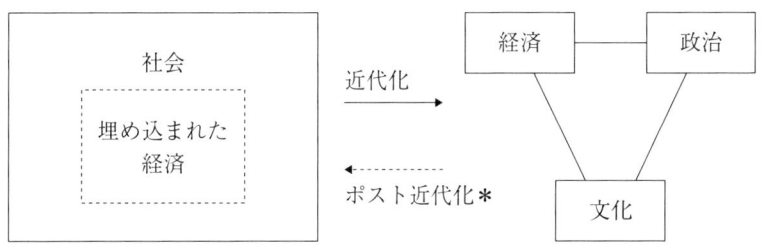

(出典) 渡辺 (2002) 27 ページによる。ただし*は筆者。

追求する。したがって、社会における経済現象とそれ以外のものを峻別し、与件として分析の対象外としている[1]。

　一方、経済社会学では、社会において経済現象とそれ以外の現象とは切っても切れないものとする。すなわち、経済は社会に埋め込まれているとする。この「埋め込み」概念は、Polanyi (1944) によって提唱されたものである。この「埋め込み」概念によれば、社会の近代化（産業化）は、社会に埋め込まれた経済が社会から分化する過程として捉えられている。

　経済が社会から分化しているのなら、主流派経済学のパラダイムは有効性をもつかもしれない。しかし、20世紀の後半になってから、特に石油危機以降、経済と社会の関係が改めて関心を引くようになった。その背景は次に挙げる四つであると言える。

　第1は経済成長神話の崩壊である。経済成長神話は、「科学技術の発達に支えられ経済の成長は無限である」と「経済成長は人々の幸福を向上させる」の二つの命題からなっている。第1の命題に関しては、石油危機以降、資源の制約、自然環境の制約、それに人口の制約などから経済の成長に限界があることが認識されるようになった。第2の命題に関しても、経済の成長そのものが人

[1] Rushton (1999) p.139は、この合理性は他のシステムとの分離を意味するとしている。

間の幸福を高めるとは限らないこと、すなわち幸福のパラドックスの存在が明らかになった。

　第2に産業構造の変化がある。今や先進経済国では、第3次産業の占める割合が圧倒的になってきている。ポスト工業社会化であり、経済のサービス化である。第1次産業や第2次産業のようにモノを生産する場合は、経済行為における人間関係はモノを介して対面する。モノを交換することが目的なので、人間的感情を眠らせたままでおくことが可能であるかもしれない。

　しかし、サービスの場合、直接的に人と人が対峙するので、人間的感情を眠らせたままでおくことが可能かどうか、そしてそのことが望ましいかどうかになる。例えば、福祉や教育など人間的感情を眠らせて可能かどうかである。これらのサービスの質に関して言えば、むしろ人間感情に則したホスピタリティが求められることになる。

　第3には、情報処理や通信技術がIT革命によって飛躍的に向上したことがある。その結果、従来の市場取引のようにマス情報に基づく匿名的な取引とは違った取引が可能になった。

　インターネットは、生産者と消費者が直接的に、個別的に取引することを容易にしている。生産者と消費者が直接的に対峙するようになると、経済価値以

平戸市根獅子の棚田で稲刈をするオーナー達

外の要素にも共感が生まれ、市場価格に一元されない価値に基づく交換が成立する。そうすると、価値観を共有する人々のネットワークや新しいタイプのコミュニティが生まれることになる。例えば、棚田オーナー制の仕組みでは、棚田の自然景観と文化を保持する費用が参加者に転嫁されている。

第4は、経済の限りない成長を目的にするのではなく社会の持続性を目的とするようになると、競争的な市場は自動的にその目的を実現するとは限らなくなった。つまり、「市場の失敗」と言われる事態が明瞭となる。

（1）文化経済学の視点

社会が経済を埋め込む場合「認知的埋め込み」、「文化的埋め込み」、「構造的埋め込み」、「政治的埋め込み」の四つのタイプがあると言われる［渡辺深（2002）pp.31〜35］。「文化的埋め込み」と「構造的埋め込み」は密接に関係する。文化経済学はこの領域に入り込む。そうすると、経済行為に関しては市場経済に関わるものに限定しないで、すなわち経済的交換にのみ限定しないで、社会的交換に関わるものにも着目することになる。

社会的交換と経済的交換の相違について、渡辺深は次のように述べている。「社会的交換では、あなたが何かを受け取ったなら、将来何かをお返ししなければいけないという一般的な期待は存在するが、受け取ったものに対する返礼として何を与えるかはあらかじめ明記されていない。それは、お返しする人の裁量にまかされている。一方、経済的交換では何が交換されるべきか、そして交換される量も契約によって正確に同意されている」［渡辺（2002）pp.27〜28］

表1−1　経済行為の類型と制度的枠組（制度的パターン）

経済行為に類型	制度的枠組のタイプ
家政	閉鎖性
互酬	対称性
再配分	中心性
市場交換	価格決定市場

（出典）渡辺（2002）26ページ。

文化経済学の視点から経済の「文化的埋め込み」と「構造的埋め込み」に着目するというこ

とは、文化力に着目することとなる。そして、経済行為の類型からは、市場交換のみならず、家政、互酬、再配分に着目することとなる。また、財・サービスの交換ということからは、経済的交換（市場経済）のみならず社会的交換にも着目するということとなる。

（2）政策科学としての文化経済学

経済社会学と文化経済学は、経済と社会の関係に関しては認識を共有していると言ってよいだろう。両者の違いは、前者は経済現象を社会的枠組のなかから解明することに重点を置いているのに対して、後者は政策科学の範疇にあるということである。すなわち、社会的枠組のなかの経済現象の解明に力を注ぐが、それはあくまで現実の課題を解決する政策を導くための作業であって、有力な政策が導き出されたなら不必要に現象の解明に立ち入らない。

3 厚生経済学と文化経済学の基本公式

（1）厚生経済学批判

文化経済学を政策科学として位置づけるならば、それは当然ながら経済学の一つの分野となる。政策科学は目的とそれを達する手段の関係を取り扱う。したがって、次の事柄に分けて考察されることになる。

❶ **目的の設定**——設定された目的が妥当なものかどうか。そして、それが理念的なものに終わらずに実践的であるかどうか[2]。
❷ **設定された目的の遂行に最適な手段の選択と開発**[3]——この場合、状況の想定をどうするかが重要であり、かつ想定外のことが生じた場合への対応も考慮しておく必要がある。

厚生経済学は、経済学の政策科学としての性格を最も明瞭な形で定式化してきた。イギリス古典派経済学の哲学的背景は功利主義であるが、それに従えば経済学の目的は「最大多数の最大幸福」[4]となる。換言すれば、社会的厚生、Pigou（ピグー）(1920) の言葉では「厚生一般」を最大にすることである。そして、交換価値（貨幣価値）をもつもの、もしくは交換価値で評価できるものに関係する幸福（効用）を経済的厚生とし、厚生一般と経済的厚生は同方向にあるとの前提のもとに、経済的厚生に焦点を当てることで「厚生経済学」を体系化した。

その後の厚生経済学の展開を概観すれば、基数的社会的厚生関数、序数的社会的厚生関数、公共選択のルールとしての社会的効用関数の三つの段階を経ているように思える。

基数的社会的厚生関数は、個人の効用の大きさ・強さが数量的に測定可能で、しかも個人間の比較も可能であるということを前提にするものである。Pigouはこの想定のもとに、ベンサムの「最大多数の最大幸福」を社会の構成員全員の効用を合計して最大にするものと捉えている[5]。そして、この社会的厚生関数をもとにして、政府がマクロ経済政策の目標とするべき厚生経済学の三つの

---

(2) 価値中立性を前提とすると、職業としての科学者はこのこと（目的の設定）に関わらない。しかし、人類の究極の目的（社会の持続可能性）からして、目的や当面の目標が妥当かどうか検討するのも科学者の役割である。原子力発電所やダムなどの建設の是非をめぐる論議では、専門家の意見だけでなく住民の意思をどうくみ取るか、その合意形成のプロセスの手法も学問の対象である。小林博司 (2004) を参照。社会をシステム論的に解釈すれば、社会システムの目的とするものはその持続可能性である。

(3) 従来の新古典派的発想では、最適な政策を既に存在する手段や技術から選択すると前提し、現実的でなく静態的である。現実には、目的にあった手段や技術を新たに開発するという動態的な局面が見られる。

(4) 最大多数という意味は、幸福の対象とする範囲の問題であって、ある限定された集団や社会における多数者の幸福ということではない。すなわち、個人→家族→地域→国家→全人類という広がりの意味である。国家や階級のように限定された集団や社会の幸福に限定される場合は「特殊功利主義」と呼ばれる。山田孝雄 (1979) p.281。もっとも、「utilitarianism」を「功利主義」と訳すのは誤りであって、「公益主義」と訳すべきであるとの主張がある。

(5) この場合、個人 i の効用を $u_i(y_i)$ で表すと、社会的効用関数 W は、

$$W = u_1(y_1) + u_2(y_2) + \cdots + u_n(y_n)$$

である。ただし、y_i は個人 i の所得水準である。

命題を引き出している[6]。

序数的社会的厚生関数は、基数的効用関数の前提である個人の効用の大きさや強さそれに個人間比較の科学的根拠を疑い、選択対象となる選好順序のみを基準に社会全体の厚生を考えようとするものである。序数的効用関数を前提とすれば、最大多数の最大幸福を表すものとして、構成員全体の効用の総和は意味をもたなくなる。この立場からは、Pigou(ピグー)の厚生経済学の三命題やマクロ経済政策の目標となるような実践的命題を導くのは困難である。要するに、パレート最適をもって到達点とせざるを得なくなる。しかし、パレート最適は、その状態までは反対する人はいないという意味での集団意思決定の出発点にすぎず、到達点とはなりえない[7]。

公共選択のルールとしての社会的厚生関数は、社会全体の幸福水準を表すような数値指標を導出するのではなく、社会の構成員の個々の価値判断に基づいてどのようにして社会全体の価値判断を形成していくかに焦点を当て、そのための妥当な方法やルールを形成しようとするものである。しかし、この分野におけるArrow(アロー)(1963)の先駆的研究で証明されたように、多数決原理に基づくような民主主義と考えられるルールも、整合性の基準からは妥当なものとならない。

厚生経済学は、伝統的に方法論的個人主義に基づく集計的な社会的厚生関数から演繹的に実践的な政策命題を引き出そうとしてきたが、成功しているとは言えない。この方法論では、文化経済学が目指す経済と文化の相互関係を視野に入れるとさらに成果を期待することはできない。とすれば、帰納法的な別の方法が必要となる。

(2) 文化経済学の基本公式

経済学の目的とするところも究極は幸福であり、しかも、特定の人の幸福ではなく社会全体としての幸福である。したがって、社会全体としての幸福動向を問題にしなければならない。経済学では伝統的に社会全体の動向を表すものとして、集計値と代表的企業や消費者と言われるような代表的主体あるいは代

表的市民の概念を使用してきた。代表的主体や市民は、その社会の動向を体現しているものと考えられている[8]。ここでは、この代表的主体あるいは市民の幸福感や生活の満足度を考察の対象にする。

「幸福とは何か」ということに関しては千差万別の考え方があるが、幸福の条件となると比較的に公約数的なものが得られる。幸福の条件として健康、富、知識・知恵は、十分条件としてはもちろん必要条件でもないかもしれないが、重要なものとして挙げられる。少なくとも、代表的市民の幸福を考える場合は、この三つは条件として挙げることは許されるであろう[9]。

経済学は富に関する科学でもあるので、経済力と生活の満足度との関係に注目することになる。駄田井・浦川（2011）は、経済力と生活の満足度が指標化できると想定して、文化力を次のように概念化した（p.124）。

$$文化力 = \frac{生活の満足度}{経済力} \quad (1)$$

あるいは、

---

(6) ピグーの厚生経済学の3命題は、①他の事情にて等しい限り、国民所得を増進させるいかなる原因も経済的厚生を増進させる、②他の事情にて等しい限り、貧者の受け取る国民所得の割合を増進させるいかなる原因も経済的厚生を増進させる、③他の事情にて等しい限り、国民所得の変化を減少させるいかなる原因も経済的厚生を増進させる、である。①の命題に関しては、人々の嫉妬や妬みを無視すれば成立する。②に関しては、経済的厚生がマクロな所得の分配状態だけに関係し、所得に関する限界効用が逓減すれば成立する。マクロな所得の分配状態は、例えばAさんとBさんの所得が入れ替わっても変化しないことである。言うなれば、経済的厚生は何人が金持ちで何人が貧乏であるかに関係し、誰が金持ちで誰が貧乏であるかには関係しないということである。したがって、命題①と②は効用の加法性を前提としなくても成立する可能性があるが、③についてははっきりしない。駄田井（1974）を参照。

(7) パレート最適とは、誰かの状態を悪化させずには、誰かの状態を良化できない状態である。この場合、序数的社会的厚生関数を、$W = F(u_1, u_2, \cdots u_n)$ とした時、
   すべての $j (\neq i)$ について $\partial u_j / \partial u_i < 0$ でなければ $\partial F / \partial u_i > 0$
となる。したがって、嫉妬や妬みがある場合は、この基準では社会を改良できなくなる。

(8) Marshall（1890）、邦訳第Ⅱ巻、pp.314〜315。

(9) 西周はこの三つを明瞭に扱っている。山田孝雄（1979）p.126。

$$\text{生活の満足度} = \text{文化力} \times \text{経済力} \quad (2)$$

となるが、私はこの関係を「文化経済学の基本公式」と呼ぶことにしている。なぜなら、この公式は、政策科学としての文化経済学にとって、文化と経済の相互関係を把握する出発点となるからである。

　ここで、文化力は「富を幸福に変化する能力・パターン」［駄田井・浦川（2011）p.124］であると解することができる[10]。経済力が同じであっても、文化力に優れていれば、より高い生活の満足度が得られるというものである。たとえるならば、食材が同じであっても料理の上手な人はよりおいしい食事をつくることが出来るということである。あるいは、生活条件が経済面において同じであっても健康に気を遣う人は病気にならない。

　文化経済学の基本公式（2）は、文化力と経済力の積になっていることに注目されたい。経済力があっても、それを上手に使わなければ人は幸福になることは出来ない。一方、いかに優れた文化力をもっていても、その能力を発揮するための手段（経済力）がなければどうにもならないということである。聖書に「人はパンのみで生きるにあらず」[11]とあるが、パンなしでは人は生きていけないのだ。

（3）文化力と経済力の相互作用

　文化経済学の基本公式に基づけば、生活の満足度を高めようとするならば、文化力もしくは経済力、あるいはその両方を強化しなければならない。いかに経済力を向上させるかということは、従来の経済学が対象としてきたテーマである。ここで改めて何故文化力も問題にしなければならないかというと、文化力と経済力は相互に依存し影響しあうからである。この相互作用の可能性は、理論的には以下の五つの場合が考えられるが、現実には、どの場合も起こりうる可能性がある［駄田井・浦川（2011）p.125］。

　①経済力と文化力は無関係。
　②経済力の上昇で文化力も向上する。

③経済力を強化することで文化力が低下する。
④文化力の向上とともに経済力も向上する。
⑤文化力が向上することで経済力が低下する。

　従来の経済学（仮に産業経済学とする）のパラダイムに従えば、明示的に、あるいは暗黙に①または②の場合を想定することになる。一方、文化経済学のパラダイムでは③および④の可能性に着目する。次節で、文化と社会の関係について簡単に触れたあとで、③と④について述べることにする。

4　幸福と文化力

（1）文化の定義

　文化の定義に関しては、文化に関わる研究者の数ほど定義があると言われている。ここでは、最も広い意味に属する「人間の成長にかかわる二つのタイプの情報（遺伝的情報、非遺伝的情報）のうち非遺伝的情報にかかわるもの」[12]を取り上げたい。そして、文化と文明を区別する必要がある時は、文明を「技術の発展を中心とする物質的な面であって、普遍性と累積性をもつもの」[13]とする。一方、文化はこれに対し、「主に非物質的な面で、特定の民族、地域社会にとって、その集団の特性を構成する不可欠な存在」[14]と考える。

---

[10]　あるいは、外部環境を意識し、社会資本としての文化に着目すれば「文化の持つ、人々に元気を与え地域社会を活性化させ、魅力ある社会づくりを推進する力」（文化庁・文化力プロジェクト）となる。
[11]　新約聖書「ルカによる福音書第4章4節」、「マタイ福音書第4章4節」。
[12]　鈴木良次・曽我部正博「遺伝子と文化の相互作用」、石井・小林・清水・村上（1984）p.3。
[13]　渡辺明「進歩する科学技術と文明化考」、佐々木晃彦（1999）p.43、鈴木（2000）p.18。
[14]　渡辺通弘「文化哲学と文化システム」、佐々木晃彦（1999）pp.61〜62、渡辺明（前掲）。

したがって、文明は経済力と深く関係する。Bianch（ビアンチ）(2006) は、幸福を追求する人間の活動を次の二つに分けた。

❶**防衛的活動**——苦痛の排除、快適・便利さの追求⇒日常的・惰性化する、飽きる。
❷**創造的活動**——快楽（楽しいこと）の追求、惰性化しない、飽くことがない。

　文明や経済的活動がもたらすものは防衛的活動に属する便益であって、普及することによってその効用が減少し、広い意味での限界効用逓減の法則が働くものである。一方、文化は創造的活動に関係するものであると言えよう。

（2）幸福のパラドックス

　一般に経済の発展は、人間の行動の選択範囲を広め活動の自由度を高め、人間の幸福を増大させると言われている。しかし、最近、このことに関して大きな疑問が提出されている。50に及ぶ世界各国のデータによると、経済が成長し所得が増えても幸福度が高まるとは限らないとなっているからである[15]。この現象は「幸福のパラドックス」と呼ばれている。
　この幸福のパラドックスは、日本の時系列データを見るともっとはっきりしてくる。総務省によると、1958年から生活の満足度はほとんど変わっていない。それどころか、少し下がり気味である。しかし、20年間で実質所得は6倍になっている。文化力と経済力の相互作用から幸福のパラドックスを解釈してみよう。
　経済が未発達の時は、②の場合、すなわち経済力の上昇とともに文化力も向上し、人々の幸福感を相乗的に押し上げる。しかし、経済が発展してくると③の場合が生じる。つまり、文化力の低下が起こり、その低下が経済力の上昇を上回ると生活の豊かさが低下して、幸福のパラドックスが生じることになる。
　経済成長によって人々に経済的余力が生まれ、教育や文化芸術に力を入れることで文化力が向上することは想像できるが、経済成長が文化力を低下させる

ということについては混みあった事情がある。そのため、「幸福」について考える必要がある。

（3）二つの幸福観

Porta（2006）によれば、西洋思想史では幸福観について次の二つの流れがあるとされている。
❶ ヘドニズム（快楽主義　効用主義　ベンサム派）——幸福とは快楽と苦痛の差にある。
❷ ユードノニズム（アリストテレス）——幸福とはよき人間関係にあり、富はそれを実現するための手段であり目的ではない。

ヘドニズムの功利主義的幸福観は、伝統的な経済学と関係が深い。人は苦痛・不快・犠牲（費用）を出来るだけ小さくし、快楽・便益（利益）を出来るだけ大きくしようとする。その差の大きさが満足の大きさになると考える。一方、Bianch（2006）は、前述したように幸福を追求する人間の活動を「防衛的活動」と「創造的活動」の二つに分けた。

経済的活動がもたらすものは防衛的活動に属する便益であって、普及することによってその効用が減少する（広い意味での限界効用逓減の法則が働く）ものである。一例を挙げると、ひと昔前までは携帯電話は貴重なものであったが、今は当たり前のものになり、持たない場合は不便を感じるようになってしまっている。

次から次へと生活を便利にするものがつくられるが、最初はその便利さに感激しても、長く使っていると当たり前となってありがたみを感じなくなる。そして、それを失うと苦痛になるので、それを得るために所得を稼がなくてはならなくなる。結局、所得は増加しても生活の満足感は向上しないことになる。この現象は「トレッドミル効果」と呼ばれている[16]。

---

(15) Frey and Stutzer（2002）、Frey（2008）、大橋（2011）。
(16) Binswanger（2008）。

（4）文化と社会

　一方、ユードノニズムの幸福観からは、仲のよかった兄弟が親の遺産をめぐっていがみ合うことがよくあるように、富を得るために経済活動に勤しむあまり人間関係を損ない幸福のパラドックスにつながる。よい人間関係を築くかどうかは、倫理や道徳あるいは宗教などと密接に関連しており、深く文化に根を下ろした事象である。

　人間は他の動植物と異なり、身体機能の進化よりも文化を創造し、社会を形成して自然環境に適応し種族を保存してきた。人間は文化を形成しなかったら、氷河期やその後の温暖化に適応できず滅びたかもしれない。そして、文化は社会によって継承されていく。社会の持続がなければ個の構成員の存続もない。したがって、社会を持続させるための利他主義やユードノニズムは、人間の感情のなかに本能的にインプットされているものであるのかもしれない。

　自分のためだけでなく、社会やほかの人のために活動することで快感や幸福感を覚えるのはそのためであろう。創造的で自発的な文化活動や社会活動は、人々の生活の満足度を向上させる。

　近代以前の伝統的文化は、地域の自然環境に適応するように形成されてきたものであり、その地域の自然観環境を保全出来た地域が生き伸びてきた。その意味では、生物の多様性と文化の多様性は密接に関係すると言える[17]。

5　文化による経済の活性化

　今までは、文化力に関し、主に人間の幸福や生活の満足度にどう影響するかについて考察してきた。本論の終わりにあたって、文化力がどのように経済力を向上させるかについて考察することにする。

　文化力が経済力を向上させる要因として、内部経済効果と外部経済効果に分けて考えることができる。まず、外部経済効果について考える。

（１）都市や地域の集客力と文化力

　先進国では第３次産業が圧倒的な割合を占め、アメリカ、イギリス、フランス、日本などでは70％以上の人々が第３次産業で働いており、ポスト工業社会化している。また、新興経済国も急速にポスト工業化社会に向かっていると言える。

　第１次産業は自然から収穫を得る農林水産業であり、第２次産業は人間が加工し人工物をつくり出す製造業である。そして第３次産業は、第１次産業、第２次産業以外のものであると定義されている。第１次産業と第２次産業は、目に見える形のあるものを生産しているのに対し、第３次産業は目に見えないもの、形のないもの、サービスを提供している。

　ところで、目に見える形あるものを生産して販売する場合と、目に見えない形のないサービスを提供する場合とでは、生産者（提供者）と消費者（顧客）との関係において基本的な相違がある。モノの生産の場合は、顧客や最終消費者は直接生産の現場（工場や農場）に訪れる必要はなく、実際そうするのは稀である[18]。

　生産されたものは、流通プロセスを通じて顧客や消費者に届けられる。したがって、モノの生産地は、極端に言えば環境が少々汚染されていてもよいし、街並みが美しくなく、文化的でもなく、魅力的なものでなくてもよい。都市は、アメニティよりも輸送などに効率的であればよいわけである。

　しかし、サービスの提供の場合はそうはいかない。サービスの提供者と顧客は通常直接的に顔を合わせなくてはいけない[19]。よってサービスの提供者は、サービス提供の場に顧客を呼び込まなくてはならない。その場が、環境や治安が悪く、街並みも変哲もなく魅力の乏しいものであれば顧客は訪れるのを躊躇

---

[17]　日高（2005）、Diamond（2005）。
[18]　グリーンツーリズムや産業ツーリズムでは、顧客が農場や工場を訪問するが、これはあくまで観光目的で生産物の購買は付随的なものである。
[19]　テレビ、DVD、インターネットなどサービスのコンテンツを伝達する媒体が発達した昨今では、顧客がサービスの提供者と直接顔を合わなくても、そのサービスに接する機会が増えている。しかし、このような媒体を通したものは臨場感などに欠けている。

するだろうし、定住することも期待できない。現在の都市はほとんどサービス業で成り立っているので、集客能力がなければ経済的にも成り立たなくなる。

（2）地域自立と産業構造

　第3次産業が肥大化し、しかも目に見えないものと言っても、エネルギーの生産や輸送、通信、公的サービス、レジャーなど極めて雑多なものがこの中には含まれている。肥大化したサービス・ソフト産業の内容を検討し、それの意義あるいは今後の発展の方向性を見るには、ある基準に基づいて再分類する必要がある。分類の基準には様々なものがあるように思えるが、次のような分類が、一応合理性をもつように思える［駄田井・浦川（2011）pp.70〜73］。

・**第3次産業**——家事サービスおよびこれに準ずるもの。レストラン、ホテル、理髪、美容、洗濯、工芸品の修理・補修など。
・**第4次産業**——分業を可能にして効果的にするもの。輸送、商業、通信、行政など。
・**第5次産業**——人間の能力の洗練と強化に関するもの。これと第3次産業との相違は、慣習的な方法で世話をするものとそうでないもの、常にイノベーティブなサービスとそうでないものとにある。医療、教育、研究、レクレーション、芸術活動など。

　地域が持続的に発展していくためには、地域基幹型産業、地域サポート型産業と地域づくり先導型産業がバランスよく存在しておかなければならない。地域基幹型産業はその地域の経済を支える産業であり、その地域の地理的・歴史的条件によって異なる。例えば、農業であったり漁業であったり製造業であったりするわけである。
　一方、地域サポート型産業はその地域の生活を支える産業で、小売業、理容、クリーニング、交通、通信、教育、医療など第3次産業が主となる。住民がいる限り、この産業に対する一定の需要は必ずある。

地域基幹型産業と地域サポート型産業があれば、住民は所得を稼げて生活に必要なものとサービスを調達することが出来、その地域で生活が可能となる。しかし、地域経済を支える地域の基幹産業が、この先もずっとそこの地域経済を支え続けるかどうかは分からない。

　地域経済が持続するためには、将来の基幹産業となるべき産業が既に芽生えていなければならない。それが地域づくり先導型産業である。地域先導型産業は、その性格からして小組織創造型企業で構成されており、これらが多くあり、活発に活動している地域は将来が明るいと言える。

　ポスト工業社会という特色から考えると、新しく分類した第5次産業が地域づくり先導型産業として期待できる。人間の能力の洗練と強化に関わるこの産業は、教育、医療、福祉などに関わり、地域サポート型産業でもある。その意味では、常に地域で一定の顧客を確保でき、かつ地域を先導するということから二重に地域に貢献することになる。

（3）文化産業と創造的都市・地域

　幸福のパラドックスを実感した人々は、生活の満足度を高めるために創造的活動を欲するようになる。そうなると、人々の芸術やスポーツに親しみ文化的活動の機会を提供することがビジネスとして成立してくる。このビジネスは、言うなれば、人々が認識した文化的価値を経済的価値に転換するものである[20]。このビジネスは、文化産業とか文化関連産業に分類される[21]。しかし、文化的価値を経済的価値に転換するには困難な問題がある[22]。

　この問題を解決する一つの方法が文化複合事業体である。これは、何種類かの文化産業・文化関連産業・新文化産業を一か所に集めて相乗的効果を引き出し、地域の文化・経済を活性化しようとするものである。狭義の文化産業のもつ文化的価値で都市や地域の集客力を高め、その周辺に経済的価値を生みやすい文化関連産業や新文化産業、それに、時には文化に関連しない産業を配置し

---

[20]　Throsby（2001）（邦訳書、pp.56～57）は、文化的価値として、美学的、精神的、社会的、歴史的、象徴的、本物（オリジナリティ）を挙げている。

て、総体として経済性を確保しようとするものである[21]。

この考え方を都市全体[24]に広げようとするものが、創造都市の構想である。創造都市とは、「人間の創造活動の自由な発揮にもとづいて、文化と産業における創造性に富み、同時に、脱大量生産の革新的で柔軟な都市システムを備えた都市」［佐々木雅幸（2012）p.44］のことである。遊び、学び、仕事があり、それらの行為が個人のなかでは一体化できる場である。この概念は、比較的住民に一体感がある地域、例えば離島や流域などにおいて拡張が可能である。

---

[21] 池上惇・植木浩・福原義春編の『文化経済学』（p.97）によれば、狭義の意味での文化産業は芸術・学術・道徳・宗教などの文化活動であり、この狭義の文化産業に関連する産業（文化関連産業）として次のようなものがある。

　後方関連として、狭義の文化活動を育成する教育活動（教育産業）、文化活動に必要不可欠な用具・機器・施設、文化ストックを生産する文化手段産業がある。前方関連として、文化活動によって創造された新しい美などの文化価値（ソフトウエア）を付帯する商品（ハードウェア）を生産する産業である複製文化産業、それらの生産物を流通させる文化周辺産業（文化流通産業・広告業）がある。それらは、コンテンツ産業（知的財産権によって保護されている財・サービスの生産［創造］と流通を担っている産業）や創造産業の範疇に含まれる。また、スポーツ産業・生涯学習産業・観光産業・料理業などは新文化産業と呼ばれる。これらの産業は、第5次産業として分類されたものに関連する。

[22] Throsby（2001）（邦訳書，pp.61〜61）は、文化価値を経済価値に転換するのが困難な理由として、①文化の価値は、多様で相対的、②文化に関する情報の欠如、③文化は質的に異なる次元の判断、共通の尺度をなかなか設定できない、④共通の尺度に乗っても、貨幣尺度に乗るとは限らない、⑤集団的現象をともなっているものを、個人に支払うことは不能、などを挙げている。

[23] 白石史郎（「魅力的な地域拠点劇場・劇団による地域振興——劇団わらび座、宝塚歌劇団をモデルに」）は、劇団わらび座と宝塚市を文化複合事業の例に挙げている。

[24] 都市とは、その理想の意味で以下のように定義できる。①地理的網細工、経済的組織体、制度的過程、社会的活動の劇場、集合的一体の美的象徴、②共通の家庭的・経済的活動の物理的枠組、③人間文化も意味ある活動と昇華された協働の意識的な舞台装置、④芸術を育てるとともに芸術であり、都市は劇場をつくるとともに、劇場である、⑤人間のより目的的活動が人間の出来事や集団と争い協力しながらさらに意味深い頂へと形成され実現するのは、都市において、劇場としての都市においてである。佐々木雅幸（2012）p.36。

参考文献

- Arrow, K. J.（1963）*Social Choice and Individual Value*. John Wiley & Sons.（長名寛明訳『社会的選択と個人的評価』日本経済新聞社、1977年）
- Bianch, M.（2006），"If happiness is so important, why do we know so little about?", in Bruni, L and Porta, P. L.（2006, chapter7, pp. 127～150）
- Binswanger. M（2008）*Die Tretmuchlen des gluchs, Wir haben immer und verden will gluchlicher, Was konnen wir tun?* Verlag Herder GmbH.（小山千早訳『お金と幸福のおかしな関係──トレッドミルから降りてみませんか』新評論、2009年）
- Boulding, Kenneth E.（1970）*Peace and the War Industry*, Transaction Book, Adline Publishing Company.
- Bruni, L. and Porta, P. L. ed（2006），*Handlook on the Economics of Happiness*, Edward Elgar.
- Bruni, L（2006）"The"technology of happiness"and the tradition of economic saience", in Brune and porta（2006）chapter2, pp.24～52.
- Baumol, W. J. and Bowen, H.（1966）*Performing Arts: The Economic Dilemma*, The Twentieth Century Fund.
- Blaug, M.（2001）"Where Are We Now in Cultural Economics?" *Journal of Economic Surveys*, Vol.15, No.2, pp.123～143. Reprinted in Towse（2007）pp.3～23.
- 駄田井正（1974）「ピグーの厚生経済学と所得分配の平等の妥当性」『産業経済研究』〈久留米大学〉第14巻3号、pp.195～197.
- 駄田井正・原田康平・王橋編著（2010）『東アジアにおける少子高齢化と持続可能な発展──日中韓3国比較研究』新評論
- 駄田井正（2010）「少子高齢化への対応」、駄田井・原田・王（2010）に収録（pp.348～343）
- 駄田井正・浦川康弘（2002）『文化の時代の経済学入門』新評論
- Diamond, J.,（2005）*Collapse, How Societies Choose to Fail or Succeed*, Viking（楡井浩一訳『文明崩壊、滅亡と存続の命運を分けるもの』（上・下）草思社、2005年）
- Frey, Bruno S.（2008）Happiness: *A Revolution of Economics*, Massachusetts Institute of Technology.（白石小百合訳『幸福度を測る経済学』NTT出版、2012年）
- 日高敏隆編（2005）『生物多様性はなぜ大切か？』昭和堂
- 池上淳（1991）『文化経済学のすすめ』丸善ライブラリー
- 池上惇・植木浩・福原義春編（1998）『文化経済学』有斐閣
- 石井威望・小林登・清水博・村上陽一編（1984）『現代文化のポテンシャル』ヒューマンサイエンス5、中山書店

- Klamer, A., ed.（1996）*The Value of Culture. On the Relationship between Economics and Arts.* Amsterdam University Press.
- 小林博司（2004）『誰が科学技術について考えるのか』名古屋大学出版会
- 西川正郎（2009）「文化経済学と日本の未来」『文化経済学』〈文化経済学会（日本）〉第6巻4号、pp.3～8.
- 大橋照枝（2011）『幸せの尺度――「サステナブル日本3.0」を目指して』麗澤大学出版会
- Pigou, A. C.（1920）　*The Economics of Welfare*, MacMillan.（永田清監修、千種義人他3名共訳『厚生経済学』東洋経済新報社、1953年）
- Polanyi, K,（玉野井芳郎・平野健一編訳『経済の文明史』日本経済新聞社、1980年）
- Porta, L. and R. Scazziere（2006）"Public Happiness and Civil Society", in Bruni,L and Porta, P.L.（2006, chapter5, pp.95～123）
- Rushton, Michael（1999）"Methodological Individualism and Cultural Economics", *Journal of Cultural Economics* 23, pp.137～147, reprinted in Towse（2007, pp.77～87）.
- 佐々木晃彦編著（1999）『文明と文化の視角――進化社会の文化経済学』東海大学出版会
- 佐々木雅幸（2012）『創造都市への挑戦――産業と文化の息づく街へ』岩波現代文庫
- 鈴木董（2000）『オスマン帝国の解体――文化世界と国民国家』ちくま新書
- 鈴木謙介（2007）『〈反転〉するグローバリゼーション』NTT 出版
- Throsby, D.（2001）*Economics and Culture*, Cambridge University Press（中谷武雄・後藤和子訳『文化経済学入門――創造性の再生から都市再生まで』日本経済新聞社、2002年）。
- 戸所　隆（2006）「文化資源を活かした創造的地域多様性社会の構築」『文化経済学』〈文化経済学会（日本）〉第5巻2号、pp.7～12.
- Towse, Ruth（ed.）（2007）*Recent Developments in Cultural Economics, The international library of critical writings in economics*, E. Elger, 330.8/157
- 渡辺明（1999）「進歩する科学技術と文明文化考」、佐々木（1999）第3章
- 渡辺深（2002）『経済社会学のすすめ』八千代出版
- 渡辺通弘（1999）「文化哲学と文化システム」、佐々木（1999）第6章
- 山田太門（2006）「展望：文化経済像をどう捉えるか」『文化経済学』〈文化経済学会（日本）〉第5巻2号、pp.1～2.
- 山田孝雄編（1979）『世界の幸福論』大明堂

第2章
循環型社会形成の理念とその推進方策

藤田　八暉

はじめに

「もったいない」の日本文化

　昔の日本人の暮らしは、自然の恵みを享受し、自然と共生した形で営まれていた。建物、家具、日用品、衣類など生活に必要なものはほとんど自然の産物からつくられ、生きるために必要な食べ物も身近な植物など自然界から得ていた。そのほかにも、病気や怪我の治療のために植物を利用したり、布を染める染料を植物から得たり、夏の暑さをしのぐために瓢箪やヘチマで木陰をつくるなどといったように、日々の暮らしで自然の恵みはなくてはならないものであった。

　さらに、季節の移り変わりも自然の移ろいから知ったということであり、四季に富んだ我が国の自然との豊かな関係は他国に例を見ないといっても過言ではないだろう。

　そうした自然豊かな気候風土に恵まれたからこそ、素晴らしい文化が育まれてきたと言える。山、海、川、木など自然のすべてに「八百万の神」が宿っているからモノを大切にしなければいけない、「もったいない」ことをすると罰が当たると教えられた。このように日本の文化の基底には、元来、このような思想があるのである。

江戸時代は循環型社会

　本稿のテーマである「循環型社会形成の方策」について考える時、循環型社会形成の先駆的な例は江戸時代にあったのであり、何も新しいことではない旨を銘記しておく必要がある。その当時の農家は牛や馬を使い、肥料には人や家畜の排泄物、あるいは藁を燃やした灰、雑木林の落ち葉を利用して農耕が行われていた。さらに、藁からは米俵、筵(むしろ)や草鞋(わらじ)などの製品をつくり、使い終えた藁製品は再び堆肥などに利用したという徹底した循環型社会であった。人々はモノを大切にし、豊かな自然と共生する暮らしを営んでいたのである。

　しかしながら、そうした我が国の伝統文化は、明治時代に入り西洋文明の浸透と相俟って喪失してゆき、それとともに廃棄物問題が生起してきた。

大量生産・大量消費、そして大量廃棄の社会へ

　第2次世界大戦後の高度経済成長に伴い、それまでの「もったいない」という考え方のもと、モノを大事にしてきた日本の文化も希薄となっていった。その当時言われたのは、紙の使用量はその国の文化のレベルを示す、「ゴミは文化のバロメーター」であるとして、浪費を奨励するような考え方であった。

　その後、人々はさらに便利なものを欲求するようになり、次々と新しい製品が市場に出されるようになった。その結果、モノを大量に生産し、大量に消費し、大量に廃棄する社会へと変貌していったわけである。

廃棄物問題の深刻化

　こうして我が国は、大量生産・大量消費・大量廃棄の経済社会システムが定着してしまい、廃棄物問題が深刻化していった。自然界に排出される大量の廃棄物によって、自然の生態系バランスが崩され、環境の悪化を招いてしまった。さらに、廃棄物は量が増えただけでなく、化学物質を含んだ危険な廃棄物も発生してきた。

　このような事態から、廃棄物対策は、従前の発生した廃棄物を衛生的に処理する公衆衛生対策から、廃棄物による環境負荷を発生させないようにする環境対策へと大きく舵が切られることになった。

「循環型社会」の形成推進へ

これまでの大量生産・大量消費・大量廃棄型の経済社会システムを脱し、21世紀の日本を「循環型社会」にすることが環境政策の大きな課題となり、近年は、循環型社会の形成に向けて各種の施策、対策が進められている状況にある。

本章では、我が国の廃棄物処理法制の変遷、廃棄物処理法の概要、廃棄物の排出処理などの状況およびドイツの循環経済政策をレビューし、循環型社会の姿を描出したうえで循環型社会形成の推進に関わる現行の法制度などの考察を行い、それらを踏まえて、循環型社会の形成を推進するために必要と考える方策について論及していきたい。

1 我が国の廃棄物処理法制の変遷

（1）公衆衛生対策の視点

廃棄物問題は、その時代によって様相を異にする。歴史的に見れば、住民の伝染病予防など公衆衛生上の問題から法的な取組が始まっている。これは、我が国だけではなく西欧諸国でも同様であると言える。

我が国の廃棄物処理に関する法制は、1900（明治33）年に制定された「汚物掃除法」が初めである。同法は、汚物、いわゆるし尿やゴミなどを行政サービスとしてその当時の市と大きな町・村が処理するというものであり、衛生行政部局が担当した。

この法律は第2次世界大戦後の1954（昭和29）年に制定された「清掃法」に引き継がれ、それまで処理自治体が市や大きな町村だったのを全国の市町村に拡大した。これらの法律は、公衆衛生の向上を目的として制定されたものであり、公衆衛生対策としての廃棄物処理、衛生的で快適な生活環境の保持という側面が強かった。

（2）公害防止対策の視点

　高度経済成長期に入り、工場・事業場から排出される様々な有害物質による水質汚濁等の公害問題の深刻化、これとあわせて工場・事業場から排出される廃棄物の量が増大したことなどから廃棄物処理に関わる規制の必要性が高まり、1970（昭和45）年のいわゆる公害国会において一連の公害立法とともに「廃棄物の処理及び清掃に関する法律」（以下「廃棄物処理法」）が制定された。廃棄物処理法においては、「この法律は、廃棄物を適正に処理し、及び生活環境を清潔にすることにより、生活環境の保全及び公衆衛生の向上を図ることを目的とする」と規定されている。

　同法では、廃棄物[1]を一般廃棄物と産業廃棄物に区分し、産業廃棄物について事業者の処理責任を法律上明確にした。このように、従前の衛生的に処理する公衆衛生対策の観点に加え、公害対策の観点が廃棄物法制に加わった。

（3）廃棄物減量・リサイクル対策の視点

　高度経済成長期以降、大量生産・大量消費型の経済社会システムにより経済的な発展を享受した一方で、大量の廃棄物を生み出す大量廃棄型の経済社会構造が形成された。排出される廃棄物の量は増加の一途を辿り、また廃棄物の種類も多様化した。大型家電製品など市町村による焼却では適正処理や減量化が困難なものが増加し、廃棄物を埋め立てる最終処分場が逼迫する事態が生じてきた。このため、廃棄物の排出抑制および再生利用（リサイクル）の促進を通じ、廃棄物の減量を図るための制度構築が喫緊の課題となった。

　このような背景のもと、1991（平成3）年に廃棄物処理法の大幅改正が行われるとともに「再生資源利用促進法」が制定された。

（4）循環型社会形成推進の視点

　我が国は、廃棄物問題で以下に挙げるような課題に直面している。

❶廃棄物の発生量の高水準での推移。
❷リユース・リサイクルの一層の推進の要請。
❸廃棄物処理施設の立地の困難性。
❹廃棄物の不法投棄の増大。

　これらの問題を解決するためには、大量生産、大量消費、大量廃棄型の経済社会から脱却し、生産から流通、消費、廃棄に至るまで物質の効率的な利用やリサイクルを進めることにより資源の消費が抑制され、環境への負荷が少ない「循環型社会」を形成することが急務となっている。
　このような状況を踏まえ、21世紀の日本を「循環型社会」にすることが国の政策の大きな課題となり、2000（平成12）年に「循環型社会形成推進基本法」が制定され、循環型社会[2]の形成に関わる基本原則（3Rの推進など）や、国、地方公共団体、事業者、国民の責務などの規定、さらに、製品の生産者が生産段階だけでなく、廃棄された後の製品の回収やリサイクルについて一定の責任を有するとする拡大生産者責任の原則が規定された。また、この考えのもと個別物品のリサイクル立法などが行われている。このことから、2000年は「循環型社会元年」とも言われている。国の廃棄物政策は、廃棄物による環境負荷を発生させないようにする対策へと大きく転換し、廃棄物対策は環境行政として行われることになった。2001（平成13）年1月の中央省庁改革で環境庁は環境省になり、廃棄物行政は環境省が所管することになった。

---

(1) 廃棄物の定義については、「ごみ、粗大ごみ、燃え殻、汚泥、ふん尿、廃油、廃酸、廃アルカリ、動物の死体その他の汚物又は不要物であって、固形状又は液状のもの（放射性物質及びこれによって汚染された物を除く）」と規定されている。廃棄物は、一般廃棄物と産業廃棄物に区分され、一般廃棄物は産業廃棄物以外の廃棄物をいい、家庭から排出されるゴミやし尿などがこれに該当する。一方、産業廃棄物は、事業活動に伴って生じる廃棄物のうち、法で定められた燃え殻、汚泥、廃油、廃酸、廃アルカリ、廃プラスチック類と政令で定められた13種類の廃棄物、合わせて20種類の廃棄物をいう。
(2) 循環基本法第2条第1項の定義によれば、循環型社会とは、「製品等が廃棄物等となることが抑制され、並びに製品等が循環資源となった場合においてはこれについて適正に循環的な利用が行われることが促進され、及び循環的な利用が行われない循環資源については適正な処分（廃棄物としての処分をいう）が確保され、もって天然資源の消費を抑制し、環境への負荷ができる限り低減される社会」とされている。

表2-1 我が国の廃棄物処理法制の変遷

明治33（1900）	「汚物掃除法」 （汚物［し尿、ごみ］を行政サービスとして市、特定の町村が処理）
昭和29（1954）	「清掃法」（処理主体を全国の市町村に拡大）
昭和45（1970）	「廃棄物処理法」（産業廃棄物の処理責任の明確化）
平成3（1991）	「廃棄物処理法改正」 （「排出抑制」、「再生利用」等の減量化を位置付け、 　マニフェスト制度の導入　等） 「再生資源利用促進法」（リサイクル促進のための上流対策）
平成7（1995）	「容器包装リサイクル法」 （ガラス瓶、ＰＥＴボトルについて9年度から再商品化義務付け 紙製・プラスチック製容器包装については12年度から義務付け）
平成9（1997）	「廃棄物処理法改正」 （廃棄物の再生利用認定制度の新設、 　生活環境影響調査の実施、関係住民・市町村長からの意見 　聴取など施設の設置手続きの明確化、 　不法投棄対策の強化　等）
平成10（1998）	「家電リサイクル法」 （テレビ、冷蔵庫、洗濯機、エアコンについて13年度から 再商品化義務付け）

（備考）「循環型社会形成推進基本法」制定以前の主要な廃棄物処理法制の変遷を整理したものである。
（出典）環境省資料を基に筆者作成。

2 廃棄物処理法の概要

（1）廃棄物処理法の制定

廃棄物処理法は、前述したように、1970（昭和45）年の公害国会において他

の公害関係法とともに制定されており、それ以前の市街地区域を中心とする区域内の汚物を衛生的に処理する観点から実施されてきた清掃法を全面的に改正し、我が国の産業活動の拡大に伴い大都市圏を中心に膨大に増加した廃棄物の発生による環境汚染に対処するため、当時の実態に即した廃棄物の処理体系を整備したものである。

同法は、その後、時代の要請に応じ数次の改正を重ねてきているが、次に挙げる基本体系は現在の廃棄物処理法にまで受け継がれている。

- 廃棄物を人の日常生活から排出されるものを中心とする一般廃棄物と、事業活動に伴い排出される産業廃棄物に区分し、それぞれの処理体系を整備。
- 一般廃棄物の処理については、処理の主体を原則、市町村の清掃事業に置くなど、清掃法の理念を継承。
- 産業廃棄物の処理については、事業活動を営む者(事業者)の処理責任を明確に規定し、事業者は排出する産業廃棄物を自ら処理しなければならないものとし、また、事業者が排出した廃棄物が一般廃棄物に該当する場合でも処理に責任を有するとした。

同法は、①廃棄物の排出抑制、②廃棄物の適正処理(リサイクルを含む)、③廃棄物処理施設の設置規制、④廃棄物処理業者に対する規制、⑤廃棄物処理基準の設定などが主な内容となっている。

また同法は、1991(平成3)年には廃棄物の排出抑制および再生利用(リサイクル)の促進を通じ、廃棄物の減量を図るための制度を導入するため大幅改正が行われている。あわせて、「再生資源利用促進法」も制定されている。

(2) 廃棄物処理の体系

廃棄物は一般廃棄物と産業廃棄物の区分によって、廃棄物の排出者(住民、事業者)や市町村、都道府県それぞれの役割や関与、規制の仕組みが異なっている。

まず、処理責任の主体が異なっている点が挙げられる。一般廃棄物の処理責任は市町村にあり、一般廃棄物を生活環境保全上の支障が生じないように処理しなければならないとされており、また市町村は、市町村自らが公共サービスとして行う処理に加え、それ以外の処理（委託処理や許可業者が行う処理、事業者自らが行う処理）についても全体として整合性がとられており、区域内の一般廃棄物が適正に処理されるよう、一般廃棄物処理計画を策定しなければならない。一方、産業廃棄物の場合は、処理責任は排出事業者にあり、産業廃棄物を自ら処理しなければならないと規定されている。

廃棄物の処理や処理施設にかかる許可（報告徴収、立入検査、改善命令、措置命令など）の規制体系も一般廃棄物と産業廃棄物で異なっており、一般廃棄物の場合は、処理に関する規制は市町村で、処理施設に関する規制は都道府県・政令市の長となっており、産業廃棄物の場合は、処理および処理施設の規制権限は都道府県・政令市の長となっている。

また、産業廃棄物に関する規制の特徴として、産業廃棄物管理票制度（いわゆるマニフェスト制度）がある。この制度は、産業廃棄物の排出事業者がその処理を委託した産業廃棄物の移動や処理の状況を自ら把握し、あわせて不法投棄などの不適正処理を未然に防止するために設けられており、排出事業者は、産業廃棄物の排出時から最終処分に至るまでの間、自らが排出した産業廃棄物が適正に処理されていることを確認しなければならないとされている。

3 廃棄物の排出処理等の状況

（1）ゴミの排出・処理状況

全国のゴミ総排出量

全国のゴミ総排出量を見みてみると、2011（平成23）年度におけるゴミ総排出量は4,539万トンとなっている。これは東京ドーム約122杯分に相当する。こ

れを国民一人当たりに換算すると、1日に975グラムのゴミを排出していることになる。

ゴミの排出量を排出形態別で見ると、家庭から排出された生活系のゴミが2,969万トンで65％、事業所から排出された事業系のゴミが1,304万トンで35％となっている。近年では、2000年をピークに減少していたが、前年度の4,536万トンに比べてわずかに増加となった。

ゴミ処理の状況

ゴミの総処理量は4,284万トンであり、そのうち、焼却、破砕・選別などにより中間処理された量（中間処理量）は4,010万トン、再生業者などへ直接搬入された量（直接資源化量）は214万トンで、この両者でゴミの総処理量の98.6％を占める。

リサイクルの状況

市区町村などにおいて分別収集により直接資源化された量および中間処理後に再生利用された量の合計は665万トン、住民団体などの集団回収により資源化された量は265万トンである。市区町村などによる資源化と住民団体等による集団回収とを合わせた総資源化量は930万トン、リサイクル率は20.4％である。総資源化量は2010（平成22）年度と比べて減少しており、リサイクル率は微減となっている。

福岡県のゴミの排出量

福岡県のゴミ総排出量は、2011（平成23）年度は184.7万トンで、福岡県民1人当たりに換算すると1日に約998グラムを排出していることになり、全国平均の975グラムを上回っている（全国11位）。九州各県を見てみると、熊本、佐賀は全国と比較してもゴミの排出量は少なく、同じ九州でも随分異なることが分かる。

生活系のゴミと事業系のゴミを全国平均と比較すると、生活系ゴミは全国平均が695グラムに対して福岡県が666グラム、事業系ゴミは全国平均が280グラ

ムに対して福岡県が332グラムとなっており、福岡県は事業系のゴミの排出が多いことが分かる。

日本全体でのゴミの排出量を見ると減少傾向にあり、福岡県も2003（平成15）年をピークとして減少傾向にはあるが、事業系のゴミの排出量は減っておらず、事業系ゴミの排出量の抑制に関する取り組みを強めていく必要がある。

（2）産業廃棄物の排出状況

全国総排出量

全国の産業廃棄物の2010（平成22）年度における総排出量は約3億8,600万トンとなっている。全国で排出される廃棄物の約9割が産業廃棄物となっている。1990（平成2）年度以降の産業廃棄物の総排出量は約4億トン強で推移しており、バブル経済崩壊以降はほぼ横ばいになっている。

業種別排出量

産業廃棄物の業種別排出量は、電気・ガス・熱供給・水道業（下水道業を含む）からの排出量が最も多く、約9,557万トン（全体の24.8％）であり、次いで、農業・林業が約8,509万トン（同22.0％）、建設業が約7,321万トン（同19.0％）、パルプ・紙・紙加工品製造業が約3,341万トン（同8.7％）、鉄鋼業が約2,863万トン（同7.4％）であった。これら5業種からの排出量が全体の8割以上を占めている。

種類別排出量

産業廃棄物の種類別排出量は、汚泥の排出量が最も多く約1億6,989万トン（全体の44.0％）であり、次いで、動物のふん尿が約8,485万トン（同22.0％）、がれき類が約5,826万トン（同15.1％）であった。これら3種類からの排出量が全排出量の約8割を占めている。

地域別排出量

　産業廃棄物の地域別排出量は関東地方の排出量が最も多く、約9,880万トン（全体の25.6％）であり、次いで、中部地方の約6,405万トン（同16.6％）、近畿地方の約5,533万トン（同14.3％）、九州地方の約5,516万トン（同14.3％）の順になっている。

（3）産業廃棄物再生利用量、減量化量および最終処分量

産業廃棄物の処理フロー

　産業廃棄物の処理フローを見ると、総排出量約3億8,599万トンのうち、中間処理されたものは約2億9,586万トン（全体の77％）、直接再生利用されたものは約8,383万トン（同22％）、直接最終処分されたものは約630万トン（同2％）であった。全体として、排出された産業廃棄物全体の53％に当たる約2億473万トンが再生利用され、4％に当たる約1,426万トンが最終処分された。

　産業廃棄物全体の再生利用量、減量化量および最終処分量の推移を見ると、これまで減少傾向にあった最終処分量が微増している。

産業廃棄物の種類別の再生利用率、減量化率および最終処分率

　産業廃棄物の種類別に見ると、再生利用率が高いものは、動物のふん尿、金属くず（いずれも96％）、がれき類（95％）、鉱さい（90％）などであり、再生利用率が低いものは、汚泥（9％）、廃アルカリ（23％）、廃酸（30％）、廃油（37％）などであった。

　最終処分の比率が高い廃棄物は、燃え殻（26％）、ゴムくず（22％）、ガラスくず、コンクリートくずおよび陶磁器くず（21％）、廃プラスチック類（19％）などであった。また、減量化率が高いものは、汚泥（88％）、廃アルカリ（75％）、廃酸（68％）、廃油（60％）などであった。

4 ドイツの循環経済政策

　筆者が循環型社会の形成を急がなければならないと刮目させられたのは、1993（平成5）年1月にドイツとフランスに廃棄物管理政策の実情調査に行った時である。

　特に当時ドイツでは、1991年6月に包装のリサイクルを事業者に義務付ける画期的な政令である「包装廃棄物の抑制及び回避に関する政令」が制定されており、同政令では包装を3種類に分類して、施行期日を1992年1月、同年4月および1993年1月と段階的に定めるとともに、飲料容器などについて1993年1月からデポジット制の導入を義務づけていたが、訪問時は全面施行された直後の時期であった。

　また、1992年に連邦環境省が「循環経済の促進及び廃棄物の環境に適合した処分の確保に関する法律」（以下「循環経済・廃棄物法」）の草案を公表し、同年8月から公聴会が開かれていた。同草案はドイツ連邦環境省が中心に作成し、当時の連立与党の合意を経て提案されたものであり、循環型経済の構築を目的として汚染者（発生者）負担原則を採用し、「廃棄物の発生回避――素材的利用・エネルギー的利用――処分」という廃棄物処理の優先順位を明確に示したものである。連邦環境省では同草案への意見を考慮して一部修正を行い、政府法案として閣議決定をしようとしていた時期であった。その後、「循環経済・廃棄物法」[3]が1994年に制定され、1996年に施行されている。

　このような時期に連邦環境省や関係機関の説明を受けるとともに、現地の視察を行ったのであるが、説明を受け、現地を見るにつけ、ドイツの廃棄物管理政策は日本のはるか先を行っていると痛感させられた。つまり、ドイツでは資源の消費が抑制され、環境への負荷が少ない循環型社会をつくっていくという取り組みが進んでおり、「ゴミとなるようなものはつくらない」という根本的な対策を講じられていたのである。

　ドイツの代表的な自動車メーカーであるフォルクスワーゲンや電子メーカー

のIBMを訪問した際、環境担当の副社長の説明によると、自動車や電気・電子機器を製造する時には自分の会社でつくった製品は回収することを前提としており、それらがリユース・リサイクルしやすいように部品に番号を付け、回収した時に部品ごとに分け、洗浄して使えるものはリユースし、傷んで使えないものは溶かしてリサイクルするようにしているとのことであった。

日本が、廃棄物は焼却処理が主体で焼却技術の追求をしていた時に、ドイツはすでに「燃やす」ということは考えず、ゴミを出さない経済システムの構築を図っていたのである。このような実情を見聞するにつけ、我が国もドイツに倣って、早く環境に負荷の少ない循環型社会をつくっていかなければならないと痛感させられた。

5 循環型社会形成推進基本法の概要

（1）循環型社会の姿

循環型社会とは、以下に挙げるような形で定義することができる。
❶製品の製造、流通などの生産段階や消費・使用の段階における廃棄物等の発生を抑制する。（リデュース）

---

(3) ドイツの循環経済・廃棄物法（Gesetz zur Forderung der Kreislaufwirtschaft und Sicherung der umweltvertraglichen Beseitigung）は全9章、64条から構成されており、1994年9月に制定され、1996年10月に施行された。廃棄物政策の重点を従来の処理から物質循環の促進へと移行することにより、環境と調和した廃棄物処理を確保することはもちろん、資源・エネルギーの効果的節約、廃棄部分の少ない製品の開発、長期的には消費と製造のシステム全体を循環経済へとつくり替えていくことを目指している。この法律には、拡大生産者責任（EPR）が明記され、汚染者負担原則が製造物責任に伴った廃棄物・リサイクル政策を目指すこととなった。さらに注目すべき点としては、廃棄物概念を拡大しより多くの物質が廃棄物として認められるようになったこと、政策の優先順位を「発生抑制——利用（リサイクル）——処分」と明確に位置づけ、製造から消費までのすべての過程において、ゴミの排出回避、素材やエネルギーの再利用、環境に配慮した処理方法などが掲げられていることが挙げられる。

❷使い終わったものでも繰り返し使用する。(リユース)
❸再使用できないものでも資源として再生利用する。(リサイクル)
❹リサイクルできずかつ燃やさざるを得ない廃棄物を焼却する際には、発電や余熱利用を行う。(熱回収)
❺処分する以外の手段がない場合は、適正に処分(適正処分)することによって天然資源投入量の抑制を図るとともに、環境への負荷をできる限り低減する。

（2）循環型社会形成推進基本法の制定

これまでの大量生産、大量消費、大量廃棄型の経済社会構造から脱し、21世紀の日本を循環型社会にするためには、廃棄物・リサイクル対策を総合的かつ計画的に推進するための基盤を確立し、個別の廃棄物・リサイクル関係の法律を整備することにより、循環型社会の形成に向けて実効ある取組の推進を図るようにしなければならない。このため、循環型社会の形成を推進する基本的な枠組みとなる法律として、2000（平成12）年6月に「循環型社会形成推進基本法」（以下「循環基本法」）が制定され、翌年の1月に完全施行された。

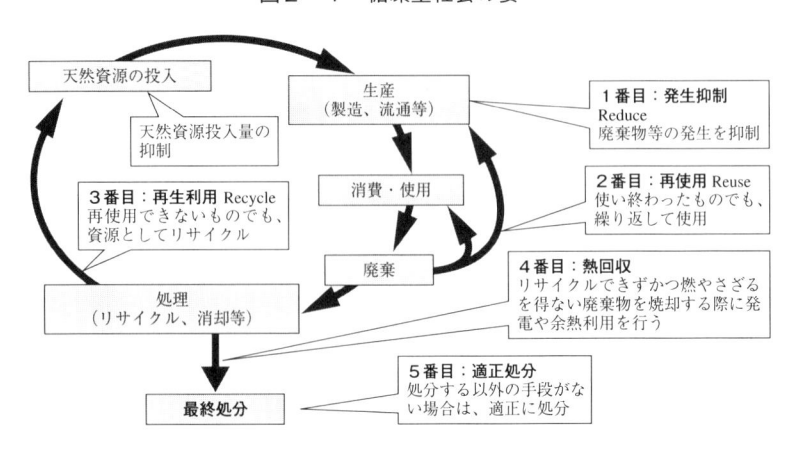

図2-1　循環型社会の姿

この法律の立案時に環境庁で携わった時、この法律が何故必要なのかを理解するキーワードは「もったいない」という言葉であり、この言葉をもう一度思い出してもらう必要があると考えた。「もったいない」という言葉の意味は、「粗末に扱われて惜しい」ということで、モノを大事に使うという日本古来の文化的な精神である。循環型社会の形成を考える際にベースになる言葉であり、文化経済学とも大きく関わってくる。

（3）循環型社会形成推進基本法の要点

形成すべき「循環型社会」の姿を明確に提示

「循環型社会」とは、廃棄物等の発生抑制、循環資源の循環的な利用、および適正な処分が確保されることによって天然資源の消費を抑制し、環境への負荷ができる限り低減される社会であると明確に提示している。

法の対象となる廃棄物などのうち有用なものを循環資源と定義

循環基本法では、法の対象となるものを有価・無価を問わず「廃棄物等」とし、廃棄物等のうち有用なものを循環資源[4]と位置づけ、その循環的利用の促進を図ることとしている。これは、廃棄物処理法では無価物を対象としており、価格がつけば廃棄物とはならないとしていることを回避するためである。

この解釈をめぐり、最高裁判所まで争われた事件もあった。例えば、「豆腐かす」はおかずの食材として使えば価格が付くので廃棄物ではないが、ゴミとして出せば廃棄物となる。同じものでも廃棄物になるのか、ならないのかということで争いになったのである。このため、「価格」が付くか付かないかにかかわらず、廃棄物などのうち有用なものを循環資源と位置づけし、循環的な利用を促進していこうとしたものである。

---

[4] 循環資源は循環基本法で定義されたものであり、廃棄物等（無価物である廃棄物及び使用済製品等や副産物等で有価のもの）のうち有用なものを指す。実態的には「廃棄物等」はすべて有用なものとしての可能性をもっていることから、廃棄物等と循環資源は同等であると言える。有価・無価という違いを越えて廃棄物等を一体的に捉え、その発生抑制と循環的利用（再使用、再生利用、熱回収）を推進するために考案された概念である。

対策の優先順位を法定化

　適正な物質循環の確保に向け、循環資源の循環的な利用および処分の基本原則を定め、対策の優先順位を初めて法定化した。対策の優先順位は、1番目に発生抑制、2番目に再使用、3番目に再生利用、4番目に熱回収、5番目に適正処分としている。その内容は以下の通りであり、このような優先順位により対策の推進を図っている。

①**発生抑制（リデュース）**——廃棄物の発生自体を抑制すること。リユース、リサイクルに優先される。リデュースのためには、事業者には原材料の効率的利用、使い捨て製品の製造・販売などの自粛、製品の長寿命化など製品の設計から販売に至るすべての段階での取り組みが求められる。また消費者は、使い捨て製品や不要物を購入しない、過剰包装の拒否、よい品を長く使う、食べ残しを出さないなどライフスタイル全般にわたる取り組みが必要である。

②**再使用（リユース）**——いったん使用された製品や部品、容器などを再使用すること。具体的には、①あるユーザーから回収された使用済み機器などをそのまま、もしくは修理などを施したうえで再び別のユーザーが利用する「製品リユース」、②製品を提供するための容器などを繰り返し使用する「リターナブル」、③ユーザーから回収された機器などから再使用可能な部品を選別し、そのまま、もしくは修理などを施したうえで再度使用する「部品リユース」などがある。

③**再生利用（リサイクル）**——廃棄物等を原材料として再利用すること。効率的な再生利用のためには、同じ材質のものを大量に集める必要があり、特に自動車や家電製品といった多数の部品からなる複雑な製品では、材質の均一化や材質表示などの工夫が求められる。なお、再生利用のうち、廃棄物などを製品の材料としてそのまま利用することをマテリアルリサイクル（例：ビンを砕いてカレットにしたうえで再度ビンを製造するなど）、化学的に処理して利用することをケミカルリサイクルと言う（例：ペットボトルを化学分解して再度ペットボトルにするなど）。

④**熱回収（サーマルリサイクル）**——廃棄物などから熱エネルギーを回収すること。廃棄物の焼却に伴い発生する熱を回収し、廃棄物発電をはじめ、施設

内の暖房・給湯、温水プール、地域暖房などに利用している例がある。リユース、マテリアルリサイクルを繰り返した後でも熱回収は可能であることから、循環基本法では、原則としてリユース、マテリアルリサイクルが熱回収に優先することとされている。

⑤**適正処分**——どうしても捨てるしかないものは、環境を汚さないように処分するということ。

「3R」という言葉がよく使われるが、これは廃棄物の発生抑制（Reduce）、再使用（Reuse）、再生利用（Recycle）の頭文字をとったものである。なお、廃棄物となるものは受け取らない（Refuse）を加えて「4R」とする主張もある。

国、地方公共団体、事業者および国民の役割分担を明確化

循環型社会の形成に向け、国、地方公共団体、事業者および国民が全体で取り組んでいくため、各主体がどのような責務を負っているのかを明確にした。特に、事業者、国民の「排出者責任」を明確にするとともに、生産者が自ら生産する製品などについて使用され廃棄物となった後も一定の責任を負う「拡大生産者責任」の一般原則を確立した。

排出者責任の明確化は、廃棄物の処理に伴う環境の負荷の低減に関してその一義的な責任を排出者が負わなければいけないということであり、排出者責任は廃棄物等を排出する者が、その適正処理に関する責任を負うべきであるとの考え方である。これは廃棄物・リサイクル対策の基本的な原則の一つである。なお、拡大生産者責任の原則の確立については後述する。

政府が循環型社会形成推進基本計画を策定

循環型社会の形成に関する施策の総合的かつ計画的な推進を図るため、政府に循環基本法第15条の規定に基づき「循環型社会形成推進基本計画」（以下「循環型社会基本計画」）の策定を義務づけている。循環型社会基本計画の内容としては、①施策の基本的方針、②政府が総合的かつ計画的に講ずべき施策、③そのほか、施策を総合的かつ計画的に推進するために必要な事項について定めることとされている。

第１次循環型社会基本計画は2003（平成15）年３月に策定され、第２次循環型社会基本計画は2008（平成20）年３月に策定されている（第３次循環型社会基本計画は、2013年５月に策定されている）。

（４）我が国の物質フロー

　循環型社会を構築するためには、私達がどれだけの資源を採取、消費、廃棄しているかを知ることが第一歩となる。「循環型社会基本計画」では、我が国の経済社会におけるモノの流れ全体を把握する物質フロー会計をもとに、自然界から人間社会に物質が移動する天然資源の採取の段階から、最終的に人間社会から自然界に廃棄される最終処分の段階までを対象として我が国の物質フローを把握している。

　我が国の物質フロー（平成2009年度）を概観すると15.4億トンの総物質投入量があり、そのうち5.4億トンが建物や社会インフラなどの形で蓄積されている。また、1.7億トンが製品などの形で輸出され、4.4億トンがエネルギー消費および工業プロセスで排出され、5.6億トンの廃棄物等が発生しているという状況にある。このうち循環利用されるのは2.3億トンで、これは総物質投入量の15.0％に当たる。

　また、同基本計画では、発生抑制、再使用、再生利用、処分などの各対策がバランスよく進展した循環型社会の形成を図るために、物質フロー（モノの流れ）の異なる断面である「入り口」、「循環」、「出口」に関する指標に目標を設定している。第２次循環型社会基本計画では、それぞれの指標についての目標年次を2015（平成27）年度としており、「入り口」の指標の資源生産性[5]を約42万円／トン（2000［平成12］年度の約26万円／トンから概ね６割向上）とすること、「循環」の指標の循環利用率[6]を約14〜15％（2000年度の約10％から概ね４〜５割向上）とすること、「出口」の指標の最終処分量[7]を約2,300万トン（2000年度の約5,600万トンから概ね60％減）とすることをそれぞれ目標としている。

6 個別物品に応じたリサイクル法

個別物品の特性に応じたリサイクルの推進に関わる法律が、1990年代以降、次々と制定されている。各リサイクル法の対象物、リサイクルの仕組みの特徴などは以下のようである。

(1) 容器包装に係る分別収集及び再商品化の促進等に関する法律（容器包装リサイクル法）

容器包装リサイクル法は、循環型社会の形成に向けた廃棄物・リサイクル法制度の整備に先駆けて、廃棄物の減量化・リサイクルの推進の観点から1995（平成7）年6月に制定された。施行は同年12月から段階的に行われ、2000（平成12）年4月から完全施行された。

容器包装リサイクル法の対象物は、スチール缶、アルミ缶、ガラスびん、段ボール、紙パック、紙製容器包装、ペットボトル、プラスチック製容器包装である。リサイクルの仕組みは、容器包装の分別排出は消費者が、分別収集は市町村が行い、容器の製造・容器包装の利用業者が再商品化を行うことが法定されている。

筆者が1993年1月にドイツとフランスに行った時には、ドイツに続いてフラ

---

(5) 資源生産性＝GDP／天然資源等投入量。天然資源等投入量は、国産・輸入天然資源および輸入製品の合計量を指し、一定量当たりの天然資源などの投入量から生じる国内総生産（GDP）を算出することによって、産業や人々の生活がいかにモノを有効に使っているか（より少ない資源でどれだけ大きな豊かさを生み出しているか）を総合的に表す指標。
(6) 循環利用率＝循環利用量／総物質投入量。社会に投入される資源（天然資源等投入量）のうち、どれだけ循環利用（再使用・再生利用）された資源が投入されているかを表す指標。
(7) 最終処分量とは、廃棄物の埋め立て量。廃棄物の最終処分場の逼迫という喫緊の課題にも直結した指標。

ンスが「包装廃棄物に関する政令」(1992年4月制定)を1993年1月から施行したところであった。ドイツとフランスの法制の大きな相違点は、ドイツが地方自治体とは別の処理システムを事業者につくらせているのに対し、フランスは既存の地方自治体の回収・分別システムを利用し、その費用を事業者の資金によるとしているところである。我が国の容器包装リサイクル法のスキームは、フランスの包装廃棄物に関する政令のスキームに近い形で立法されている。

(2) 特定家庭用機器再商品化法（家電リサイクル法）

家電リサイクル法は1998（平成10）年6月に制定された。同法の対象物は、エアコン、冷蔵庫・冷凍庫、テレビ、洗濯機・衣類乾燥機の家電4品目である。これら廃家電のリサイクルの仕組みは、製造業者などに引き取りおよび再商品化など、小売業者に引き取りおよび引き渡しを義務づけている。同法は循環基本法より前に制定されたこともあり、見直しが必要なところもある。

(3) 食品循環資源の再生利用等の促進に関する法律（食品リサイクル法）

食品リサイクル法は、2000（平成12）年6月に循環基本法の制定とあわせて制定された。同法の対象物は、食品の製造・加工・販売業者から排出される食品廃棄物等であり、リサイクルの仕組みは、食品関連事業者に対し、食品循環資源の再生利用などに関わる目標達成に向けた取り組みを求めている。

(4) 建設工事に係る資材の再資源化等に関する法律（建設リサイクル法）

建設リサイクル法は、2000（平成12）年5月に循環基本法の制定とあわせて制定された。同法の対象物は、コンクリート、コンクリートおよび鉄からなる建設資材、木材、アスファルト・コンクリート塊であり、リサイクルの仕組みは、一定規模以上の建設工事の受注者に対して、建築物の分別解体や建設廃材などの再資源化などを義務づけている。

（5）使用済み自動車の再資源化等に関する法律（自動車リサイクル法）

　自動車リサイクル法は循環基本法の制定時にはまとまらず、2002（平成14）年7月に制定された。同法の対象物は、使用済自動車に含まれるシュレッダーダスト、エアバック類、フロン類である。リサイクルの仕組みの特徴として、関係業者に使用済自動車の引き取り、フロンの回収、解体、粉砕を義務づけ、製造業者などにエアバック・シュレッダーダストの再資源化、フロンの破壊を義務づけている。この法律は、拡大生産者責任の考え方のもとにつくられている。

（6）資源の有効な利用の促進に関する法律（資源有効利用促進法）

　資源有効利用促進法は、「再生資源利用促進法」を全面改正し、2000（平成12）年6月に制定された。同法の対象物はパソコンおよび小型二次電池（密閉型蓄電池）であり、リサイクルの仕組みは、業種や製品などを指定し、製造事業者などによる自主的な回収・リサイクルを促進している。

（7）使用済み小型電子機器等の再資源化の促進に関する法律（小型家電リサイクル法）

　小型家電リサイクル法は2012（平成24）年8月に制定された。同法が制定された背景は、使用済小型電子機器などに含まれるアルミ、貴金属、レアメタルなどがリサイクルされずに処分されていることへの対応が急務とされたからである。同法の対象物は、一般消費者が通常生活の用に供する電子機器その他の電気機械器具のうち、再資源化が特に必要なものを政令で指定することとされている。

　リサイクルの仕組みは、市町村などが回収した使用済小型電子機器などについて、これを引き取り確実に適正なリサイクルを行うことを約束した者（リサイクルしようとする者で構成される）を国が認定し、廃棄物処理法の特例措置を講じる制度となっている。

7 拡大生産者責任の原則の確立

（1）拡大生産者責任の一般原則の確立

　拡大生産者責任（Extended Producer Responsibility:EPR）とは、生産者がその生産した製品が使用され、廃棄されたあとにおいても当該製品の適切なリユース・リサイクルや処分について一定の責任（物理的または経済的責任）を負うという考え方である。

　物理的責任というのはそのモノ自体を引き取るということであり、何らかの事情で引き取れない時は、それに対して経済的な負担をするということである。そうすることで、製品の生産者に対して廃棄されにくい、またはリユースやリサイクルがしやすい製品を開発・生産するように製品の設計や材質を工夫するといったインセンティブを与えようというものである。

　具体的には、廃棄物等の発生抑制や循環資源の循環的な利用および適正処分に資するように、①製品の設計を工夫すること、②製品の材質または成分の表示を行うこと、③一定の製品について、それが廃棄などされたあとに生産者が引き取りやリサイクルを実施すること、などが挙げられている。

　廃棄物等の排出量が多く、しかもそれらのリユースやリサイクルが難しいことが問題になっている今日、「出された廃棄物を適正に処理する」という対応はもはや限界でもあり、モノの製造段階にまで遡った対策が必要となっていることから、この拡大生産者責任の考え方はそれらを克服するために重要な位置を占めている。

　このような拡大生産者責任の考え方は、循環型社会の形成のために極めて重要な視点である。これらの考え方に基づいて、企業では生産過程で出る廃棄物を徹底的に分別し、リサイクルすることで工場の廃棄物をなくしていくゼロ・エミッション運動の推進と、製品の製造、使用、廃棄に関わる環境汚染の低減を考慮した環境配慮設計（Design for Environment）の動きが広がっている。今

日のこうした動きは当然のことである。

（2）拡大生産者責任と循環型社会基本法

　循環基本法では、以下のような考えから製品の製造者などが果たすべき責務を規定するとともに、これに関する措置の実施を国に義務づけている。
❶製品の製造などを行う者は、通常、一定期間継続して同じような製品の製造などを行うと考えられる。その活動のなかで一定の性質をもつ部品や原材料を継続して利用するため、自ら製造をした製品が廃棄物となった場合などに、その廃棄物に含まれる部品を再使用したり、原材料として再生利用したりすることが技術的に可能で、資源をより有効に使うことができると考えられる。
❷自ら循環的に利用することが経済的に見て合理的でない場合でも、製造者などはその製品の構造や使用した材料の特性などをよく知っていることから、他者が再使用または再生利用できる形に分解・分離することが比較的容易であると考えられる。
❸上記のような措置によって、製品などの製造、加工または利用を行う者に対し、製品などの設計段階で、製品の長期使用や再使用または再生利用に要する工数やコストを削減するよう、その構造の工夫や資源の選択を促すという効果も期待できる。

　製品の製造者などが果たすべき責務は、具体的には次の通りとなっている。
❶製品等の耐久性の向上や循環的な利用の容易化等のための製品等の設計・材質の工夫（第11条第2項、第20条第1項）
❷製品等に関する情報提供（第11条第2項、第20条第2項）
❸使用済製品等の回収ルートの整備及び循環的な利用の実施（第11条第3項、第18条第3項）

　循環基本法は、このような措置について、個々の物品の性状や処理、リサイクルの実態などを考慮しつつ、また特に、引き取り、引き渡しおよび循環的な

利用の実施については、関係者の適切な役割分担のもとで実現していくという考え方を位置づけている。

循環基本法は、基本法という性格から、直接に個々の者に権利を与え、義務を課すものではないが、この規定は個々の者に具体的な義務づけを行う個別の措置を講じる際の基本的な考え方となるものである。したがって、個別の製品に対して生産者などに引き取り責任を課すのが適切か否かについては、循環基本法に示された考え方に従って具体的な制度のあり方が個別に検討されることになる。

（3）OECDにおける拡大生産者責任の適用に向けた動き

OECDでは、1994（平成6）年から環境対策の政策ツールの一つとして拡大生産者責任の検討を開始し、2001（平成13）年にその成果としてOECD加盟国政府に対する「拡大生産者責任ガイダンス・マニュアル」が策定され、公表されている。OECD加盟国は、このガイダンス・マニュアルの考え方に従って拡大生産者責任の適用に向けて具体的な取り組みを進めている状況にある。

（4）汚染者負担の原則と拡大生産者責任の原則

拡大生産者責任の原則と関連のある汚染者負担の原則（Polluter Pays Principle:PPP）について、その違いを補足する。

汚染者負担の原則は、国際的に公害防止対策の費用負担に関する考え方として定着しており、環境汚染防止のコスト（費用）は汚染者が支払うべきであるとの考えとなっている。公害防止費用を政府ではなく汚染者に負担させ、公害防止費用という外部不経済を内部化させることによって資源の合理的な配分を可能にすべきであるというものである。

この汚染者負担の原則（PPP）においては、製品が使用され廃棄された段階で発生する環境影響を防止し、除去するための費用を誰が負担するのかが明確にされていなかった。つまり、廃棄物を出す「消費者」が汚染者か、廃棄物の

元となる製品をつくっている「生産者」が汚染者なのかが分からなかった。そこで、拡大生産者責任（EPR）の考え方が打ち出され、それは生産者の責任であると明確にされた。つまり、PPPは費用負担の原則であり、EPRは責任分担の原則であると言える。

8 循環型社会形成の推進方策

　我が国の物質フロー全体は省資源型へ移行してきているが、３Rのうちリサイクルより優先順位が高いリデュース（発生抑制）、リユース（再使用）の２Rの取り組みが遅れており、有用資源の回収も不十分である。

　我が国における循環型社会の形成に向けた取り組みは、循環の質に着目した方策を推進すべき段階にある。このため、２Rが進む社会経済システムの構築、循環資源の高度利用などに関わる方策を推進する必要がある。

（1）２Rの取り組みがより進む社会経済システムの構築

　今後、世界的に資源制約が強まると予想されるなかで、循環資源の質を高める取り組みを推進する必要がある。質を高めた資源循環の取り組みとは、３Rのうちリサイクルより優先順位が高いリデュースとリユースの推進や、資源の稀少性や再現性に重点を置いたリサイクルの高度化などを推進することである。

　このため、取り組みが遅れている２R（リデュース、リユース）がより進む経済社会システムの構築を目指して、リサイクルの制度化が進んでいない製品、業界などに関わる２Rの取組を制度的に位置づけること、リユース品の性能保証など消費者が安心してリユース品を利用できるような環境を整備すること、リサイクルを行いやすくするよう原材料の表示、部品のユニット化などの製品設計段階における取り組みを促進すること、などが挙げられる。

（２）循環資源の高度利用と資源確保

　循環資源の高度利用によって、より少ない資源の投入でより高い価値を生み出す社会づくりを目指す必要がある。あわせて、使用済製品からの有用金属の回収や有用な資源の有効利用により資源確保を強化する必要がある。また、循環資源・バイオマス資源のエネルギー源への利用推進などを図る必要がある。

　このための取り組むべき大きな課題として「食品ロス」への対応がある。本来食べられるにもかかわらず廃棄される食品、いわゆる「食品ロス」は年間約500～800万トンにも上ると推計されている。これは、我が国における米の年間収穫量である約800万トンにも匹敵する量である。

　食品リサイクル法に基づく食品循環資源の再生利用等実施率は着実に増加しているが、食品流通の川下に位置する食品小売業や外食産業などでは実施率が低い実態にある。このため、環境省・農林水産省では、食品廃棄物の発生抑制の重要性の高い業種について、食品リサイクル法に基づく「食品廃棄物等の発生抑制の目標値」を2012（平成24）年４月から設定するとともに、過剰生産、返品などの原因となる商習慣[8]をフードチェーン全体で話し合うよう働き掛けるなど食品ロスの削減推進を図っているが、さらに食品リサイクル制度の見直し強化を行うなどの取り組みが必要である。

　例えば、食品リサイクル法に基づく再生利用などの実施率目標（現行は全業種一律20％）のあり方を見直すとともに、食品廃棄物などの発生抑制の取り組みを一段と強化するため発生抑制を現行制度の再生利用などの目標から切り出して個別目標とし、その「発生抑制の目標値」を努力目標から法的拘束力のある義務にするなどの方策が必要である。

（３）循環分野での環境産業の育成

　製品の製造などを行う産業を「動脈産業」と呼ぶのに対し、「静脈産業」とは製品が廃棄物などとなったのちにそのリサイクルや適正処分などを行う産業を指している。

様々な製品に循環資源の利用が進められているが、天然資源の価格高騰時は相対的に安価な廃棄物などへの需要が高くなる一方で、天然資源の価格が低下すると廃棄物等の利用がなされなくなる可能性がある。また、精密な製品づくりのためには、循環資源の質を一定にする必要があるという問題がある。

さらに、廃棄物等の利用はコストダウンの要因にはなるが、一般的には天然資源のみで生産された製品を品質的に上回ることは困難であり、同様の品質を確保しようとすると、循環資源に含まれる不純物や汚れなどを除去する必要があってコスト高につながる。このため、例えばドイツの紙は日本のように真っ白な再生紙ではなく、質の低い紙を一般には使用している。

我が国が有する世界最先端の廃棄物処理技術には、環境産業・環境ビジネスの面で大きな経済効果や雇用効果が潜在的に存在している。循環型社会を構築していくためには、廃棄物の適正処理と3Rの各要素での取り組みを推進することに加え、廃棄物等の有効活用を図る優良事業者の育成、静脈物流システムの構築、動脈産業と静脈産業をつなぐ循環分野での環境産業の育成を図っていく必要がある。

（4）地域循環圏の構築

循環型社会の構築に必要な各主体の連携・協働を図るうえで基礎となるのが、地域の特性や循環資源の性質に応じて、最適な規模の循環を形成する「地域循環圏」[9]の構築である。これは、地域の自立と共生を基本とした地域再生の原動力となることも期待できる。循環型社会を構築するための各主体の取り組みにより、地域に根ざした産業が発展して雇用機会が増加すれば、地域において

---

[8] 食品業界には、「3分の1ルール」と呼ばれる商習慣がある。卸から店舗には、製造日から賞味期限までの3分の1を過ぎていない商品を納入するものとし、その期限を過ぎた商品の多くはメーカーに返品される。店舗では、製造から賞味期限まで3分の2の期間を販売期限とし、それを過ぎれば値引き販売をするか廃棄することとされている。

[9] 地域循環圏は、地域の特性や循環資源の性質に応じて最適な規模の循環を形成することが重要であり、地域で循環可能な資源はなるべく地域で循環させ、地域での循環が困難なものについては循環の環を広域化させていくという考え方である。

循環型社会の形成を担う人材が育成されるとともに地域再生の原動力となる。

全国各地で、地域の経済・文化などの特性や循環資源の性質に応じた地域循環圏の構築の取り組みが始まっている。今後は、これら各地域で取り組まれている先進的な取り組みをさらに発展させるために、住民、NPO、大学、事業者、地方公共団体などの関係主体の連携を一層強化するための仕組みづくりや優良事例の情報を広く発信するなどの取り組みが重要となる。

例えば、九州では北九州市や大牟田市などのエコタウンにはリサイクル産業が集積し、企業や大学でもレアメタルの抽出に関する最先端の研究開発が行われるなどレアメタルのリサイクルを進めるうえで大きなポテンシャルを有している。

レアメタルは概して需要が増加傾向にあり、天然資源としての採掘が自然や生態系に対して深刻な影響を及ぼすことなどから、消費者との連携を強化しつつ、レアメタルを使用している使用済製品などの回収体制の充実を図ることが緊急の課題となっている。

廃家電製品には多種多様なレアメタルが含有されているが、我が国にはレアメタルが多量に含まれる廃家電製品が大量に蓄積されていて国内での回収が進んでいない。むしろ、レアメタルを含む製品がアジア圏に流出するといった問題がある。このため、廃小型電子機器からのレアメタル回収によるレアメタルの確保と安定供給、廃棄物減量化の推進、環境負荷の低減を急ぐべきであり、これらの対応策として、廃家電を効率的に回収する社会システムの整備などを早急に進める必要がある。

（5）各主体に望まれる具体的な活動

循環型社会を構築する各主体の活動は、いずれも我々の社会経済活動による新たな天然資源の消費抑制につながることが肝要である。そのためには、「耐久製品を占有しない」、「消耗品を無駄に消費しない」、「モノを長く繰り返し使う」、「生産する製品当たりの資源消費量を削減する」といった取り組みの推進が求められる。

例えば、買い物の際に持参するマイバックや詰め替え製品の容器については、繰り返し長期間使用することで新たに製造するレジ袋や容器を生産するための石油などの天然資源の消費抑制が可能であり、二酸化炭素排出の抑制にもつながる。例えば、標準的なレジ袋を１枚断ることで62グラムの二酸化炭素の削減が可能であり、これは車のアイドリングを５分間短くした時の排出削減量に相当すると言われている。

むすびに代えて——2050年を見据えた循環型社会の展望

2050年を見据えた循環型社会を展望する時、我が国の社会構造の人口減少・少子高齢化が経済活動や廃棄物発生量にも大きく影響することをまずもって考える必要がある。また、国民の循環型社会形成に対する意識・行動も大きく関わってくる。

表２−２　天然資源消費量を削減するための具体的活動例

項目	具体的活動（供給側）	具体的活動（利用側）
耐久製品を占有しない	・サービサイジング ・公共交通の整備 ・物流機器レンタル	・公共交通の利用 ・シェアリング・レンタル
消耗品を無駄に消費しない	・適量生産・販売 ・量り売り	・過剰消費の抑制 ・ペーパーレス ・書類の両面印刷 ・ダウンロード利用
ものを長く繰り返し使う	・長寿命化　・易保守性 ・アップグレード化 ・長期修理保証 ・消耗部品のみ交換する製品	・長期使用・修理 ・リフォーム ・マイバックの利用 ・容器の使い捨ての削減
生産する製品当たりの資源使用量を削減	・小型化　・軽量化・薄肉化 ・簡素化　・複合機能化 ・加工ロス等削減　・素材代替	・グリーン購入 ・環境配慮製品（企業）への関心 ・必要機能製品の購入

（出典）環境省編「平成21年版環境白書」。

内閣府が2012（平成24）年度に実施した「環境問題に関する世論調査」では、循環型社会に対する意識も調査しており、98％の人がゴミを少なくする配慮やリサイクルを重要だと意識し、87％の人が実際に行動していると答えている。また、「大量生産、大量消費、大量廃棄の社会から脱却し、循環型社会を形成する施策を進めていくことをどのように思うか」との質問に対し、「現在の生活水準を落とさず、できる部分から循環型社会に移行するべきである」との答えが約50％を占めたものの、「現在の生活水準が多少落ちることになっても循環型社会への移行は止むを得ない」と「循環型社会に移行すべきである」との回答が41％と高く、「現在の生活水準を落とすことであり、受け入れられない」との答えは約3％にすぎなかった。この回答から見て、国民の循環型社会形成に対する意識・行動はかなり高いと言える。

循環型社会を形成するには、世界的に廃棄物問題が深刻化しつつあるとともに資源の安定供給に対する懸念が強まっている今日の状況においては、天然資源の効率的利用、資源の循環的利用、再生可能資源の利用促進などに向けた各主体の具体的な行動はもちろんのこと、生産、流通、消費・使用、廃棄・処理の各段階での各種リサイクル制度の構築などの実績のうえに立ったさらなる社会経済システムの変革が強く求められている。

持続可能な社会にするためには、社会における資源利用のあり方に関して、いくつかの条件が必要である。経済学者であるハーマン・デイリーは、地球が定常状態で維持されるための条件として以下の3原則を提唱した[10]。

❶「再生可能な資源」の消費ペースは、その再生ペースを上回ってはならない。
❷「再生不可能な資源」の消費ペースは、それに代わりうる持続可能な再生可能資源が開発されるペースを上回ってはならない。
❸「汚染物質」の排出ペースは、環境がそうした物質を循環し、吸収し、無害化できるペースを上回ってはならない。

2050年までに温室効果ガスの排出量を現状から80％削減するという長期的な削減目標を掲げた低炭素社会に向けた取り組みは、まさにこの地球の定常状態を実現するための人類の存続をかけた挑戦と言える。

人類の生存を脅かす地球温暖化などが進行している現在、世界から地域にわたって人の健康や生態系に対するリスクが十分に低減され、「安全」が確保されることを前提として、「低炭素」・「循環」・「自然共生」の各分野が各主体の参加によって統合的に達成されることを目指していかなければならない。
　「循環型社会」の形成はこのための重要な取り組みであり、大量生産、大量消費、大量廃棄の経済社会システムを変革し、天然資源の消費を抑え、環境への負荷を減らす循環型社会の形成を急がなければならない。循環型社会の形成を推進し、国民一人ひとりが幸せを実感できる生活を享受できる社会、物質の面、精神的な面の双方において豊かである社会を築き、健全で恵み豊かな環境を保全し、自分達の子ども、孫、その後の将来の世代に引き継いでいくことを目指して、今すぐ行動することが求められている。

参考文献

・植田和弘・山川肇編『拡大生産者責任の環境経済学　循環型社会形成にむけて』昭和堂、2010年
・環境省『第二次循環型社会推進基本計画』2008年3月
・環境省編『平成21年版環境白書／循環型社会白書／生物多様性白書』日経印刷、2009年
・環境省『使用済小型家電からのレアメタルの回収及び適正処理に関する研究会とりまとめ』2011年4月
・環境省編『平成24年版環境白書／循環型社会白書／生物多様性白書』日経印刷、2012年
・循環型社会法制研究会編『循環型社会形成推進基本法の解説』ぎょうせい、2000年
・中央環境審議会『第二次循環型社会形成推進基本計画の進捗状況の第3回点検結果について』2011年3月

---

[10] Meadowsらは、『限界を超えて』（1992）という著書のなかで、持続可能な社会の物理的条件を3項目提示し、その提言者であるHerman E.Dalyの名を冠して「ハーマン・デイリーの三つの条件」と表現した。以後これは、「ハーマン・デイリーの3原則」として広く知られることとなった。

・廃棄物処理法編集委員会編『廃棄物処理法の解説（平成21年版）』日本環境衛生センター、2009年
・藤田八暉著「容器包装リサイクル法の現状と課題」『循環型社会の形成と廃棄物・リサイクル問題』〈環境法研究〉28号、有斐閣、2003年
・Meadows, D. H., Meadows, L. M., and Randers, J.（1992）"Beyond the Limits", Vermont:Chelsea Green Publishing Company.（茅陽一監訳、松橋隆治・村井昌子訳『限界を超えて』ダイヤモンド社、1992年）

第3章
地域文化と地域活性化
―沖縄県うるま市勝連町「肝高の阿麻和利」を中心に―

伊佐 淳

はじめに

「地域活性化」という言葉を聞くと、あなたはどのようなことを思い浮かべるであろうか。企業誘致、農林水産業振興、特産品開発、中心市街地活性化、地域間交流、箱物行政……。地域活性化という場合、地域経済のパフォーマンスの向上（農産物の売上高や観光客数の増加など）を指すことが多いが、本稿では、地域を見直すことで地域住民として自信をもち、地域に誇りを取り戻すことが重要であり、その結果として、交流人口の増大などにつながる、という視点に立って論を進めていくことにする。

本稿で取り上げる事例の舞台は沖縄県うるま市勝連町である。そこでは、衰退し活力を失う一方であった地域の歴史を見直し、それを地域の中高生達が創作舞台劇「肝高(1)の阿麻和利」を演じることによって、毎年、地域の内外から多くの人を集め、地域に活力をもたらしている。端的に言えば、「地域文化」が地域の活性化に大きな役割を果たすことができるということを実証しているのである。以下では、どのような経緯で勝連町が魅力的な地域へと変化してきたのか、その経緯を見ていくことにしたい。そこで、まず始めに、うるま市勝連町とはどのような地域なのか、その概要を示すことにしよう。

---

(1) 肝高とは、「志の高い」、「品格ある」という意味である。

1 うるま市および旧勝連町の概要

2005（平成17）年4月1日、具志川市・石川市・勝連町・与那城町の2市2町が合併し、うるま市が誕生した。「うるま」とは、沖縄の言葉で「珊瑚礁に囲まれた美しい島」という意味である。

県庁所在地・那覇市より北東へ向かうこと25km、沖縄島中部の東海岸に位置し、金武、中城両湾に接している。半島部の海上には有人・無人を含めて八つの島があり、このうち伊計島、宮城島、平安座島、浜比嘉島、藪地島の5島は海中道路や橋によって沖縄島と結ばれている（**図3－1**参照）。

図3－1　うるま市の位置

2012（平成24）年8月1日現在の住民登録人口は119,606人、年齢階級別に見ると（国勢調査、平成17年10月1日現在）、年少人口（0～14歳）19.4％、生産年齢人口（15～64歳）64.4％、老年人口（65歳以上）16.2％となっている。

　2009（平成21）年の経済センサス基礎調査（総務省統計局）によると、うるま市の（公務を除く）事業所数は4,697事業所、従業者数は33,561人である。産業別では、第1次産業は26事業所、従業者182人、第2次産業は593事業所、従業者5,902人、第3次産業は4,078事業所、従業者27,477人となっており、第3次産業が事業所数で約87％、従業者数で約82％を占めている。

　旧勝連町はうるま市の半島部にあり、勝連半島の南西半分と浜比嘉島、浮原島、南浮原島、津堅島からなる。2000年に世界遺産となった勝連城跡（「琉球王国のグスク及び関連遺産群」[2]の一つとして登録）がある。

　合併前（2004年12月末時点）の住民登録人口は14,505人、年齢階級別人口（国勢調査、平成12年10月1日時点）は年少人口（0～14歳）20.0％、生産年齢人口（15～64歳）63.7％、老年人口（65歳以上）16.2％となっている。

　また、2001（平成13）年の事業所・企業統計調査によると、事業所数は529事業所、従業者数は2,113人である。産業別では、第1次産業は1事業所、従業者6人、第2次産業は87事業所、従業者524人、第3次産業は441事業所、従業者1,583人となっている。第3次産業が事業所数で約83％、従業者数で約75％を占めている。

　こうした数値からも想像できるように、「肝高の阿麻和利」初演時の勝連町は、中心部の商店街がいわゆるシャッター通りとなり、沖縄県内でも経済的に恵まれない地域であった。実際、高校卒業後に就職先が少ないというだけでなく、地域の雰囲気が悪く、「ここから早く出て行きたい、そして、戻りたくない」という高校生も多かったという[3]。

---

[2] 琉球王国のグスクおよび関連遺産群は、今帰仁城跡、座喜味城跡、勝連城跡、中城城跡、首里城跡、園比屋武御嶽石門、玉陵、識名園、斎場御嶽から成っており、独自の王国文化がうかがわれる。文化遺産オンライン（文化庁運営）を参照。
[3] 2012年8月20日「あまわり浪漫の会」取材時にうかがった話。

2 「肝高の阿麻和利」の誕生[4]

　その頃、旧勝連町教育長・上江洲安吉は、地域の子ども達の現状に危機感を抱いていた。上江洲によれば、「当時、勝連町には四つの中学校がありましたが、学力は沖縄の13市町村で最下位。純朴でおとなしい反面、目的意識が希薄、あいさつができない子が多かった」[5]からである。彼の目には、「心の教育」と「基礎学力の向上」が課題であると映っていた。そして、地域の伝統文化を通じた、子ども達、特に中学生の心づくりが必要であると考えていた。そのために、まずはその親世代や地域住民の意識づくりからと考え、歴史学者の外間守善（1924～2012）による勝連地域の歴史に関する講演を企画したのである。

　外間の講演を聞き終えた上江洲は、かつて琉球王国時代に勝連地域を統治した逆臣・阿麻和利を表舞台に登場させた物語をつくろうと思い立った。では、なぜ阿麻和利であったのか。それを知るためには、阿麻和利が生きた時代の沖縄の歴史をおさらいしておくことが必要となる[6]。

　10～13世紀頃にかけて、沖縄には「族長的性格をもつ共同体の首長」である按司[7]が群雄割拠していたが、次第に3人の有力者（山北、中山、山南；三山）に絞られ、いわゆる「三山時代」を迎えた。

　1422年、中山王によって三山が統一され、中山王は尚巴志と名乗った。これが第一尚氏王朝の始まりである。しかし、第一尚氏王朝は内紛が絶えず、政治基盤が脆弱であったため、統一後も政情不安が続いていた。

　1458年、第6代国王・尚泰久の時代に王の側近であった金丸の画策により、勝連按司・阿麻和利の乱が起こり、琉球の歴史書『球陽』『中山世譜』に「乱」として記録された。のちに、「琉球王国最高の劇作家」と呼ばれる玉城朝薫が組踊り[8]「二童敵討」を制作した際、阿麻和利は悪者の逆臣として描かれ、仇討ちによって死んだ人間とされてしまったのである。

　そのことによって、勝連地方では以前より「頭がよくて人間性に優れ、背が高くて姿形もよい槍の名手。すばらしい人物だった」[9]と伝えられてきたのに

もかかわらず、300年もの間、阿麻和利は悪人とされてきた。そして、それ以降、沖縄では旧勝連町のイメージを損なう大きな要因となったのである。

さて、前述の講演のなかで外間は、琉球の古謡集『おもろさうし』（全22巻）をひもときながら、阿麻和利は民の暮らしを豊かにし、勝連を鎌倉にたとえられるほど繁栄に導いたよき統治者であった旨を述べたという[10]。逆臣・阿麻和利は、実は悪者でなく、勝連地域を代表するいわばヒーローなのだと、上江洲は確信するに至ったわけである。上江洲は、「これでは勝連の子どもたちが地域に誇りをもてるわけがない。今こそ阿麻和利の人物像を復活させ、阿麻和利の精神文化を伝えたい」[11]と思い、早速、地域での舞台づくりに取りかかったのである。

上江洲が最初に向かった先は沖縄県立博物館であった。当時、館長を務めていた脚本家の嶋津与志に舞台の脚本を依頼するためである。

上江洲は、依頼をする際、嶋に五つの条件を示した。その条件とは、阿麻和利の名誉回復を行うこと、劇を組踊りにすること、勝連地域の伝統芸能をすべて取り入れること、出演者は全員中学生にすること、勝連城で上演する野外劇とすること、というものであった。嶋は、こうした条件を聞き入れたうえで、演出に当時31歳の平田大一（だいいち）を推薦した。上江洲は、中学生達と目線を合わせていくことができるだろうという考えから推薦を承諾した。

しかし、公演実現までの道のりは決して平坦なものではなかった。「芝居をさせたら、ますます不良が多くなる」、「塾はどうする」といった学校や親からの批判、「勝連城での公演は危険だ」という警察からの申し入れなどといった

---

(4) 本節における「肝高の阿麻和利」の誕生の経緯については、あまわり浪漫の会事務局取材メモおよびあまわり浪漫の会（2010）pp.16～19、平田（2008）pp.103～106による。
(5) あまわり浪漫の会（2010）p.16。
(6) 外間（1986）pp.34～38、pp.54～64および喜舎場編（2000）pp.32～37を参照。
(7) 「アヂ」「あじ」「あんじ」と表記されることもある。
(8) 組踊りとは、ひと言で言えば琉球版ミュージカルである。
(9) あまわり浪漫の会（2010）p.16。
(10) また、外間は著書において、阿麻和利が善政をしき、人々から慕われる存在であったという勝連地方の伝説についても触れている。外間（1986）p.58。
(11) あまわり浪漫の会（2010）p.16。

問題が次々と生じ、その対応に追われたという。

　公演が4か月後に迫った1999年12月、いよいよ初稽古が始まった。稽古場に集まったのはたったの7人であった。しかし、平田は焦らず、ユニークな指導法で子ども達の興味を惹きつけていった。子ども達の口コミで参加者の輪が広がっていった。

　2000年3月、勝連城跡にて2,000人もの観客を迎え、スタッフ・出演者150名によって初公演が催された。初演は大成功し、感動の嵐が渦巻いた。この感動が冷めやらぬうちに、出演した子ども達から（高校生も加えて）継続していきたいという声が上がり、現在に至っている。

　中高生を中心とした市民参加の組踊り「肝高の阿麻和利」の上演以降、町のイメージは一変した。上演にかかわった子ども達だけでなく地元の大人達も感動し、地域への愛着が生まれて地域活性化へとつながっている。

　取材のために事務局を訪れた際、あまわり浪漫の会の長谷川会長は、「地元の県立与勝高校が緑が丘中学校を併設した中高一貫校になったことも相まって、同校への入学希望者が増えてきている」と筆者に述べている。地域の大人達だけでなく、次世代を担う子ども達が地域に対して誇りを取り戻したことが重要なのである。

3　地域文化と地域活性化

　「肝高の阿麻和利」の公演活動を支える「あまわり浪漫の会」によると、自主公演となった2000年度以降2013年度8月までの総公演回数は225回、総観客動員数は138,812人に達している。また、公演1回当たりの観客動員数100～6,729人（平均617人）、年間公演回数は4～28回（平均17回）、公演1回当たりのスタッフ・出演者数80～250人となっている（**表3－1**参照）。2004年10月の地元産業フェアとの共催の際には、3日間で実に14,179人もの観客動員数を記録し

表3-1 あまわり浪漫の会 活動実績

総公演回数	225回	
総観客動員数	138,812人	(2013年08月現在)

年度	公演名	月日		場所	スタッフ・出演者	主催・共催	公演回数	動員数(人)
平成12年度 (2000年)	第1回きむたか文化まつり	3月25日	夜	勝連城跡 三の郭	150	共催	1	2,000
		26日	夜				2	2,000
	第2回きむたか文化まつり	10月21日	夜	勝連城跡 三の郭	150	共催	3	2,000
		22日	夜				4	2,000
平成13年度 (2001)	第3回きむたか文化まつり	10月27日	昼	きむたかホール	150	共催	5	450
		27日	夜				6	450
		28日	昼				7	450
		28日	夜				8	450
	出張公演	11月18日	夜	読谷村鳳ホール	150	共催	9	700
平成14年度 (2002)	第4回きむたか文化まつり	8月3日	夜	きむたかホール	100	共催	10	450
		8月4日	夜				11	450
	自主公演	8月10日	昼	きむたかホール	100	主催	12	360
		10日	夜				13	365
		11日	昼				14	355
		11日	夜				15	376
		17日	昼				16	407
		17日	夜				17	422
		18日	昼				18	397
		18日	夜				19	417
		31日	昼				20	450
		31日	夜				21	450
		9月1日	昼				22	450
		1日	夜				23	450
	上村病院	12月18日	夜	沖縄市民会館	100	共催	24	1,600
	琉銀ふれあいコンサート	21日	夜	浦添市民会館	100	共催	25	1,000
		22日	昼				26	1,000
平成15年度 (2003)	沖縄JC公演	5月25日	昼	沖縄市民会館	150	共催	27	1,545
		25日	夜				28	1,545
	関東壮行公演	7月20日	昼	きむたかホール	150	主催	29	470
		20日	夜				30	470
		21日	昼				31	470
	関東公演	7月31日	夜	所沢市市民文化センター	100	共催	32	716
		8月1日	夜	埼玉会館			33	1,200
		2日	夜	練馬文化センター			34	1,388
		3日	夜	キラリ☆富士見			35	795
		4日	夜	鶴ヶ島市東公民館			36	450
	琉銀ふれあいコンサート	20日	昼	沖縄コンベンションセンター	150	共催	37	1,500
		20日	夜				38	976

年　度	公演名	月　日		場　所	スタッフ・出演者	主催・共催	公演回数	動員数(人)
平成15年度 (2003)	関東凱旋公演	9月13日	昼	きむたかホール	150	主催	39	192
		13日	夜				40	272
		14日	昼				41	275
		14日	夜				42	215
		20日	昼				43	470
		21日	昼				44	470
		21日	夜				45	470
	「海から豚がやってきた」資金造成	12月14日	昼	具志川市民芸術劇場	150	共催	46	920
		14日	夜				47	950
平成16年度 (2004)	自主公演【春】	4月24日	昼	きむたかホール	100	主催	48	222
		24日	夜				49	243
		25日	昼				50	201
		25日	夜				51	292
	自主公演【夏】	7月31日	昼	きむたかホール	100	主催	52	333
		31日	夜				53	400
		8月1日	昼				54	316
		1日	夜				55	358
	きむたか産業フェア	10月22日	夜	勝連城跡　三の郭	130	共催	56	2,432
		23日	夜				57	6,729
		24日	夜				58	5,018
	学校公演	7月25日	午前	きむたかホール	90	共催	59	100
		25日	午後				60	398
		11月10日	午前				61	499
		10日	午後				62	504
		17日	午前				63	451
		17日	午後				64	348
	大琉球・まつり王国	12月18日	昼	沖縄コンベンションセンター	100	共催	65	1,221
		18日	夜				66	1,427
	DVD収録公演	3月27日	昼	きむたかホール	100	主催	67	500
		27日	夜				68	520
平成17年度 (2005)	那覇公演	5月5日	昼	那覇市民会館	100	共催	69	900
		5日	夜				70	752
	夏休みスペシャル	7月29日	夜	きむたかホール	100	主催	71	227
		30日	昼				72	244
		30日	夜				73	277
		31日	昼				74	262
		31日	夜				75	346
	チバリヨーキッズちゃんぷる国立公演	8月21日	昼	国立劇場おきなわ	120	共催	76	464
		21日	夜				77	509
	嘉手納公演	11月26日	昼	かでな文化センター	120	主催	78	346
		26日	夜				79	564
	卒業公演	2月19日	昼	うるま市民芸術劇場	80	主催	80	821
		19日	夜				81	832

年　度	公演名	月　日		場　所	スタッフ・出演者	主催・共催	公演回数	動員数(人)
平成18年度 (2006)	5月公演【春】	5月27日	昼	きむたかホール	100	主催	82	248
		27日	夜				83	298
		28日	昼				84	370
		28日	夜				85	394
	「現代版組踊 肝高の阿麻和利」in かっちん城公演	8月18日	夜	勝連城跡　三の郭	300	共催	86	493
		19日	夜				87	677
		20日	夜				88	824
	名護公演	9月24日	昼	名護市民会館	120	主催	89	155
		24日	夜				90	193
	石川公演	10月14日	夜	石川会館	120	共催	91	950
	12月公演【冬】	12月2日	昼	きむたかホール	120	主催	92	316
		2日	夜				93	376
		3日	昼				94	358
		3日	夜				95	450
	学校公演	9日	昼	きむたかホール	100	主催	96	400
		9日	夜				97	250
	卒業公演	2月11日	昼	きむたかホール	120	主催	98	450
		11日	夜				99	469
		12日	昼				100	459
		12日	夜				101	457
平成19年度 (2007)	6月公演【春】	6月2日	昼	きむたかホール	140	主催	102	204
		2日	夜				103	232
		3日	昼				104	316
		3日	夜				105	405
	8月公演（あまわり week）	8月4日	昼	きむたかホール	140	主催	106	140
		4日	夜				107	180
		5日	昼				108	191
		5日	夜				109	251
		11日	昼				110	204
		11日	夜				111	269
		12日	昼				112	216
		12日	夜				113	423
	「肝高の阿麻和利」勝連城跡公演 with 東儀秀樹	11月17日	夜	勝連城跡　四の郭	140	共催（勝連城跡公演 with 東儀秀樹）	114	1,528
	「肝高の阿麻和利」特別公演（特別出演）南島詩人・平田大一	18日	夜	きむたかホール			115	421
	卒業公演	2月2日	昼	きむたかホール	140	主催	116	333
		2日	夜				117	443
		3日	昼				118	388
		3日	夜				119	452

年　度	公演名	月　日		場　所	スタッフ・出演者	主催・共催	公演回数	動員数(人)
平成20年度 (2008)	6月公演【春】	6月14日	昼	きむたかホール	140	主催	120	342
		14日	夜				121	445
		15日	昼				122	433
		15日	夜				123	430
	ハワイ資金造成公演第一弾 8月公演 「肝高の阿麻和利 with 東儀秀樹」	8月23日	昼	うるま市民芸術劇場	200	主催（ハワイ公演実行委員会）	124	521
		23日	夜				125	355
		24日	昼				126	351
		24日	夜				127	459
	ハワイ資金造成公演第二弾 9月公演 「肝高の阿麻和利 with 伊禮俊一」 「肝高の阿麻和利 with イクマあきら」	9月13日	昼	きむたかホール	200	主催（ハワイ公演実行委員会）	128	247
		13日	夜				129	245
		14日	昼				130	272
		14日	夜				131	291
	ハワイ資金造成公演第三弾 10月公演 「肝高の阿麻和利 with アルベルト・シロマ」	10月10日	夜	沖縄コンベンションセンター劇場棟	200	主催（ハワイ公演実行委員会）	132	900
		11日	昼				133	755
		11日	夜				134	842
	「肝高の阿麻和利 in ハワイ」公演	11月23日	昼	ハワイ沖縄センター	100	主催	135	
		23日	夜				136	1,400
	ハワイ凱旋公演	1月10日	昼	石川会館	170	主催（ハワイ公演実行委員会）	137	575
		10日	夜				138	398
		11日	昼				139	603
		11日	夜				140	612
	卒業公演	2月21日	昼	きむたかホール	160	主催	141	400
		21日	夜				142	410
		22日	昼				143	412
		22日	夜				144	410
	第23回倉敷音楽祭公演 現代版組踊「肝高の阿麻和利」in 倉敷	3月21日	昼	芸文館ホール	130	共催（アルスくらしき）	145	190
		21日	夜				146	523
		22日	昼				147	639
平成21年度 (2009)	6月公演【春】	6月6日	夜	きむたかホール	170	主催	148	430
		7日	昼				149	428
		7日	夜				150	460
	東京公演 現代版組踊「肝高の阿麻和利 with 東儀秀樹」	8月19日	夜	東京厚生年金会館	130	主催	151	1,614
	東京公演 現代版組踊「肝高の阿麻和利」	20日	昼				152	1,002
		20日	夜				153	1,327

年　度	公演名	月　日		場　所	スタッフ・出演者	主催・共催	公演回数	動員数(人)
平成21年度 (2009)	盛岡市制施行120周年記念うるま市交流事業 現代版組踊「肝高の阿麻和利」in盛岡	8月23日	夜	盛岡市民文化ホール	120	共催（盛岡公演実行委員会）	154	983
		(招待公演) 24日	昼				155	1,200
		24日	夜				156	985
	10月公演【秋】	10月24日	昼	きむたかホール	200	主催	157	419
		24日	夜				158	414
		25日	昼				159	438
		25日	夜				160	412
	現代版組踊「肝高の阿麻和利」in福岡公演	1月10日	昼	福岡市民会館	150	共催（福岡公演実行委員会）	161	1,444
		10日	夜				162	1,129
		11日	昼				163	1,491
	卒業公演	2月19日	夜	きむたかホール	200	主催	164	433
		20日	昼				165	412
		20日	夜				166	443
		21日	昼				167	448
		21日	夜				168	447
平成22年度 (2010)	6月公演【春】	6月12日	昼	きむたかホール	200	主催	169	362
		12日	夜				170	437
		13日	昼				171	426
		13日	夜				172	447
	8月公演【夏】	8月14日	夜	石川会館	200	主催	173	501
		15日	昼				174	476
		15日	夜				175	630
	～世界遺産登録10周年記念大祝祭～東儀秀樹×古澤巌 TOUR2010 SMILE	10月8日	夜	勝連城跡　四の郭	200	主催	※動員数に含めず	555
	現代版組踊「肝高の阿麻和利with東儀秀樹」かっちん城公演	9日	夜				176	1,123
	現代版組踊「肝高の阿麻和利」かっちん城公演	10日	夜				177	748
	コザパイロットクラブ創立20周年記念チャリティー特別公演	11月23日	夜	沖縄市民会館	150	共催	178	1,500
	卒業公演	2月11日	夜	きむたかホール	200	主催	179	437
		12日	昼				180	437
		12日	夜				181	436
		13日	昼				182	443
		13日	夜				183	450

年　度	公演名	月　日		場　所	スタッフ・出演者	主催・共催	公演回数	動員数(人)
平成23年度 (2011)	6月公演【春】	6月11日	昼	きむたかホール	240	主催	184	385
		11日	夜				185	409
		12日	昼				186	443
		12日	夜				187	427
	大阪狭山公演 現代版組踊「肝高の阿麻和利 with 表現倶楽部うどぅい」	8月6日	昼	大阪狭山市文化会館 SAYAKA HALL 大ホール	200	共催（大阪狭山キジムナーの会）	188	588
		6日	夜				189	527
		7日	夜				190	645
	大阪枚方公演 現代版組踊「肝高の阿麻和利 with 表現倶楽部うどぅい」	9日	昼	枚方市市民会館	200	共催（枚方市「肝高の阿麻和利」上演実行委員会）	191	375
		9日	夜				192	506
	具志川商業高等学校芸術鑑賞会	9月3日	昼	うるま市民芸術劇場響ホール	240	主催	193	651
	9月公演【秋】	3日	夜				194	458
		4日	昼				195	467
		4日	夜				196	489
	200回記念 11月公演	11月26日	昼	きむたかホール	220	主催	197	414
		26日	夜				198	429
		27日	昼				199	432
		27日	夜				200	444
	卒業公演	2月11日	昼	沖縄市民会館大ホール	250	主催	201	761
		11日	夜				202	938
		12日	昼				203	1,098
		12日	夜				204	1,327
平成24年度 (2012)	6月公演【春】	6月9日	昼	きむたかホール	210	主催	205	340
		9日	夜				206	302
		10日	昼				207	341
		10日	夜				208	444
	9月公演【夏】	9月8日	昼	きむたかホール	210	主催	209	302
		8日	夜				210	313
		9日	昼				211	280
		9日	夜				212	313
	11月公演【秋】	11月24日	昼	きむたかホール	210	主催	213	350
		24日	夜				214	357
		25日	昼				215	334
		25日	夜				216	410
	卒業公演	2月22日	夜	きむたかホール	210	主催	217	430
		23日	昼				218	441
		23日	夜				219	456
		24日	昼				220	428
		24日	夜				221	452
平成25年度 (2013)	6月公演【春】	6月15日	昼	きむたかホール	210	主催	222	427
		15日	夜				223	422
		16日	昼				224	443
		16日	夜				225	445

（出典）「あまわり浪漫の会」管理・運営サイト。

きむたかホール

ている。出演者がすべて中高生による舞台とは、とても思えないような数字である。

　ちなみに、2012（平成24）年度のきむたかホールにおける公演の観客動員数が8,030人、チケットの前売り料金が全席2,000円（当日は2,500円）なので、低く見積もっても1,606万円の公演収入が得られたと思われる。これに地元での飲食や土産などの支出も加わるわけだから、人口14,000人の旧勝連町(かつれんちょう)地区にとっては、経済面での貢献は決して小さなものではない。

　こうした数値からも、「肝高(きむたか)の阿麻和利(あまわり)」が交流人口の増大とそれに伴う経済的なプラスによって地域の活性化に大きな役割を果たしているということが分かる。言うなれば、地域の歴史や文化を題材にすることによって、地域を活性化することができるということを実証しているわけである。

　翻って、日本全国には豊かな地域があまた存在しているにもかかわらず、「ここには何もない」という声がそこここで聞かれる。しかし、何もないはずはない。それどころか、モノや情報が溢れかえり、溺れてしまいかねない現代社会において、「何もない」ことがもたらすプラス面を評価する向きさえ見受けられるのである。「ないものねだり」から「あるもの探し」へと視点を変え、地域の物事に好奇心（関心）をもち、とにかく行動してみることが必要である。

そこから、地域の再評価に至るのである。

具体的には、足下の地域資源を徹底的に探ったり、見直したりすることから始めることになる。この場合、地域資源とは「人的資源」、「物的資源」、「資金」、「情報」の４種類に分けることができるが、その中には、地域の産物や建築物だけでなくその土地の文化や歴史も含まれる[12]。

今回の旧勝連町(かつれんちょう)に即して言えば、人的資源として、「肝高(きむたか)の阿麻和利(あまわり)」のスタッフ・出演者となる中高生、彼らを支えるあまわり浪漫の会のメンバー、教育関係者（上江洲など）、演劇関係者（嶋、平田）を挙げることができる。そして物的資源としては、行政施設・設備（きむたかホール、勝連城）が挙げられよう。また資金は、当初の３年間は電源地域交付金で、それ以降は公演収入やあまわりグッズの販売、助成金などで賄っている。また、情報に相当するものに地域の歴史、伝統芸能、文化が挙げられる。

こうした様々な資源を組み合わせて成果を生み出していくことで、その地域独自の活性化がなされるのである。それを成し遂げるのは、並々ならぬ志や情熱をもったキー・パーソンとなる。今回のケースでは、上江洲、嶋、平田の３氏を挙げることができる。また、「肝高の阿麻和利」の支援組織「あまわり浪漫の会」をスタート時から支え続けている長谷川夫妻、「肝高の阿麻和利」を県内外各地に広めるのに貢献した山内彰（「肝高の阿麻和利」の初演当時は中頭教育事務所所長、のちに沖縄県教育長）もキー・パーソンと言えよう。

地域づくり専門家の間では、地域に変革をもたらし、活性化に導くには「よそ者・若者・ばか者（変わり者）」が必要であるとされている。ここで言う「ばか者」とは、「自らの損得を顧みず、周り

あまわり浪漫の会事務所

の人々からばか呼ばわりされても一心に地域を変えようと取り組む者」という意味である。ちなみに、それはあまりにも失礼な言葉に聞こえてしまうため、筆者は「変わり者」と言い換えている。

　平田は、まさにそのような存在であると言えよう。また彼は、子ども達が大きく成長するための触媒ともなった。そして、それを見守る父母達が懸命に支えている。特に、長谷川会長夫妻は、長年にわたってあまわり浪漫の会を支えている。よい意味での「変わり者」であろう。通常の場合であれば、自分の子どもが卒業すると「お役御免」とばかりに会を去るからである。単なる親という立場を超えて、いわば地域活性化を支える応援団長となっている感がある。

　地域づくりの目標として、「地域の子ども達の大多数がその地域で生きていくことを誇りに思うかどうか」を掲げることが出来るとすれば、勝連地域はまさに目標を達成することが出来たと言っても過言ではない。

　地域を再発見し、他の地域の子ども達をも巻き込み、徐々にではあるが、高校卒業後、いったん地域を離れた子ども達が逞しさを増し、地域に戻る動きが出てきた。劇に関わった卒業生のなかから、事務局を支えたり、劇団の監督役を果たしたりしている者も現れるようになった。まさに、地域に誇りを取り戻すことに成功している。この一連の動きがますます勝連地域、ひいては沖縄県全体を活性化させることにつながっている。

あまわり浪漫の会・（左から）祖堅氏（前事務局員）、長谷川会長、会長夫人

⑿　この点について詳しくは伊佐（2011）pp. 7〜8 を参照。

むすびに代えて

　本稿で着目したのは地域の歴史・文化の力である。地域の歴史を見直し、それを地域の中高生達が演じる舞台「肝高の阿麻和利」が制作された。「肝高の阿麻和利」を上演することで、毎年、地域の内外から多くの人々を集め、地域に活力をもたらしている。ところで、駄田井・浦川（2011）によれば[13]、「人間生活の豊かさ」すなわち人間の幸福感は次のように表すことができる。

　　　　人間生活の豊かさ＝文化力×経済力

　この式は、「文化経済学の基本公式」と呼ばれている。ここで、経済力とは「物的な豊かさの意味を経済的価値に関連させて交換価値（貨幣価値）をもつもの」であるとされているが、とすれば、文化力は経済力以外の人間生活の豊かさにつながるすべてのものと規定することが出来る。また、人間生活の豊かさが物質的な豊かさと精神的な豊かさとから成っているとすれば、文化力こそが精神的な豊かさをつくり出すものとなる。

　さらに、「従来の第３次産業のなかで今後伸びてくるであろうと予想される分野としては、『研究開発』、『教育』、『医療・福祉』、広い意味での『レジャー』などの分野である。これらの分野は『人間の能力を洗練・強化する』ことに関わる」ため、「広い意味でも狭い意味でも文化に密接に関係する」[14]と言える。

　他方、平田は「地域に眠る伝承や神話、史実を丁寧に拾い上げては、物語を紡ぎ出す」[15]という姿勢を貫いてきた。そして、「文化」とは「生き様」であり、「心を揺さぶる激しい情熱」であるとしている[16]。そうした姿勢や考え方をベースにして、「教育で地域を、文化で産業を、教育と地域と文化で『おきなわ』を興す」[17]というミッション（思い、志）をもって動き続けている。そのために、「『農業・林業・水産業・観光・環境・健康・福祉・教育など』を含むすべてのジャンルを『文化』という横糸で結びつけて産業化」する「感動産業クラスター構想」[18]を温めているという。

では、なぜ平田は文化の産業化を考えるに至ったのか[19]。実は、彼のきむたかホール館長時代に、才能ある生徒が父親の失業で劇団を去らざるをえなくなったという出来事や、全国で最も高い若年層の失業率が問題となるなかで、各地域のリーダーとなりうる卒業生達の受け皿が不足していることを通じて沖縄の失業問題を実感したのである。そのために平田は、文化の産業化を図るべく次々と町役場に対して提案を投げ掛けたが、取り付く島もない状態であったという[20]。そしてついには、自ら「一般社団法人 TAO Factory」を立ち上げたというわけである。

そこでは、上述のミッションを実現するため、以下のようなプロセスを掲げている[21]。

❶ 舞台を通して子ども達が社会に必要な責任や協力を学ぶ。
❷ 芸能文化の魅力と舞台の感動を知り、子ども達がさらなる成長を目指す。
❸ サポートする父母、地域の大人達が運営組織をつくり、さらなる活動の場を生み出す。
❹ 数年後に舞台を卒業した子ども達が地域のために働く場としての運営基盤を構築する。
❺ 確立したブランドで地域の企業と連携し、新たな産業発展へとつなげる。
❻ 地域の魅力でリピーターとなる県内外の客を呼び込み、観光発展へとつなげる。
❼ 観光がもたらす経済発展により地域力が上がり、若い力が活躍する。

こうしたプロセスを県内各地に創出することによって、「新たなビジネスモ

---

[13] 駄田井・浦川（2011）pp.124～125。
[14] 駄田井・浦川（2011）p.136。
[15] 平田（2008）p.11。
[16] 平田（2008）p.241。
[17] 平田（2008）p.10。
[18] 平田（2008）p.240。
[19] 平田（2008）pp.232～233。
[20] 平田（2008）p.233。
[21] 一般社団法人 TAO Factory オフィシャル・サイトを参照。

デルを創出し同時に人材育成の場として、魅力ある人材を輩出する工場となること」が目標となっている。つまり、TAO Factory は、沖縄文化を産業化するための方策として、仕事おこしとしてのコミュニティ・ビジネス（CB）[22]を推し進めていくことに必要な人材供給源となることを目指しているのである。

　駄田井・浦川（2011）は、「地域のもっている文化力が経済発展に欠かせなくなっている」し、「都市や地域が人を惹きつける力は、究極には文化力でしかない」と主張している。筆者も同感である。TAO Factory の輩出する人材がどのように地域の文化力を経済発展に結び付けていくのか、今後の展開が楽しみである。

謝　辞

　本稿を執筆するにあたり、あまわり浪漫の会会長・長谷川清博氏、事務局・長谷川加代子氏、祖堅加奈枝氏には大変お世話になった。ご多忙ななか、筆者の取材に時間を割いていただき、貴重な資料もご提供いただいた（肩書きはいずれも2012年8月20日取材時）。また本稿は、久留米大学経済社会研究所調査研究「離島、中山間地等条件不利地域における地域づくりに関する研究」による成果の一部である。

　以上、記して感謝申し上げる次第である。

参考・引用文献

・あまわり浪漫の会『「キムタカ」の力──現代版組踊「肝高の阿麻和利」をより深く知るためのガイドブック』あまわり浪漫の会、2010年（非売品、現地にて入手）。
・伊佐淳「市民参加型地域づくり（まちづくり）に資する新たな事業体」『産業経済研究』第51巻第4号、久留米大学産業経済研究会、2011年。
・喜舎場一隆編『琉球・尚氏のすべて』新人物往来社、2000年。
・経済産業省『ソーシャルビジネス研究会報告書』経済産業省、2008年。
・五木田 勉『やる気スイッチはいつ入る？──平田大一とキムタカの子どもたち』学研パブリッシング、2010年。
・産業構造審議会 NPO 部会中間とりまとめ『「新しい公益」の実現に向けて』経済

産業省、2002年。
- 駄田井正・浦川康弘『文化の時代の経済学入門——21世紀は文化が経済をリードする』新評論、2011年。
- 平田大一『キムタカ！』アスペクト、2008年。
- 外間守善『沖縄の歴史と文化』中公新書、1986年。
- 松尾匡・西川芳昭・伊佐淳編著『市民参加のまちづくり【戦略編】』創成社、2005年。

参考・引用資料ウェブ・サイト

- 一般社団法人 TAO Factory オフィシャル・サイト
  http://www.tao-factory.com/ （2013年10月10日閲覧）
- 沖縄県企画部統計課　商工統計班
  http://www.pref.okinawa.jp/toukeika/econ_cencus/econo_census_kekka.html （2013年5月30日閲覧）
- 現代版組踊「肝高の阿麻和利」（「あまわり浪漫の会」管理・運営サイト）
  http://www.amawari.com/index.html （2013年9月30日閲覧）
- 総務省 統計局
  http://www.e-stat.go.jp/SG1/estat/List.do?bid=000001035250&cycode=0 （2013年5月30日閲覧）
- 文化遺産オンライン
  http://bunka.nii.ac.jp/jp/world/h_09.html （2013年9月30日閲覧）

---

(22) CB とは、地域の様々な問題を解決するために地域住民が中心となり、ビジネス的な手法を用いて、地域内の未活用資源を活かしながら、法人格の種類にかかわりなく、地域内の公益（地域益）の増大を目指して経営を行う組織や事業である。CB の成長・発展は、地域の再生や活性化につながるということが出来る。伊佐（2011）pp.7〜8を参照。

第4章
文化の消費とマーケティング

浦川　康弘

はじめに

　我が国を取り巻く社会・経済環境は、他国の政治・経済・社会環境の急速な変化とともに大きく変化し、新たな対応が求められている。少なくとも、地球規模での自然環境の破壊、他国に例を見ない急速な少子高齢化社会の到来、先行き不透明感による漠然とした社会不安が影を落としている。我が国の「モノづくり」の成功体験が経済を牽引しつつも、他方では「精神的豊かさ」や「心の癒し」を求める人々のニーズが高まり、モノだけでは満たされない欲求がこれまでの経済のあり方に疑問を投げ掛けている。

　これまで計測可能な量や価格に注意を払ってきたが、その一方で、測定困難で経済的価値とは無縁として文化の価値を無視してきた。しかし、今や文化は人間の創造的活動の所産であり、経済や社会の活性化のための新たな資源として注目され始めている。例えば、歌舞伎や能といった伝統文化をはじめ、今日ではアニメ・漫画、音楽、映画、食文化、「おもてなし」の文化などが諸外国から高い注目と評価を得ている。特に、アニメ・漫画や音楽文化は、インターネットを通じて世界に配信され、諸外国の多くの若者に受け入れられている。

　これまで経済資本のみが経済的価値を生み出すものと考えられていたのに対し、文化は有形・無形の姿で国民の感情や行動、価値観に多大な影響を与え、経済的価値をも生み出すことが認識され始めている。

本章では、21世紀が文化の時代であり、文化を新たな経済資源として活用することで、環境に多大な負荷をかけることなく経済発展や社会の活性化につながることを前提として、これまで財やサービスと貨幣の交換関係を対象に展開されてきたマーティングに対し、文化を活用したマーケティングのあり方を模索する。

1 文化の消費の重要性

（1）物質的追求から創造的活動へ

まず、右記の**図4−1**を参照してもらいたい。これは、『平成19年版 国民生活白書』に掲載された国民の生活満足度調査のなかで、近年、国民がモノの豊かさよりも心の豊かさ求め始めていることを示したグラフである。1985年代頃を境に、2005年に至るまでモノの豊かさが一貫して下がり続けているのに対し、国民の心の豊かさを求める人々が一貫して増加していることがこのグラフから推察される。従来、経済成長は国民生活を豊かにすると一般的には言われてきたが、このグラフを見る限り逆の傾向を示している。

上記の現象は、経済学で言うところのトレッドミル効果が起きていることを示している。駄田井（2007）は、トレッドミル効果について、「本来ならば、所得の増加に比例して幸福感も上昇し安定するはずだが、トレッドミル効果により主観的幸福関数は下方にシフトし、所得増加の影響が打ち消されることになる」（p.134）と説明している。つまり、トレッドミル効果とは、所得の増加が必ずしも国民の幸福につながらない状態のことを言うのである。ここに、幸福のパラドックスが生じる。

幸福は、経済成長による所得の増加やモノの充足だけでは満たされない。親子・夫婦関係や地域社会との絆、職場の上司・先輩・同僚との人間関係、教育・教養を高める様々な文化施設、例えば図書館や美術館、博物館、音楽ホー

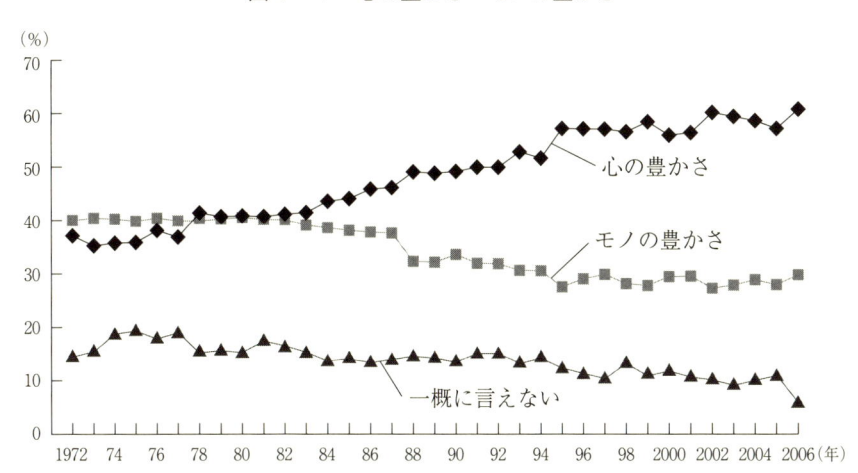

図4-1 心の豊かさ・モノの豊かさ

(備考) 1. 内閣府「国民生活に関する世論調査」により作成。
2. 「今後の生活において、物の豊かさか心の豊かさかに関して、次のような2つの考え方のうち、あなたの考え方に近いのはどちらでしょうか。(ア) 物質的にある程度豊かになったので、これからは心の豊かさやゆとりのある生活をすることに重きをおきたい、(イ) まだまだ物質的な面で生活を豊かにすることに重きをおきたい」との問に対する回答者の割合。
3. 「物質的にある程度豊かになったので、これからは心の豊かさやゆとりのある生活をすることに重きをおきたい」は「心の豊かさ」とし、「まだまだ物質的な面で生活を豊かにすることに重きをおきたい」は「物の豊かさ」とする。また、「どちらともいえない」は「一概にいえない」とする。
4. 「わからない」の割合は掲載を省略。

(出典) http://www5.cao.go.jp/seikatsu/whitepaper/h19/01_honpen/html/07sh000101.html

ル、公園、そして、芸術、文化、スポーツといった公共財や創造的活動に関係する楽しみというものが必要なのである。さらに駄田井 (2007) は、幸福を追求する人間の活動について、防衛的活動と創造的活動の二つに分けて説明しているビアンチの例を次のように紹介している (p.134)。

・**防衛的活動**──苦痛の排除、快適・便利さの追求──惰性化する
・**創造的活動**──快楽(楽しいこと)の追求──惰性化しない、飽くことがない

つまり、この両者のバランス上で人々は幸福感を感じているというのである。これをマーケティングに当てはめてみると、高度経済成長期における経済効率や経済的価値、利便性の追求といった防衛的活動に基づく価値観と、これに対応した企業の防衛的活動によるマーケティング活動の展開あればかつてはよかったが、ポスト工業化社会あるいは文化の時代と呼ばれる今世紀にあっては、企業は個人の多様な嗜好やニーズ、価値観、個性を優先する消費者あるいは生活者の消費行動を捉えきれず、マスをターゲットとした企業の防衛的な活動に対するマーケティング活動の展開だけでは限界が生じるということである。

その理由の第一は、これまで供給側に偏っていた財の品質や価格に関する情報などが技術革新に基づく情報・通信技術の飛躍的な発達とインターネットの急速な社会への普及によって消費者に多くもたらされたことで、購買選択の拡大と多様な嗜好や価値観をもつ消費者が増えたことなどが考えられる。

第二は、地球規模での自然環境の悪化がある。人間の経済活動に伴うCO_2、NOXなどの排出によるオゾン層破壊、大気・海洋汚染、気象変動などを背景として、多くの人々が環境に対する関心を強めている。例えば、再生可能なエネルギーに対する国民の関心度の高さ、再生不可能な資源の重要性とその効率的利用、さらには、長期経済低迷のなかで浪費を抑え無駄を省く節約志向型の消費スタイルへの関心が高まり、消費者の購買行動や意識にも様々な変化が見られ、企業も消費者の創造的活動を刺激するようなマーケティングの展開が要請されている。

（2）文化の消費と創造的活動

本来、文化は多様であり、国や地域ごとに異なる。しかし、市場経済の発展とともに経済成長優先による効率化や画一化を過度に進めた結果、地域の固有の伝統、慣習、道徳、倫理などが失われつつある。また、消費者の個性、生活スタイル、価値観までも画一化しつつある。

資本主義経済は「消費は美徳」と言わんばかりに浪費を強いてきた。和服から洋服への転換は機能性や快適性を高めてくれたが、その一方で、日本の和服

文化から受ける「雅」な文化の印象は年に数回の特定行事の片隅に追いやられ、風前の灯となっている。さらに、日常生活に目を転ずれば、今日ではインスタント食品が幅を利かせ、台所の電子レンジの「チン」という音が母親代わりを勤め、食卓を囲む風景も一変している。

　文化の消費を提唱する理由は、近代化のもとで国民の文化に対する関心が薄れ、モノの大量所有が豊かさの証明であるかのように錯覚して生活満足度が低下していること、また、本来幸福度を高めるはずの自由財や文化への関心が薄れ、人間の創造的活動の喪失を招いたことなどが挙げられる。特に、ブランド信仰に対する消費者の従順さは今日まで続いている。

　その一方、今日の消費者の行動は、若者の自動車離れ、環境への関心の高まり、急速に進む少子高齢化、医療・福祉に対する高齢者の関心の増大、国民のボランティアへの参加意識の高揚など、新たな消費行動や社会的行動も現れ始めている。

　今世紀に入り消費者の価値観はますます複雑・多様化し、価値あるものにはお金を支出するが、そうでないものにはお金を支出しないという選択的消費の傾向をますます強めている。この点については表4－1からも推察出来る。

表4－1　基礎的支出・選択的支出の推移──2人以上の世帯のうち勤労者世帯

年	金　額（円）	
	基礎的支出	選択的支出
平成17年（2005年）	161,981	167,518
平成18年（2006年）	158,055	162,176
平成19年（2007年）	158,418	165,041
平成20年（2008年）	159,659	165,270
平成21年（2009年）	154,841	164,218
平成22年（2010年）	154,648	163,667
平成23年（2011年）	153,194	155,644
平成24年（2012年）	153,411	160,463

（出典）総務省　統計局・政策統括官・統計研修所。
(http://www.stat.go.jp/data/kakei/longtime/index.htm#ks)

近年の消費動向について、田村正紀は2006年に『バリュー消費』という著書を上梓し、価値追求型の消費者による消費行動を「バリュー消費」と呼び、生活の質と生活の合理化を同時に追求する価値追求型の消費動向が現代消費市場の動向を決定するエンジンであり、傾斜的消費（健康、個性、体験）をますます強めつつあるとしている［田村（2006）pp50～51、pp212～229］。

図4－2からも、教育費、交通通信費、被服および履物費の支出が家計の消費支出を牽引する一方で、消費支出に占める教養娯楽費の持ち直しが見え始めていることが分かる。

また、経済の先行き不透明感や少子高齢化社会が進展するなかで、安心・安全を志向する人々が増えている。年齢階層にもよるが、消費のあり方も、個性やファッションを競う若者達の顕示的消費行動が見られる一方、若者などの車離れと東京で自転車に乗って都会を爽快に走り抜けるクールな若者達、健康、医療、福祉、趣味などに関心を寄せる高齢者の増加、教育サービスに強い関心をもつ親達、さらには積極的にボランティア活動に参加し、社会との接点をも

図4－2　2010年～2012年対前年比家計消費支出の推移（二人以上の世帯）対前年比（単位％）

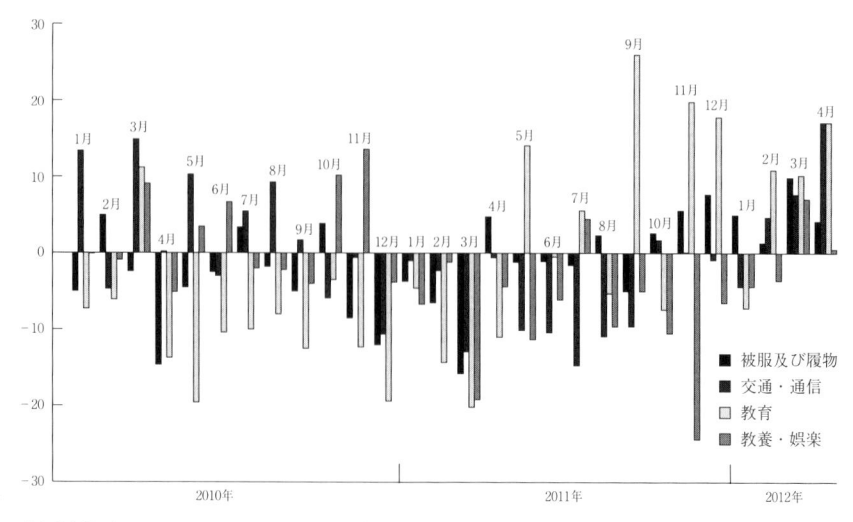

(出典)統計局ホームページ／家計調査(www.stat.go.jp/joukyou/2011ar/index.htm)より筆者作成。

福岡市博多区にある「博多座」(筆者撮影)

とうとする人々の増加と、マーケティングを取り巻く社会的・経済的環境の変化とともに消費動向も従来と大きく異なる様相を呈してきている。

消費享受能力の高い消費者は、年齢階層や性別、所得や学歴にもよるが、文化への関心も高く、自らの消費支出を趣味や知性、教養を高めるために文化セミナーに参加したり、美術館や博物館への来館頻度を高め、歌舞伎や能などの芸術鑑賞、コンサートホールでの音楽鑑賞、観光を通じた文化遺産への接触と、文化への接触頻度を強めつつある。

今後は、自由財や文化財への関心を高め、人間の創造的活動を高める文化を官民一体となって育まなければならない。多様な文化や創造的活動は、社会を活性化し人々を惹き付ける。魅力ある都市や社会には人間の知的創造性を刺激する文化資本の蓄積があり、経済的価値を生み出す。アルビン・トフラーは芸術について、芸術こそ、個人が自分の独自性を表現できる可能性が最も広い分野であり、「自己発見」のためには有効な方法である、と述べている［トフラー（1997）pp58〜59］。

福岡県太宰府市にある「九州国立博物館」(筆者撮影)

　さらにまた、近代日本の天才陶工と呼ばれる加藤唐九郎も、2010年3月27日付の〈朝日新聞〉で、「相手を傷つけないで、自己の欲望だけを満たしていく手段、方法として、人間が最後に発見したものが芸術である」と述べている。
　言うまでもなく市場経済は、多くの企業が企業間競争を通じてシェアを拡大し、利潤を追求しなければならない宿命を負っている。市場の競争に破れた企業は、市場から撤退しなければならない。その結果、撤退を余儀なくされる企業やそこで雇用されている人々を傷つけることとなる。
　トフラーや加藤は、芸術はまったく逆の結果をもたらすと指摘している。トフラーの言う個人の自己発見や独自性の表現、そして加藤が言う相手を傷つけない自己実現のための手段や方法が芸術にはあると指摘しているのである。
　先述したように、工業化社会における市場での企業間競争は、まさにマーケティングを駆使して、防衛的活動に対するマーケティングを展開してきた。効率化、利便性といった価値観が優先され、画一的な個性のない財やサービスが大量に市場に供給されてきた。しかし、「ポスト工業化社会」あるいは「文化の時代」と呼ばれる今日では、個性や嗜好を重視する消費者が増えているなかで、トフラーや加藤が指摘しているように芸術・文化が多様性を重視し、その創造的活動がいかに重要であり有効であるかを端的に説明していると言えよう。
　さらに、博報堂生活総合研究所が著した『堂の成熟　楽しさの先進国をめざ

福岡市中央区にある「福岡市立美術館」(筆者撮影)

して』(2011年)においても、「楽しさに対する人々の態度が、これまでの受動的に享受する態度から生活者が主体的に追い求めるものへと変化している」(p94)、と指摘している。つまり、工業化社会では、企業が行うマーケティング活動によって消費や楽しさがコントロールされてきたが、今日の文化の時代にあっては、生活者あるいは消費者自らが生産者兼消費者（プロシュマー）となって主体的に消費や楽しさを追求しようと、家庭菜園や郊外の農家の土地を借りての野菜づくりをはじめとして、絵画・音楽・陶芸といった趣味の分野で知的・創造的活動の範囲を拡げているということである。

　国際的な観光地の文化資本は、歴史的変遷のなかで多様な文化の集積を築き、文化保全を継続的に行ってきた。だからこそ毎年、多くの観光客が著名な外国の観光地を訪れることができるのである。美しい自然景観、多様な歴史的文化財や建造物、人々の生活様式や文化に触れ、多くの観光客が魅了され楽しむである。

　都市にあっては歴史的・文化的価値の集積がすでにあり、これを活用して経済的価値を生み出すことは、21世紀の経済や社会のあり方を模索するうえでも、また持続可能性の観点からも望ましい方向である。なお、先ほどから「文化資本」という言葉を時折使用しているが、この点については後の節で論じることとする。

2 従来と今日のマーケティングの違い

このような状況を考慮して、工業化社会におけるマーケティングと文化の時代におけるマーケティングの違いについて**表4-2**を作成した。

工業化社会では、生活必需品を中心とした耐久・非耐久消費財やマニュアル化されたサービスを中心として短期的利益と経済的価値を追求する企業のマーケティング活動が展開されてきた。もちろん、今後も大量生産された財やサービスは企業のマーケティング活動の射程に入れざるをえないが、その一方で、文化の時代におけるマーケティングにおいては、持続可能性の観点から人類に

表4-2　工業化社会のマーケティングと文化の時代のマーケティングとの違い

	工業化社会のマーケティング	文化の時代のマーケティング
資源の捉え方	無限、無尽蔵	有限、有効な活用
経済成長に対する考え方	短期的な成長	長期の持続可能性
主体	製造業（メーカー）、流通業者	主体は様々。地方自治体、地域住民、NPO、ベンチャー
対象となるもの	財やサービス	文化や自然の景観など
資本概念	経済資本	文化資本、自然資本
製品・サービスの特徴	画一的な商品、マニュアル化されたサービス	人々の個性や価値観を重視した製品。非マニュアル化されたサービス
手段	利益（利潤）最優先	ボランティア、NPO等の社会貢献活動、利益は後から
手段	旧来のマスコミを活用した宣伝・広告活動	インターネットを活用したFacebook,Twitter, LINEなどのSNS, スマートフォンなどの携帯電話など
サービス	マスを対象としたサービス	ホスピタリティ重視。個を大事にする

（出典）執筆者作成。

とっての長期的利益や幸せとは何かを考え、資源の有限性と環境に負荷を与えない経済成長のあり方を模索する必要がある。

つまり今後は、短期利益の追求の手段としてではなく、一人ひとりの消費者あるいは生活者の嗜好や価値観、必要とされるニーズを踏まえ、社会全体の福祉に資するようなマーケティング展開が必要となる時代になるということである。その理由として、以下の三つが挙げられる。

❶ 少子高齢化社会を迎えつつあり、環境保全や社会の安全・信頼に対するニーズが確実に高まっていること、また国民の健康や福祉・教育に対する関心が高まりつつあること。

❷ 激しい企業のグローバル市場での競争の軋轢と不透明な市場の不安定性さのなかで、国民の価値観が物質的なものよりも「心の豊かさ」、「癒し」、「ゆとり」といった精神的価値の充足や文化の消費へと軸足を移しつつあること。

❸ 多様な環境のなかで生まれ育った消費者が、インターネットやSNSなどを通じての知識や情報の獲得とも相まって、個人の価値観や嗜好が購買行動の際の参考基準になっていること。

マーケティングの手段(手法)も、工業化社会であれば企業の財やサービスに関する情報はマスコミを使った宣伝・広告が中心であったが、技術革新に基づく情報・通信技術の飛躍的な発達はインターネットや携帯電話の普及を促し、そしてTwitter、Facebook、LINEによる新たなSNS(Social Networking Service)の普及を社会にもたらし、消費者間の手軽なコミュニケーション・ツールとしてのみならず企業の財やサービスに関する消費者への情報提供手段として近年注目されており、その本格的な運用が始まろうとしている。

また、サービスに関して言えば、工業化社会ではマニュアル化されたサービスの提供が一方的に消費者に対して行われてきたわけだが、その余地は限られたものであり、消費者は提供されるサービスをただ受け入れるだけだった。しかし、文化の時代では、サービスの提供のあり方が変わらざるをえなくなる。つまり、一人ひとりの消費者あるいは生活者立場に立ったサービスの提供が望まれるようになるわけである。一時期、消費者志向や社会的志向に基づくマー

表4-3 サービスとホスピタリティの違い

	サービス	ホスピタリティ
原理	商品／社会	資本／場所
対象	1対多数	1対1
働き	同一性	差異性

(出典) 駄田井・浦川 (2011) 147ページ。

ケティングのあり方が論議されたが、時期尚早であった。

　これまでのようなマニュアル化されたサービス提供のあり方では、パック旅行に代表されるように今日の消費者を惹き付けることはできない。最近の消費者は商品やサービスに対する目が肥えており、その中味に価値があり、十分満足できると判断したものにしかお金を支出しない。そのため、一人ひとりの消費者あるいは生活者の立場に立ったホスピタリティに基づくマーケティング展開がされた商品でなければ消費者は飛びつかないであろう。

　山本 (2008) は、ホスピタリティとはプライベートさに対応していくのがホスピタリティであると述べ、サービスとホスピタリティの違いについても述べている。(p3, p10) なお、この相違については上記に掲げる表4-3のようにまとめることができる。

　ホスピタリティとは、商品や社会におけるサービスとは異なって資本や場所の原理で働き、1対多数ではなく1対1の関係において提供されるものである。そのため、多様な個人の差異性や異質性に基づく働きが重要となるので、マニュアル化されたサービスよりもコストがかかることは覚悟しなければならない。

　文化の時代の消費者は、所得が伸び悩むなか、財布の中味と相談しながら耐久・非耐久消費財への支出を抑える（節約志向）一方で選択的な消費をますます強める傾向にある。自分達の健康や福祉、観光、スポーツ、余暇の増加に伴う趣味や自己啓発といった文化活動においても付加価値の高いものに消費支出を振り向けようとしている。

　このような状況をふまえるならば、サービスのあり方も変わらざるをえない。文化の時代の消費者は、インターネットを通じて情報収集を行い、友人や知人からの口コミ、親からのアドバイスなどによって自分自身にとって価値あるサ

第 4 章 文化の消費とマーケティング 89

JR 西日本が開発した「ななつ星」（筆者撮影）

ービスであるかどうかを判断し、価格とのバランスを考慮しながら支出を行っている。仮に価格を下げたとしても、消費者が価値のないものと判断すれば支出は行われないのである。

　このような状況変化を捉えて JR 西日本九州鉄道は、2013年10月15日から付加価値の高い旅のサービスとして「ななつ星 in 九州」列車の運航を始めている。これは、欧州鉄道の旅を意識したものである。新しく観光寝台列車を開発し、車両内部も豪華な旅を演出するインテリアとなっているほか、スタッフも上質なサービスを提供するために著名なホテルや旅館で接客サービスの研修まで行っている。もちろん、九州内の観光地とのタイアップもされており、自治体との連携も強い。

　価格は、15万円（1泊2日・車中泊）から95万円（3泊4日・1泊は旅館）という高額なものとなっているが、外国からも高い注目を浴びており、予約も順調に入っているとのことである。価格は高くても消費者にとって価値が高いと判断された、よい事例と言える。

3 文化の時代の消費構造

　我が国の消費文化の構造について考察を行う前に、ブラジルの連邦区（首都ブラジリアを含むエリア）に所在する家計の消費支出分析から、地域芸術・文化財への消費支出について調査を行った Sibelle Cornelio Diniz・Ana Flavia Machado（2010）などの報告を見てみよう。

　ブラジルの主要都市における芸術・文化財およびサービスの消費に関する研究分析の結論によると、文化・芸術の消費が教育や所得によって決定づけられ、社会的地位やより高い教育・所得を有する個人ほど、家族や自身のために芸術・文化財に触れさせようとする傾向が高いことを指摘している（pp2～17）。

　この点に関連して、デイヴィッド・スロスビーは以下のように述べている。「人が音楽、文学、演劇、視覚芸術などを楽しみ、芸術を消費するのにお金を使おうとする意欲は、こうした芸術分野への知識や理解力に関連することは明らかである。そのような文化的能力は教育や経験で獲得される。したがって、より強くて、より識別力のある芸術への嗜好は、よりすぐれた教育を受けた人々、そしてすでに消費者になっている人々により顕在化される」［スロスビー（2002）p182］

　一時期、我が国でも、加熱した大学進学をめぐる受験競争の激化とも相まって、有名な幼稚園、私立の小・中・高校への進学が宿命づけられ、国立大学や有名私立大学への進学を望む教育熱心かつ高学歴の親が多かった。そのせいか、子どもの時から受験勉強を強いられ、親兄弟の出身校である大学や有名企業を就職先とするケースが多々見られた。そして、このような現象は現在も続いていると言える。

　先の研究結果から想定されるのは、このような過程を経た場合、子どもの頃から音楽や美術といった芸術に触れることによって教養や知識が高まり、人間関係上においても恥をかいたり物怖じしない人間になるということである。言

ってみれば、コミュニケーション能力を高めるために文化への接触を行っているということである。

しかし、日本では、高学歴であったとしても芸術や文化に疎遠なところがあった。それは、経済成長こそが人間の幸福につながり、高い学歴やよい就職が将来の安定と老後に結び付くという考え方が長年にわたって信じられてきたからである。ただ、今日のような激しい経済・社会の変動と長期にわたる経済低迷の時代では、そのような理想も昔日の感がある。

4 文化的価値の経済的価値への転換

これまで経済は、市場における財やサービスと貨幣の交換関係に焦点を当て、経済的価値を生む経済資本に関心を集中させてきた。そして、計量化できない音楽や美術といった芸術的価値には関心が薄かった。しかし、今日の市場では、文化に対する国民の関心が高まり、文化の経済に対する影響が注目されつつある。音楽、美術（絵画）、茶道、歌舞伎、能といった伝統芸能はもとより、現代ではアニメ・漫画、スポーツといった文化産業の急速な発展によって文化の経済面におけるウエイトが高まりつつある。

スロスビーは、「文化資本は文化的価値と経済的価値の双方を生みだすのに対して、『普通の資本』は経済的価値しかもたらさないからである」［スロスビー（2002）pp80～82］と述べている。文化的資本は、有形的側面と無形的側面に分けることができる。ともに、歴史的・文化的価値が認められたものであり、文化資本のストックとしての側面をもっている。今日、これらは観光資源として活用され、観光地に経済的価値を生み出す資本として注目されている。

文化資本の有形的側面とは、例えば金閣寺や熊本城といった歴史的建造物や、書院造といった建築様式などのように歴史的・文化的価値が認められたものを言う。これらは今日、観光資源として活用され、存在する地域に経済的な価値を生み出す資本として注目されている。一方、文化資本の無形的側面とは、華

熊本城

道・茶道、歌舞伎・能、老舗旅館・料亭が板前に対して行う暖簾分けなど、芸術的価値や無形の技術が師匠から弟子へ伝承されるという形でのちの世代に引き継がれていくもののことである。

　このように、文化的価値には地域固有の歴史的・芸術的・社会的価値が含まれる。さらに現在、先にも述べたように、急速な情報・通信技術の発展とインターネットの普及とともにYoutube、Twitter、FacebookといったSNSなどを介して文化資本の無形的側面が地球規模で拡大しつつある。個人の趣味、嗜好にもよるが、諸外国の著名な美術館や博物館のwebサイトにアクセスすれば、美術館・博物館めぐりが自宅にいながら瞬時にできるという生活環境になっている。これらのテクノロジーが、文化資本の無形的側面を強力に推し進めていることは言うまでもない。

　これまで経済資本のみが経済的価値を生むものと考えられてきたが、実は文化資本も経済的価値を生む資産として社会の表舞台にすでに登場している。なお、本稿では触れないが、ユネスコ自然文化遺産への登録や、自然の景観や風土を活かした国内でのグリーン・ツーリズムや森林セラピーによる医療ツーリ

ズムなどを考えれば、自然資本も経済的価値を生み出していることがお分かりであろう。

　無形的側面の文化資本は国により様々で、その国に存在する人々の意識的・無意識的な行動、価値観、嗜好などのなかに深く刻み込まれている。経済資源して注目され始めている文化資本に対する価値評価は、国、自治体、専門家などによる鑑定、そして地域住民などの評価に委ねられるわけであるが、それと同時に、国あるいは自治体に文化的価値があることも認定してもらわなければならない。このことは、文化的価値をどのように高めるかという次の課題とも関連してくる。

　文化的価値を高めるためには、文化資本の生産、流通、そして消費のすべての過程で情報的な価値も高める必要がある。文化的生産は、文化資本を有形的側面のものとして活用するのか、あるいは無形的側面のものとして活用するのかによって異なるが、有形的側面のものであれば観光資源として活用できるので国や自治体といった公共機関の活動が課題となるし、無形的側面であれば、音楽や美術、陶芸関係の場合のように芸術家としてのアイデアや企画、創造性などが課題となってくる。また、流通面を考えると、流通産業（商的・物的流通産業）やマスメディア（広告産業を含む）、情報・通信関連産業、さらに消費者（利用者）の嗜好や価値観といったものも課題として考えなければならない。

　しかし、これまでにも述べたように、情報化社会の進展とともに消費者や個人の価値観や嗜好は多様化しており、価値のないものと判断したものには支出を控える傾向がある。それを踏まえると、文化資本に文化的価値とともに経済的価値を生み出す要素があったとしても、単体の文化資本で経済的価値を追求するには限界があることになる。

　そこで、もし地域に複数の文化資本があるのなら、これらの文化資本を結合して経済的価値を追求したほうがより大きなメリットをもたらすと言える。例えば、地域に国立病院や大学病院があり、これら医療機関に先進的な医療器具や技術があるのなら、これら医療機関とツーリズムとの連携も考えられる。実際、アジア（中国、韓国、台湾など）では医療ツーリズムという潮流がある。

また、地域にある固有な伝統芸能と現代音楽や現代アートとのコラボレーションも考えられる。いわゆるマーケティングミックスの考え方を適用すれば、さらなる経済的価値を生み出すことが可能となるわけである。

5 持続可能性とマーケティング

最後に、持続可能性とマーケティングとの関連について述べておく。今後、我々は過去の世代が残してくれた豊かな自然環境や貴重な再生不可能な資源を損なうことなく次世代に引き継がなければならないという責務がある。祖先が残してくれた文化資本を活用して、今日、我々は様々な形で恩恵にあずかっている。つまり、現在に引き継がれている文化資本は、環境に負荷をかけることなく持続可能性を具現化している数少ないものであると言える。したがって、持続可能性の観点からも、この文化資本を次世代に引き渡さなければならない。

（1）マーケティングの変遷

従来、マーケティングは、市場における財やサービスと貨幣の交換関係を取り扱ってきた。しかも、利潤追求を目的とした企業の経済活動がその中心を担ってきた。もちろん、時代の移り変わりとともにマーケティング・コンセプトも変わってきたが、その本質が変わることは今日までなかった。

しかし、21世紀となった今日、地球規模の気象変動や自然の環境破壊が世界中で注目されるようになり、マーケティングのあり方も、経済活動を中心とした展開から新たに地域社会や地域経済が抱える問題といった具合に手法が変わってきている。それは、地方自治体の運営や地域社会の問題解決に向けて、NPO、ボランティア組織といった非営利組織によるマーケティングの展開が散見されることからも明らかである。

中小企業におけるマーケティングも、業種を問わず変わっていく必要がある。

例えば、特殊加工技術や経験、知識、技能などをもつ職人を集めて新たなネットワークを形成し、新製品開発のための市場調査、資金調達、企画、生産、流通、そして消費を含むマーケティングの諸活動を展開していく。大阪や東京にある下町の工場が、ネットワークを介して技術、経験、知識を共有し、情報発信などを共同で行うことで新商品の開発や新市場を立ち上げてみるのも面白いだろう。もちろん、それらの新商品開発や新市場は、地域社会や地域経済に役立つようなものが望まれる。

　古くから京都には我が国の伝統文化が集積しており、毎年、内外から多くの観光客が訪れている。寺社仏閣の拝観料、宿泊費、地域の交通機関、土産物品店の売り上げなど、相乗効果を高めることで京都市に多大な経済効果をもたらしている。このような相乗効果が意識的なものであったかどうかは別として、京都以外の地域でも、独自の文化資本を活用して経済や社会の活性化のためにマーケティングも展開することも可能である。

　これまでがそうであったように、一企業による短期型の利益追求には、自然環境や地域社会のコミュニティを崩壊させるという危険が伴う。持続可能性の観点からも、マーケティングはその方向性を転換させていかなければならない。現代の社会が抱える様々な課題解決のためのツールとして役立てる時期に来ている。その意味でも、先の各章で取り上げられた文化を基軸とした様々な取り組みは、地域社会の活性化を目指す先駆的なマーケティング事例として参考になるものばかりである。

（2）文化資本を活かした企業

　今後、人類が築いてきた社会や経済を存続させるためには、短期的な利益追求とシェア拡大志向に基づくマーケティング戦略ではなく、持続可能性を前提としたマーケティング戦略が必要となってくる。狭隘化しつつある国内市場とはいえ、自社の企業理念や事業の核となる製品やサービスの研究開発、地域企業との複合的な事業連携、地域住民を巻き込んだ地域社会との共生などに配慮したマーケティング戦略を展開する企業のみが今後生き残るのではないだろう

か。そのためにも、これまで経済が軽視してきた文化の役割がより一層重要な鍵を握ることになる。

　事業環境の急速な変化にもかかわらず、創業地を事業基盤とし、地域のステークホルダー（取引先や消費者）などとの関係を重視し、創業時の理念や事業承継を目的として経営の健全性と安定に努めてきた数多くの企業が国内には存在する。一般的に言われる老舗企業や地域密着型の中小企業などが、それに該当するであろう。

　日本は、他国に例を見ないほど老舗企業や中小企業が多いと言われている。これに対して大手企業（例えば、グローバルな市場競争を展開している企業）は、その資本規模、生産規模、従業者数、市場シェアなどを武器に、国内外の市場を資本の論理によって競争の草刈り場にしてしまっている。その結果、為替変動、競争企業との激しい摩擦と軋轢、業績の低迷、株主などからの経営者責任の追及などがあれば、直ちに進出先の市場から撤退をしてしまう。

　一方、地域密着型の老舗企業や中小企業はその地から離れることができない。否、離れられないのである。何故なら、創業地には事業を始めた時点から多くの取引先や顧客（消費者）が存在し、長年にわたって信頼関係を築いてきたという文化基盤が存在するからである。もちろんその中には、集積されたモノづくりの技術、知識、経験以外に、資金面などでこれら企業をバックアップしてきた地域の金融機関の存在などもある。つまり、様々な有形・無形の文化の重層的な基層がこれらの地域にあるということである。

（3）文化資本ストックの活用とマーケティング

　博物館や美術館と言えば、何となく敷居が高く、かつて一般市民には縁遠いものに感じられたようである。親や子ども達も受験競争や就職活動に追われ、クラシック音楽や美術作品の芸術鑑賞にあまり関心を向けてこなかった。また、ほとんどの企業が文化資本にあまり注目することなく、新規採用にあたっては学歴なるものを優先してきた。しかし近年、新規採用にあたっては、学生のやる気や個性、創造力を重視していると言われている。にもかかわらず、創造性

の源である文化資本を企業側がいまだに軽視しているのは何故であろうか。

　文化の時代においては、佐々木（1997）が述べているように、美術館・博物館を経営の観点からで捉え、文化の消費者（利用者）のニーズや立場に立ったマーケティングが必要となる（pp49〜56）。例えば、絵画などの美術品を利用者に鑑賞してもらうためには、常設・特設展示回数の増加、学芸員の増員と配置、高齢者用の長椅子の設置、子ども連れの家族には幼児や子どもを預けられる部屋の確保と保母・保育資格を有する人員の配置、若者向けのアトラクションやイベントの開催、学芸員や専門家を小・中学校へ派遣して生徒や教師、保護者などへ芸術の素晴らしさを訴えていかなければならない。

　また、Sherwin Rosen and Andrew M.Rosenfiel など（1997）が述べているように、チケット価格についても考慮することを忘れてはならない（pp125〜150）。いかに素晴らしい内容の音楽や美術作品であったとしても、チケット価格があまりにも高ければ利用者側からすれば高嶺の花となってしまう。それがゆえに、主催者側の思惑とは異なる結果を招いてしまうことになる。ここに、マーケティングを活用する素地が生まれる。

　言うまでもなく、鑑賞の対象となる音楽や美術などの芸術作品の企画・検討から始まり、同時平行的に詳細な市場調査を行ったうえで鑑賞の対象となる音楽作品や芸術品のジャンルと展示物を決定し、展示する場所やコンサートホールの決定を行う。もちろん、性別、年齢層、所得状況、鑑賞者の趣味・嗜好に配慮したうえで鑑賞価格も検討する。

　仮に、歌舞伎・能、華道、茶道、陶芸といった芸術や文化を振興するのであれば、自治体、教育委員会、マスメディアなどとタイアップして、専門家や講師を教育機関に招聘して生徒や教師、保護者などに勉強してもらうことも重要となる。また、「焼き物文化」というテーマであれば、直接窯元まで行って「焼き物体験」をしてもらうというのもいいだろうし、伝統的な家具づくりといった匠の技をもつ職人や、建築に造詣の深い大工の棟梁や左官を講師として学校に招いて講演や実演をしてもらうことができれば地域にとっても大きな意味をもつことになる。

　このような形で文化資本を地域に提供することができれば、子ども達も将来

にわたってそれらを受け継いでくれるだろうし、自らも芸術家や建築家といった職人に憧れを抱くことになるのではないだろうか。文化資本面での持続可能性、この言葉ほど長期にわたって経済的効果をもたらすものはないと考える。

参考文献

- 駄田井正・浦川康弘（2011）『文化の時代の経済学入門』新評論
- 田村正紀（2006）『バリュー消費』日本経済新聞社
- アルビン・トフラー / 岡村二郎監訳（1997）『文化の消費者』勁草書房
- 〈朝日新聞〉2010年3月27日付
- 博報堂生活総合研究所（2011）『動の成熟——楽しさの先進国をめざして』博報堂
- 山本哲士（2008）『ホスピタリティ言論——哲学と経済の新設計』文化科学高等研究院出版局
- Sibelle Cornelio Diniz. Ana Flavia Machado（2011）, "Analysis of the consumption of artistic-cultural goods and service in Brazil" *Jounal of Culture Economics*, Springer, 2011, 第35巻 .
- デイヴィド・スロスビー／中谷武雄・後藤和子監訳（2002）『文化経済学入門』日本経済新聞社
- 佐々木享（1997）「ミュージアム・マーケティングの試み」『文化経済学会〈日本〉論文集第3号。
- Sherwin Rosen and Andrew M.Rosenfiel（1997）, "Ticket Pricing" Ruth Towse, *Recent Development in Cultural Economics*, Edward Elgar Publishing Limuted,2007.

第5章
公教育の文化経済論

森　正直

1　教育と文化と経済の関係

　第1章の「文化経済学からの視点」において「文化経済学」という学問の内容については基本的な説明がされているので、それを前提として、本章では「教育」と「文化」と「経済」という三つの現代社会の基礎的事象の相互関係と、その関係がもつ社会的意義について説明をしていきたい。

　まず、「文化」という言葉の概念について注釈していきたい。文化経済学において研究者達が使っている「文化」という言葉の概念は、必ずしも一律ではない。狭義には、みなさんが平素使っている「文化」という言葉について抱いているイメージ、すなわち現代芸術や古典芸術、伝統芸能、また世界的に見られる民俗的・国民的行事や祭礼、風俗、習慣といった価値的諸現象を文化と捉えて、それらの現象と経済現象との関係や相互作用、課題・政策などを研究している人がいる一方で、もっと広い概念で文化を捉えて研究を進めている人もいる。かく言う筆者は概ね後者に入り、「広義の文化概念」を基軸として種々の文化・経済関係の研究を進めている。

　広義の文化というのは、言うまでもなく、狭義の文化概念よりも広く文化を捉えて、人間が生んだ様々な精神的な諸価値、価値体系、行動様式、つまり仏教、キリスト教、イスラム教、無神論などの諸宗教や、哲学・教育思想、諸科学研究、あるいは各国社会がもつ勤労観や余暇意識、組織観、人間観、社会観、

道徳観、家族観、環境思想に至るまでのものを含んでいる。

　もちろん、各種スポーツや娯楽、衣食住の伝統・様式や生活上の工夫、さらに種々の文化的思想の具体的現象としての様々な制度や、各国社会がもつ政治観、外交思想、戦争観なども含まれ、我々人間が過去・現在・未来を通じて生み出し継承してきたもの、また改廃していく人間集団の様々な精神的な諸価値を広く「文化」と認識している。

　このような広義の文化現象と経済現象との多彩な相互関係・相互作用を広く分析・考察する作業のなかから、複雑な現代社会において役立つ課題解決策や政策的提言などを形成していくことこそが文化経済学の究極の意義（役割）なのだと、我々の立場の人々は考えている。

　次に「文化」と「経済」との関係だが、これは説明するまでもなく、文字通り「文化経済学」ないし「文化経済論」とほぼ同義であるわけだから重ねて説明する必要はないだろうが、本章の主題である「公教育の文化経済論」という角度から多少の注釈を加えるならば、「文化」と「経済」の相互関係の基本的構造から考えると、両者には非常にしばしば相互依存関係があることが分かる。

　例えば、経済面において大きな金銭的利益をもたらしている主役は文化と言える。国内や世界でヒットした映画や音楽、ディズニーランドなどのテーマパークやプロ野球およびサッカー、日本の風景・街並みや和食の世界をはじめとして、学術分野でも、ノーベル賞を受賞した山中伸弥博士などが行っている先端医学・医療分野のイノベーションの展開など、様々な文化の諸価値が大きな収益を経済面にもたらし、時代や社会の繁栄を支えている。

「文化」が「経済」をこのように支える時、体力を増した経済が様々な文化に経済的な余沢や支援をもたらすことになる。要するに、社会にとって好ましいこのような拡大的な循環関係が「文化」と「経済」の間ではしばしば成立しているわけである。とはいえ、このような拡大的な循環関係が常に成立しているわけではない。つまり、各国の状況により、「経済」が「文化」の堕落や退化をもたらす場合もあるということである。

　どちらの可能性もあるにせよ、文化経済学とは、このような文化と経済の深い相互作用や相互関係の重要性に注目し、それらを考察・研究することで文化

と経済の過去・現在の関係や作用を究明し、両者の将来にとって役立つ方策を求めようとするものであり、極めて広い領域の実践的・応用的傾向の強い学問であると言える。また、狭義の文化と広義の文化が、学問上の問題につながることは何もない。

　もう一点、文化経済学という学問の発展段階的な特性を述べておく必要がある。すでにお気付きだろうが、近年、先進諸国は高度成熟社会へと進みつつあることが理由で、ポスト工業社会として社会・経済のサービス化、文化化の傾向が強まりつつある。さらに、現代経済の世界的特徴として、従来の先進諸国の先進性や優位性が広汎に失われ、世界各地に広がる新興諸国の急速で効率的な追い上げを受け、先進諸国における安定的成長の持続性が極めて不透明な状態となっている。

　世界的規模で、かつかなりのスピードで進む先進諸国と新興諸国の拮抗化のもとで、マクロ的に予測できる基本的な傾向は、経済成長率における先進諸国の鈍化と新興諸国の相対的優位性である。このような21世紀の動きのなかで、先進諸国はいずれも、高コスト構造と追走諸国からの外圧を抱えて次のような道を進みつつある。

❶高付加価値路線を選びつつある。つまり、多くの選択肢のなかから自由に選択するというような悠長なものではなく、その道を選ぶ以外に競争的世界経済のなかで比較優位を形成・維持できないという「のっぴきならぬ状況」に迫られている。

❷自国の社会・経済自体がポスト工業社会・高度成熟社会になりつつあるため、社会・経済のサービス化・文化化の傾向を強めつつある。

❸先進諸国に共通して見られることだが、社会・経済のサービス化・文化化の傾向にも同調して高付加価値路線の産物が競争力をもつ輸出産品として出回ると同時に、内需向け産品としても国内競争に勝てる商品になっていきつつある。

　このような傾向は、各先進諸国ともに今後も続くものと思われる。つまり、多くの人々が文化における種々の経済的効果や、文化そのものの時代的価値や

効用、さらには、我々人間とその諸集団にとって究極的な価値物である様々な文化を支えもすれば衰退もさせる経済と文化との関係に対して関心を高めつつあるということである。

別の観点から表現すれば、文化経済学という学問に強い関心が寄せられるようになる段階とは、大量生産や大量消費といった言葉で代表される高度経済成長段階ではなく、またそれ以前の発展途上経済・社会の段階でもなく、まさに現代の先進諸国が足を踏み入れつつあるポスト工業社会・高度成熟社会の段階であるということになる。

これはあたかも、伸び盛りの子ども達には社会を支える大人達の価値観や知見が分からず、働き盛りの青壮年達には人生全体を見わたす老人達の価値観や知見が分からないという状況に似ている。要するに、文化経済学という学問の価値や特質をどの程度まで理解できるかは、その国家における経済・社会的体験とその現状が同国家における文化的体験とどのように関係しているのかを、国民がどのくらい考えているかということにかかってくる。

本章の冒頭で、筆者が共通の理解を求めた「教育」と「文化」と「経済」の概念およびその相互関係の意味は、おおよそ以上の通りである。

2 「教育」の提供側に見られる2区分――私教育と公教育

私達日本人は、各地方に伝わる濃淡様々な文化を呼吸しながら生き暮らしている。「濃淡様々」と記したのには理由がある。各地方に伝わる歳時記や四季の行事には濃い独自色が見られる一方、どちらの学校においても知育、徳育、体育、情操教育を通じてほぼ同じような教育が施されている。もちろん、そこには多少の地方色が含まれているわけだが、多くの共通性をもって日本の文化と包括し得る共通の大気のもとで、同時代・同族的に生きているという状態を再確認してほしかったからである。

では、教育という文化事象を私達がどのように認識しているかという点に注

目してみよう。教育は人類の専売特許である、とは聞き飽きるほどの定説となっているが、果たしてそうであろうか。その淵源に踏み込んでみると、様々な原初的現象を目にすることになる。

軟体動物のタコは、必要があればサンゴやイカなどとそっくりに擬態・擬色するほか、閉じ込められた実験箱の脱出口の形や大きさを測って奇跡的な脱出を試みたり、測った結果、脱出が無理だという判断（もしくは生体反応）も示す。また、鳥によってはヒナ鳥の巣立ちを促すためにエサを少し離れた枝や場所に置いたりもする。頭がよいとされているカラスにおいては、高所から舗装道路に殻の堅いものを何度も落として（それも、なるべく車の通行量の多い所を狙って）、ついに殻を割って食べている。

これら以外にも、親のない子猫に授乳期のメス犬が乳を与えたり、冬眠から覚めた親グマが、初めて自然界に出た子グマ達にエサの捕り方やある場所などを教えているし、高度の情報交換言語をもっているイルカは、仲間同士のみならず沿岸漁民の漁獲作業に協力して人間から分配を受けるなど、様々な心的現象が見られる。

つまり、人類が保有している知性や感性また倫理性や我欲といったものの淵源は、進化を辿る異種生命の長い過程に包蔵されてきたものである。その事実を基礎として、地球上でただ一種、特に進んだ知能器官や言語能力をもった人類が、種族保存やさらなる進化のために文化という精神機能を発達させ、教育という意図的・体系的・継続的なシステムをつくりあげてきたわけである。

文化の重要な実績の一つである教育について、このような共通理解が成立したうえで、個人的にも家族的にも社会的にも大切な意味をもつ教育という文化現象をさらに考察すると、「私教育」と「公教育」という区分に思い至る。言うまでもなく、この区分は教育を提供する（与える）側の二つの種類に着目したものである。

いずれの教育学史・教育制度史の書物を見ても気が付くように、人類の歴史において最初から存在していた教育形態は「私教育」である。ただし、家族外の同族や部族の掟（例：族内の序列、礼法、儀礼、共有している義務や権利など）の学習に必要な訓育や強制の一部は、所属する集団（社会）における共通

の行為としてなされてきたものであるため、最も早くから行われてきた公教育であると考えられる。この二つの教育形態を分析するために、現代の教育状況を見てみよう。

❶大多数の日本人が義務教育とされる小・中学校を経て、希望する者は高校、大学へと進学する。

❷国内・近隣圏域の難関とされる学校に入学するために、有名な予備校や学習塾、家庭教師に指導料を払っている。

❸あるいは、同学年の平均的な学習進度に遅れないために、予備校や学習塾、家庭教師に指導料を払っている。

❹芸術性を高めるためにピアノなどを習ったり、身体機能を高めるためにサッカー教室などに通っている。

　これらの状況を「公教育」と「私教育」に区分してみよう。言うまでもなく、❶は公教育である。日本の学校教育法上の学校制度に位置づけられている小・中・高等学校や高等専門学校・短期大学・大学・大学院をはじめとして、幼稚園や保育所、さらには様々な種類の専修学校（一部は専門学校）や各種学校など、法的な基準に沿って教育が行われている学校教育は「公教育」である。

　その一方、学校教育法において、その学校・学習施設での教育内容の基準が明確に定められていない予備校や学習塾、および個人的指導（つまり、❷～❹）は、親や兄弟などが家庭でその子どものためだけに行う教育や指導と同じく「私教育」である。

　当たり前と言えるようなこの区分だが、個人的に自由に支出対象と支出額を決めている私教育と、同じ教育という分野でありながら公共的・公益的な性格をもつ公教育との間に生じる事象を、明確に比較・対比させて計量・分析し、考察する場合においては意義をもつことになる

　それでは、何故このような区分に基づく比較が、各国単位あるいは各都道府県・各市町村単位で5年ごととか10年ごと、また50年ごと、100年ごとに必要とされているのだろうか。どこの国でも、またどこの自治体でも、みな限られた財政規模（予算制約）のなかで様々な行財政需要や予算費目を立てている。

そのなかから公教育費目を立て、来年度およびそれ以降の予算配分をすることによって、その国や自治体の将来に向かって公教育を最適の進路に乗せていかなければならない。そのために、このような区分をしたうえで、必要な計量・分析を行っているわけである。

このような政治的・社会的・文化的・経済的な作業が毎年のように繰り返されていることに、研究者や政府部門のスタッフだけでなく、公教育に対する直接の利害関係者である国民も関心をもって、現在生じている様々な問題に対して立ち向かわなければならない。この国の将来を担う子ども達に提供する公教育の課題は、納税者である国民にとって最大の関心事とならざるをえない。

もちろん、私教育のほうも重要である。教育内容のメニューが無数にあり、その方法や形態が実に多様な私教育が、公教育では手が回らない教育・学習領域においてキメの細かいサービスを広く提供していること、そして、それを受けた人達が満足感を味わい、それなりの成果を「私教育」がもたらしたために「公教育」の補充や定着に貢献しているという事実がある。

ただ、私教育における制度設計とか料金設定などは、常識という枠のなかで自由裁量・自由経済に委ねられている。要するに、裕福で教育熱心な家庭であればビックリするほどの教育費を毎年のように支出しているだろうが、収入の少ない家庭では、一番上の子どもにだけ安い受講料の進学塾に行かせるというのが精いっぱいの選択であろう。つまり、所得の違いによって受けられる私教育に差が生じているということである。

自由主義の社会では当然として起こる現象だが、より多くの子ども達に明るい未来を提供するためには、所得状況に応じた育英・奨学制度や基礎的な教育費補助制度の整備などを公教育という制度のなかで行っていかなければならない。予算配分を見直し、これまで以上に公教育の内容を充実させること、これが一番大切な政策課題であると言わざるを得ない。本章のタイトルを「公教育の文化経済論」とした意味もここにある。

3 公教育の核心

　本章のテーマである「公教育の文化経済論」を進めるにあたって何よりも大切なことは、公教育という公的な制度文化事象において、その最も重要な核心は何かということを考えることである。

　公教育の範囲は、前述したように、政策的な両親教室から胎児教育、乳幼児教育から小・中・高等学校教育といった「基礎公教育」（幼児から高校生までは一般に「初等教育」および「中等教育」と呼ばれ、その一部を「後期中等教育」と呼んでいる）から、高等専門学校・短期大学・大学・大学院・専門学校や文部科学省所管外であるが他省庁所管の諸大学校などの「高等公教育」までとなる。つまり、多様な教育・学習領域で構成されているわけだが、それらの本質的性格は、基礎公教育では「心身にわたっての人間形成」を重視する教育内容が主柱になっており、高等公教育では「知力・専門性の形成・深化」が重視されているということである。

　この公教育全体の基本的な構造をふまえたうえで、我々人類が教育という極めて知的、意識的、意図的、計画的な社会的行為を保持し、継承し続けている究極の理由はいったい何であろうか。それは、各人が個々独立の人間としても集団・社会の成員としても、①各自にとって最良の心身の発達を成就させ、かつ、②広く深い意味において各自の専門性を深め豊かにしたい、と自分も人々もともに願い期待し合っているからである。

　本節の冒頭に示した「公教育の核心とは何か」という設問の答えは出たようである。すなわち、人間個有の文化現象である公教育の核心とは、すべての人達が社会・国家・国際社会の進化や深化を実現し持続させるために必要な「心身にわたる人間形成」を初等中等公教育段階で行い、高等公教育段階では「高くて深い知力や専門性の形成」を行うことである、ということになる。

　これら二段階にわたる公教育の内容と質を充実させること、それこそが社会的に最重要課題となる。この段階を疎かにすると、マスメディアなどで報道さ

れている様々なトラブルどころか国家基盤さえ揺るがすような事態となってしまう可能性がある。経済合理主義を追求した結果、現在の日本がどのような状況にあるかは言うまでもないだろう。そう考えれば、高度経済成長期に発展した、まるで高級ホテルみたいな学校施設で最先端とされる教育を無機的に受けるよりは、たとえ貧弱な施設であっても、師弟がともに強く輝いている松下村塾のような環境で学ぶほうがよほど「公教育」の核心に迫ることができると筆者は考えるのだが、読者のみなさんはどのように考えられるであろうか。

4 公教育の現状と公教育の文化経済論

　公教育であれ私教育であれ、教育は人類のみがもちえた文化現象の重要な一部であり、文化現象と経済現象との相乗作用や対立作用の仕組み、そして諸原理の実証的究明や意図的利用、政策的考察などを目指す学問が文化経済学と言える。この一連の構図を眺めれば、ごく自然に本章の表題である「公教育の文化経済論」というテーマが現れてくる。

　実は、「公教育の文化経済論」をテーマとして取り上げることを決めた時、上述の公教育の核心についてその要点を表明することさえ出来れば筆者の意図は半ば達成出来ることになると考えていた。それほど、公教育の核心論は筆者にとって大切な意味をもっている。では、この視点から昨今の日本を見た時、公教育（特に基礎公教育）の現状はどのようなものになっているのであろうか。

　この点については、すでに高齢期に入った筆者などより、現代社会において現役生活を営んでいる読者のみなさんのほうが現状に詳しく、当事者もしくは利害関係者という立場に立っている人も多いであろう。とはいえ、筆者も決して門外漢ではなく経験者（専門家）であったので、その長い経験をもとにして、以下で述べていくことにする。

　現代日本の基礎公教育を広く覆っている文化価値基準の低さは、子ども達の豊かな可能性を伸ばすよりもむしろ狭める状況となっている。これを何とか是

正しなければ、我々大人達は子ども達に対して申し訳ないとしか言いようがない。彼らが本来もっている豊かな成長・発達の過程を、大人達が寄ってたかって障害物だらけにしていると筆者は考えている。

　具体的な障害例を挙げてみよう。極めてまともな基本的な教育方針が並べられている「小・中・高等学校学習指導要領・総則」にもかかわらず、それに基づいて「公教育」が進められていない。多くの学校では、そんな指導要領の趣旨や精神よりも上級学校への入試対応が優先されており、入試教科については愚劣な内容のTVクイズ型の入試出問が毎年のように繰り返されている。これは、基礎段階の諸学校の教育内容に対する上級諸学校からの強烈な汚染行為ではないだろうか。言葉を換えて言えば、「受験」植民地教育でねじ曲げられた授業が保護者や大人社会の黙認のもとに日々進められているということである。

　もし、本当の意味において現代社会がもっと子ども達の豊かな人間形成や知徳涵養に対してまじめな関心をもち、その教育目標の実現に役立つ教育内容や方法を求めるのであれば、せめて「小・中・高等学校学習指導要領・総則」に並べられた基本的な教育方針に立ち帰って、日本の公教育の中身とその教育の仕方を改善すべきである。

　しかし現実は、非常に情けないことに、非教育的な行動や仕組みを是として、マスコミをはじめとする大人社会が大規模な入試体制感染症に侵されている。この「大人社会」という言葉のなかには、世界の多くの先進諸国やOECDなどの公的組織のスタッフも含まれているため、日本をはじめとした多くの国々の基礎段階の諸学校の教師・校長・教育長などの多くも同じ入試体制感染症に侵されていることになる。こうして、最も大切な基礎公教育の内容を劣化させ続けているわけである。

　まるで国際的規模の「人インフルエンザ」とも言うべき、愚かしい公教育の劣化という状況が日本をはじめ世界の多くの先進諸国で蔓延し続けているというのが教育界の現状である。再度、その一例を挙げてみよう

　今の日本では、義務教育、つまり憲法26条の「すべて国民は法律の定めるところにより、その保護する子女に普通教育を受けさせる義務を負う」および教育基本法4条1項の「国民はその保護する子女に9年の普通教育を受けさせる

義務を負う」ところの基礎公教育を修了した（中学校卒業）程度の学歴を得ただけの若い男女が、サービス産業発の様々な求人広告に引き寄せられて様々な仕事に就いているが、多くの場合、彼らのその仕事や人生に先の展望や見通しは乏しく、いわばその日暮らし（短期転業）の苦しい生涯が待っている。それに加えて、このような若者達をどのように救うかという大人達の対応策はほとんど見あたらない。

　言うまでもなく、このように危うい仕組みの社会を構成する大人達を育て上げてきたのは日本の公教育であり、また、このように無自覚の子ども達を育て上げているのも日本の公教育である。これらの状況を見ると、本章のテーマを「公教育の文化経済論」とした意味が重層的にご理解いただけるのではないだろうか。

　本節では、「公教育」の実体やその状況について本質的な部分や問題傾向を分析・考察してきたが、最後に方向を一転して、「公教育」における前向きの努力や叡智の実例をいくつか紹介していきたい。つまり、現在すでに改善に向けた動きも見られるということである。

　日本における公教育の現場では、教職員や行政担当者、地域住民などの問題意識や着眼、そして様々な工夫を凝らすことによって協力や連携が見られ、子ども達にとって有益となる学習改善例がたくさん見られる。それらのなかから、教育政策のそもそもの理念について昔から見解が大きく二つに割れてきた「英語を話せない大人をつくる、日本の困った英語教育」に対する取り組みをまず紹介してみよう。

　1980年代の後半と言えば日本経済の絶頂期、繁栄しか考えられない「有頂天期」であった。当時、文部省（現・文部科学省）で高校課長だった筆者は、「英語を話せない大人をつくる、日本の困った英語教育」への対応も仕事の一部としていた。具体的に言えば、外務省（国際連携担当）や自治省（当時・各都道府県政策担当）の関係官と外国に赴き、各国各地の状況に即して、日本という国や文化に関心があり、標準的な英語力をもち、日本の中学生や高校生の口頭英語教育を支援（日本人教員の英語教育を補助）出来る青年男女を各国政府経由で招聘しようという政策である。

なお、これらの招聘男女の一部は、英語教育の支援と並んで各都道府県市の国際部局に配置され、国際交流支援員としても活動してもらっており、現在も継続中の教育・文化政策の一つとなっている。この新しい語学教育政策をめぐる基本的な意見対立にはかなり根深いものがあり、当時の多数派の意見を筆者としてまとめてみれば以下のようになる。

「そもそも日本の英語（外国語）教育の主眼は何なのか。読み書き聞き話す能力のうちのどの部分が重要なのか。ほとんどの日本人は、英語（外国語）がらみの事柄はその能力をもつ人から聞いて判断・対応すればよく、ほとんどの人々はそんな必要さえ死ぬまで経験することはない。極めて限られた一部の人々も、実は聞き分け話す口頭英語（外国語）能力はさほど必要ではなく、それが必要ならば通訳を使えばよく、正確に読み書ける能力を専門分野の能力、教養的な能力としてもてれば、そのために施された英語（外国語）教育は成功である」

しかし、情報化時代、グローバル化時代と言われる昨今の流れにあわせて、文部科学省は「小学校5、6学年で週一回の英語（外国語）学習を必修化」するとしたほか、気の早い自治体では小学校1年生から英語の授業を取り入れ、上述の外国語指導助手（ALT）のみならず近隣大学に在籍する外国人留学生と交流するといった仕組みまでつくっている地域もある。

さて、筆者が立ち上げに関与した口頭会話重視型の外国語教育であるが、対象学齢の早期化を伴う手法については現在も賛否両論がある。その決着がどのように着くかはさておき、純粋に日本の公教育のあり方や内容から考える時、外国語能力のなかでも特に口頭会話能力が乏しい正規教員が多いという実情をふまえなければならない。そこに明るくて若い助っ人として外国語助手を招き、授業中だけでなく休み時間や給食時間、そして課外活動時間などにおいて子ども達に生きた英語に親しんでもらう。このような公教育の現場が増えれば、受験型の読み書き外国語教育とは別趣の教育環境が成立すると考えたわけである。

私教育ならば、特に裕福な家庭の子どもであれば、いかなる教育・学習内容もほぼ望み通り与えることが出来るであろう。しかし、一般庶民の子女を教育

対象とし、かつ厳しい予算の制約がある公教育では、すべての子ども達が満足するだけの教育を施すことは出来ない。それだけに、細部にわたって様々な効果的かつ効率のよい工夫が必要とされる。こうした効果的な公教育を実現していくために必要とされる素晴らしい手法や政策、また予算配分などを考えて提案していく学問領域の一つが、まさしく「公教育の文化経済学」なのである。

もう一つ、公教育の現場での実践例を紹介しよう。〈日本経済新聞〉のニューヨーク駐在記者である河内真帆氏が書いた当地での事例である。見出しが「貧困や犯罪残るNY・サウスブロンクス　未来育てる学びの農園　野菜栽培で子どもを更正」となっている。なお、公教育（学校教育）上のこのような事例は別に珍しくはなく、アメリカに限らず日本をはじめとして他の国々でも同じような例は昔からある。

さて、原文はいささか長い記事なので要約する形で紹介する。

> NY市マンハッタン島の北に位置するサウスブロンクス。貧困や犯罪が色濃く残る地区で、熱血教師が農作業を通じた少年少女らの更正にあたっている。（中略）『食材を自ら育てることで更正させ、未来につなげたい』と使命感に燃えている。地区の教師スティーブン・リッツさんは……民間資金で運営される研究開発校（チャータースクール）の一つ、ハイド・リーダーシップ校の学生課長だ。2004年に教職に就き、科学の教師として土いじりや植物栽培の指導を始めた。それまで勉強嫌いで、素行が悪く手に負えなかった子どもたちが、農作物と触れ合ううちに、素直な姿に戻るのを目の当たりにした。教員の傍ら、大都会で農業を促進する非営利団体「グリーン・ブロンクス・マシン」を設立。地区の学校や市当局に「グリーン教育」の効能を説いている。……メトロポリタン交通局（MTA）の廃駅跡を農園にした「ビセル公園」。……農地として整地し、トマトやキュウリなど野菜を栽培するほか、花壇をつくり、ブドウも育てる。地元の子どもや住民がボランティアとして交代で作業し、収穫した作物はホームレスの施設に寄付する。……サウスブロンクスには現在、共同体がつくった小さな農園が27ほどできあがった。高校中退者を復学させ……る「セ

> カンドチャンス・スクール」の一つ……14～20歳の生徒500人が通う校舎の4階に……ハーブや葉物野菜を栽培する水耕施設をつくった。カリキュラムの一環として週に65人の生徒がハーブや野菜を栽培し、調理を実習する。「新鮮な野菜は本当においしい。食わず嫌いだった」と女子生徒は目を輝かせる。「……子どもたちが一生懸命活動する姿を見ると、親は支援してくれる」マーク・ドナルド校長は生徒・親・学校が一体となった取り組みに期待する。「……植物を育てるにはたくさんの技能と知識が必要だ。農作物を販売するには商売のセンスも要る。学んだことを生かして次のステップに進んでほしい」。リッツさんは子どもたちの未来に期待を込めている。（2013年8月25日付朝刊）

　日本をはじめ世界の多くの先進諸国やOECDなどにまで蔓延しているクイズ番組型の雑知識詰め込み教育、そして機械的な点数比べの教育、このような教育が我々の望んだ子ども達への教育、つまり「公教育」の姿なのであろうか。高級ホテルみたいな学校施設で最先端とされる教育を無機的に受けるよりも、たとえ貧弱な施設であっても、師弟がともに強く輝いているような環境のなかで学ぶほうが「公教育」の核心に迫ることが出来ると前述したが、〈日本経済新聞〉の記事が語りかけている「教育・学習内容、方法の意味と重要性」は、筆者の思いとまったく同じ方向性をもつ教育理念である。
　こういう考え方・思想こそが、まともな市民・社会人達が望み願っている「公教育」の基本理念ではないだろうか。
　本節の最後に、「基礎公教育の基本目標」とすべき三つの標識を示しておこう。
❶優しさと気配り、互助と互恵を尊び実践できる人格を育てる徳育。
❷人格を支えるうえで役立つ健康な心身を育てる体育。
❸思慮・判断・情緒・読み・書き・計算などに役立つ基礎的知識と実体験を与える智育。

　なお、ここに提示した最重要の三つの教育目標を現実の学校教育において実現していくためには、優れた「教育方法」の開発や検証が不可欠となる。

5 高等教育も含めた「公教育」の文化経済論

　前節までは初等教育から中等教育（ないし後期中等教育）段階の「公教育」について論じてきた。本節では、教育・学習の主な内容がほぼ「各文化領域での専門性の獲得や伸長」につながり、「総合性や全体性をも含めた各人の個性のさらなる発展」を促す高等教育段階における「公教育」の文化経済論について述べていきたい。

　我が国の高等教育を構成している制度的機関は、大学・大学院と短期大学、高等専門学校および専門学校となる。実質的な教育レベルからすれば文部科学省以外の省庁所管の航空大学校とか防衛大学校・防衛医科大学校などがある。また、この点をさらに拡大すれば、種々の高度な能力をもつ人材を擁する企業が社内で整備している訓練・研究施設も、ある意味で大学レベルかそれ以上の高等教育を行っている所と言える。もちろん、各種の研究機関などでも同様の機能を果たしている所がいくらでもある。

　このような全体構造を踏まえたうえで、ここでは、高等教育機関の主流となっている大学を中心に話を進めていきたい。

　大学は、在学者（社会人も含む）に対する高等教育機関かつ多機能の研究機関であり、国家・社会の経済的・文化的発展の重要な要素が人材養成と知識・科学の開発であるという見地からすれば、大学はいずれの場合も極めて大切な国家資源であり、複合的で貴重な経済財と言える。つまり、市場で売買されている乗用車やパソコンと同様、大学を有用な経済財として捉えることができる。

　大学などの高等教育機関については、学校法人（もしくは準学校法人）として公益性・公共性に基づく税制上の優遇措置が講じられている。ご存じのように、私立大学以下の私立学校（学校法人・準学校法人）には、法律により設置されている日本私立学校振興・共済事業団を通じて国からの補助金が交付されているほか融資もなされているが、これらの原資は我々の税金である。

　また、国公立大学は、規模の違いはあれ、人件費や管理運営費、教育研究費、

国際協力経費などの主な財源のすべてが、我々個人や民間諸部門が納めた税金が国費・地方費に転化して支出されたものによって賄われている。

これら高等公教育機関の文化経済論の基本構造として言えることは、今後の世界と日本の経済・産業・社会の変化や科学技術の進展への対応にあたって、準公共財である大学が適切に活動し、社会・国家に貴重かつ基盤となる様々な貢献をすることが期待されているということである。翻っていえば、すべての国民に適切な付加価値を与えてくれる高等公教育の経済性と文化性に対して国民の強くかつ広い期待があり、そこに巨額の税金が投入されていることを国民が納得しているということである。

となると、高等公教育の文化経済論に留まらず、各国の文化的・経済的発展にとって今後ますます死活問題となる「学術・研究開発の文化経済論」という、非常に重要かつ興味深い命題も生じることになるが、残念ながら、本書ではその領域まで論究するだけの紙幅がない。

さて、公教育関係費や教育研究経費などに税金が投入されていることに触れたが、これらの事項をテーマとする議論において重要な意味をもってくるのが、各種の費用・収支・移転構造などのデータである。そこで、ここではトピック的に公教育の文化経済論において種々の論考や分析の土台となりえるいくつかの文化的・経済的数値を紹介しておく。

まず、**表5-1**に紹介する国際比較データは、2005年時点での「購買力平価で見た国民1人当たり 教育消費支出額とそれらの日本比の指数」である。この表から、どのような文化経済論が展開出来るだろうか。

我々日本人は、特に明治維新期から顕著な能力主義や立身出世主義のもとで教育熱心な民族だと自負してきた傾向があるが、表にある「教育支出額」を諸外国のそれと比較してみると、日本国民が特に教育熱心な民族と言えるほど教育支出に骨身を削っているとは言えない。他のOECD統計などから国際的に国や地方自治体の教育関連支出の現状を見ても、特に教育熱心な国であるとは言えないのである。

次に掲載した**表5-2**は、我が国の幼稚園から大学までの国・公・私立諸学校に在籍している子ども達一人当たりの各家計負担の年間教育費を経年比較し

表5－1　2005年「購買力平価での国民1人当たり教育消費支出額」と日本比の指数

国　名	教育支出額	指数日本100	国　名	教育支出額	指数日本100
台　湾	4,727米$	267	香　港	2,923米$	165
アイスランド	4,118 〃	233	デンマーク	2,895 〃	164
カタール	3,756 〃	213	カナダ	2,743 〃	155
オーストラリア	3,421 〃	194	アメリカ	2,725 〃	154
イスラエル	3,385 〃	192	フランス	2,567 〃	145
スウェーデン	3,339 〃	189	韓　国	2,124 〃	120
シンガポール	3,159 〃	179	イギリス	1,955 〃	111

（注）表示国＝国民一人当たり教育消費支出が上位の主要国。日本＝1,767米$
　　　指数値＝日本100
（出典）総務省統計局「世界の統計2011」。

表5－2　学校種別・設置者別の家計負担教育費の経年比較（年間支出額、一人当たり）

学校種別	国　立	公　立	私　立
幼稚園	＊　242,735円 　　251,324	242,735円 251,324	511,288円 538,406
小学校	＊　307,312 　　334,134	307,312 334,134	＊　1,177,917 　　1,373,184
中学校	＊　432,060 　　471,752	432,060 471,752	1,177,917 1,269,391
高等学校	＊　520,655 　　520,503	520,655 520,503	966,259 1,045,234
短期大学	1,325,500 1,324,900	1,245,300 1,257,200	1,779,300 1,773,400
大　学	1,541,300 1,540,600	1,448,000 1,461,900	2,068,900 2,062,100

（注1）各欄とも、上段の数値は平成9年の、下段の数値は平成19年の、一人当たり家計負担年額。（計算の基礎数値＝両年とも5月1日、学校基本調査の在学者数）
（注2）＊印の金額（上下段とも）＝その直接の調査値がないので、近い態様の額を準用。
（注3）「短期大学」の各金額は、「大学」の額に0.86（相対比率）を乗じた額。（いずれも昼間部の、自宅生・寮生・下宿生平均）
（出典）文部科学省「子どもの学習費調査」、日本学生支援機構調査ほか。

たものである。もちろん、貧富の差がある各家庭の親達が同じ支出を行うとは考えられない。また、学校側の各経営判断・行動、各学校の人気度や評価ランキング、各学校の財務状態によっても違うはずである。このような状況をふまえたうえで同表を見ると、この10年間に以下に挙げるような特徴が現れていることが分かる。

❶幼稚園から中学校までの初等中等教育段階では、家計負担教育費がやや増大している。

❷高等学校から大学・大学院、つまり後期中等教育から高等教育段階ではほぼ横ばい。

❸特に私立学校では、小・中学校の納付金引き上げ幅が（相対的に）大きいと推測される。

　最後に掲載する**表5－3**は、公教育諸学校の施設整備計画の基礎となる学校建物の延べ面積の経年比較数値である。2011年3月11日の東日本大震災以降、大規模地震に備えて高速道路やトンネルなどをはじめとした社会インフラの耐震度の強化と老朽化対策、また再生エネルギー対応に向けた公共投資が話題になっているが、これは教育施設においても同じである。

　公教育に関する各種の統計数値は、昨今の「アベノミクス」という言葉で代表されるような視点、すなわち高齢化社会での社会保障制度のあり方や財政再建、金融緩和の加減や行政改革、民間活力の強化策や規制緩和策などとは違った視点からも見る必要がある。

　筆者からすれば、**表5－3**については、国・公立の教育施設面積がこの11年間でほとんど変わっていないという状況に公教育上の大切な意味があると考える。施設面積が広がったからといって教育内容が充実するわけではないだろうが、少なくとも教育を受ける環境・条件として快適な空間を提供することには相応の教育効果がある。このように、総費用VS総効果の面からも、また少子化傾向をむしろ活かした公教育の質的向上・充実の面からも、もっと周到・賢明な文化論と経済論とが深く結合すべき時代なのである。

表5-3 平成9年度・22年度 学校建物面積（単位：千m²）

学校種別	国立	公立	私立	合計
幼稚園	46	3,616	9,051	12,713
	47	3,464	9,304	12,815
小学校	447	101,883	738	103,067
	464	102,412	1,108	103,984
中学校	446	59,950	1,935	62,330
	449	60,907	2,874	64,230
高等学校	147	45,781	17,215	63,143
	143	45,172	19,243	64,558
特別支援学校	176	5,128	35	5,339
	191	6,162	36	6,389
高等専門学校	1,523	128	51	1,702
	1,686	122	56	1,864
短期大学	187	722	5,707	6,616
	—	263	3,213	3,476
大学	19,330	3,903	31,147	54,456
	22,174	4,993	41,426	68,593
専修学校	15	839	8,350	9,204
	3	1,083	10,535	11,621
各種学校	1	75	2,477	2,553
	—	14	1,801	1,815

（注）借用を含み、仮設校舎は除く。大学の「合計」には、放送大学学園分を加算。
　　　各数値とも、上段＝平成09年度の、下段＝同22年度の統計。
（出典）文部科学省資料。

むすびに代えて──文化経済学への期待

　本章では、「公教育の文化経済論」という、いわば文化経済学に属する様々な分野のなかの一領域から一論点を取り上げて、各国国民にとって（認識の有無・深浅に関わりなく）非常に重大な意味をもつ公教育という我々人類の文化・経済的な営為を文化経済学の視座から概説してきたが、種々所見を述べてきてもなおこの主題にまつわる様々な論考が胸中に去来してやまない。その思いのなかでも、特に筆者の近年の思考において絶えず大きな存在感をもつ文化・経済現象は、日本において世界の最先端を行く少子高齢化の進行である。

　みなさんよくご承知の通り、平地が少なく、山が海に迫る細長い島国において１億2,000万人もの人口を抱えつつ、子育てに有意義とされる「広い住まい、広い庭、豊かな自然環境」を庶民に提供できる可能性は絶無だし、国家・社会の安全・自立に資する食糧自給は不可能となっているのが日本である。大規模地震や大津波が売り物の不安な国土で、核廃棄物処理場の具体的なメドも立たないにもかかわらず、経済的（なのは大災害事故がない場合）と言われる原子力発電体制の維持を考えている。

　こんな日本だが、人口減少は別に悲しむべき負の社会現象ではなく、むしろ少子化は貧弱な日本の公教育の質的改善・高度化につながる好機であり、また高齢化も、ひたすら浅薄な日本の勤労構造、文化・文明構造の重厚化・高度化に歩み出す好機であるという思いが筆者の場合は極めて強い。むろん、単純な経済学的知見の範囲では、すぐに若い外国人労働力の利用とか、高齢化による社会的減収への対応策としての財政的・経済的政策への偏向、幅広い工夫のなさなどが目立つが、日本の少子高齢化傾向を正の社会現象としてもっと積極的（前向き）に考察・利用する文化経済学的な認識・姿勢・取り組みこそが今必要なのである。

　かつて筆者が教育行政の現場において体験した種々の文化経済学的な出来事を、今も折りに触れ思い出す。筆者らが初等・中等公教育段階の子どもだった

第 5 章　公教育の文化経済論　119

　第 2 次世界大戦後の日本では、長い間、都会地の小学校・中学校・高等学校の 1 学級の児童・生徒数が50～60人というすし詰め教室が常識であった。この惨状を改善するために、現行の「公立義務教育諸学校の学級編制及び教職員定数の標準に関する法律」が初めて制定されたのが1958（昭和33）年であり、同じく現行の「公立高等学校の適正配置及び教職員定数の標準等に関する法律」が制定されたのが1961（昭和36）年のことである。

　以後、これらの諸法令に基づいて、1 学級の標準的規模を30人とする目標に向かって幾次もの学級規模・教職員定数の改善計画がこれまで実施・継続されてきた。この間の文部省（現・文部科学省）・関係国会議員など、各方面の関係者の苦労・努力は高く評価されるべきだが、21世紀に入って十余年、一部の欧米の先進諸国の水準と比較すれば決して十分な学校教育環境にあるとは言えない。

　筆者も現役時代には欧米先進諸国の様々な学校を訪問してきたが、やはり 1 クラスの児童・生徒数が20人前後の教室に入って授業やクラス会などの様子を観察していると、このくらいの人数ならば先生も子ども達もコミュニケーションが楽だし、お互いに親密で学習活動も学級活動もやり易いだろうなと考えさせられる場面が多かった。

　他方、我が国の財政当局や審議会では、1 学級の児童・生徒数が40人の場合と30人の場合とでは種々の教育効果や教育成果がどの程度違うのかと言えば、必ずしも前者が後者に劣るとは言い切れないという立場をとる場合がすこぶる一般的となっている。これは、全行財政分野のなかで単に一つの「文教」分野を他分野から突出させるわけにはいかないという政府の財政バランスが絡んだ、いわば非文化的・非教育的な公的判断であって、世間一般の常識からすれば「説得力ゼロ」の見解と言えるであろう。

　実際、小学校や中学校を訪ねると、育ち盛りの子ども達が小さな机と椅子の間に身体を押し込んで窮屈そうに勉強している光景をよく目にする。その机の面積も当然狭く、少し大き目の教科書やノートと筆箱を並べればもういっぱいで、その他の資料・地図帳となると、空いた左手に持つか、先に置いた教科書などの上に置かないと収拾がつかない状態になっている。筆者が訪ねたことの

ある多くの学校でこの調子なのだから、これは全国共通の、日本で最も標準的な教育現場の姿であるにちがいない。各学校の机や椅子、教材・教育機器などの設備面でも、日本の学校教育の現状はあまり褒められた水準にはないということである。

　アメリカのみならず、日本より経済力の低いヨーロッパの国々からも日本の学校を視察する人々が来ている。これら教育関係の人々は、訪問先に対する礼儀からほとんど失礼なことは言わないが、それを見てこちらが満足しているのならば、それはいささか勘違いである。我が国の学校教育のレベルは、教育内容面でも様々な問題点を抱えているが、物的な面でも今述べたような種々の課題を抱えているのである。政府財政部門・民間経済部門を通じて、経済的にも大きな波及効果が見込め、しかも21世紀の日本の成長・発展にも大きく役立つ教育分野への財政支出や投資を、少子高齢化が一段と進むこれからの日本社会のさらなる文化化・重厚化への好機として、もっと大規模・積極的に進めるべきなのである。

　また昨今、社会全般のIT化（情報化）・ICT（情報通信化）の推進が広く説かれているが、公教育の分野でもタブレット端末の学校無償提供とか、複数大学・諸学校間の共通授業のウェブ計画とか、教育・学習用の各種ソフトウェアの開発・整備・提供その他、実に様々な計画や実際の事業・活動が見られる。それはそれで「教育・学習の形態・方法の柔軟化、文化化」を多年にわたって主張してきた筆者らからすれば大いに結構なことではあるが、それらをよく観察・分析してみると、種々の問題を抱えている場合が少なくない。

　現代の日本および世界の現状と方向を見ていると、種々の希望とともに種々の不安・懸念もまた禁じがたい。このような状況にあるからこそ、文化経済学への期待がさらに高まり、広がるのである。

第2部

シンポジウム:地域文化とまちづくり

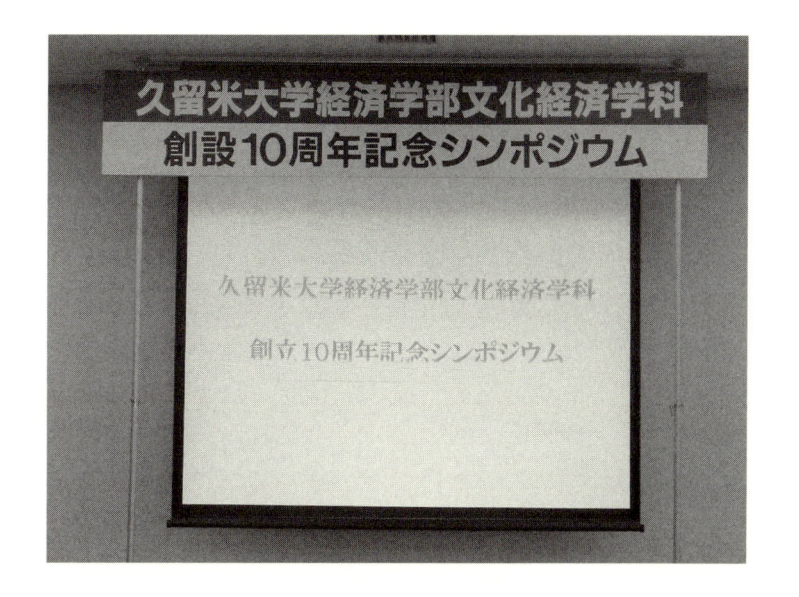

1 筑後川流域の陶芸文化と小鹿田皿山

〈映像作家　中村考一「小鹿田・皿山」映像作品寄贈記念、
久留米大学経済学部文化経済学科創設10周年記念シンポジウム〉

日時　2012年6月24日（日）　午後1：00から5：00
場所　パトリア日田（日田市民文化会館）
主催　シンポジウム「陶芸文化と小鹿田皿山」実行委員会
共催　日田市、久留米大学経済学部、久留米大学経済社会研究所、
　　　久留米大学比較文化研究所

―――――――――◆―――――――――

基調報告　「自然・文化・経済」駄田井　正
基調講演　「陶芸王国九州」　山本　康雄
ディスカッション・コーディネーター
　　　　　　森　醇一朗（久留米大学比較文化研究所客員教授）
ディスカッション・パネラー
　　　　　　山本　康雄（香蘭女子短期大学講師・元西日本新聞社
　　　　　　　　　　　記者）
　　　　　　坂本　茂木（小鹿田・陶芸家）
　　　　　　浅見　良露（久留米大学経済学部教授）
　　　　　　中川　千年（小鹿田焼技術保存会参与）
　　　　　　石丸　賢一（有限会社「手仕事舎」）
　　　　　　駄田井　正（久留米大学経済学部教授・NPO法人筑
　　　　　　　　　　　後川流域連携倶楽部理事長）

基調報告

「自然・文化・経済」

駄田井　正

　最初にご説明がありましたように、久留米大学経済学部文化経済学科設立10周年記念の一環として、日田市と日田市民の皆さまの協力をいただき開催させていただきました。昨年の東日本大震災以来、「絆」が大事だと言われて再確認されています。本日のシンポジウムも筑後川流域の産・官・学の連携、絆で開催されており、意義のあるシンポジウムだと思っています。

　文化経済学とは、いまだに聞きなれない言葉ではないかと思います。初めて聞かれた方もいるのではないでしょうか。文化経済学というのは、今までの経済学で無視されてきた文化と経済の関係を真正面から捉えて研究しようというものであり、その意味では、新しい経済学の分野であります。学科としては、日本では久留米大学が初めて10年前に創設しました。

　最近、文部科学省も規制が緩やかになって、新しい学科を創るのに認可制ではなく許可制になりましたが、10年前は認可制で、文部科学省の審査が非常に厳しかったです。私が文部科学省へ行った際、「文化経済学科を創る」と言いましたら、聞いたことがないと言われ、説明するのに苦労したことを覚えています。しかし、今日では広く知られるようになり、市民権を得たと思っています。

　ここで、「自然・文化・経済」の関係について、文化経済学の視点から話してみたいと思います。まず文化と経済の関係ですが、二つの関係から見ることができます。それは、経済的な豊かさと幸福について、経済が成長することが人間を幸福にするという点です。もう一つは、文化の発達が経済の成長に寄与するのかという点です。最近は、文化の発達が経済の成長に関与していると言われています。

　今、中国の経済は非常によいのですが、2011年の「全人代（全国人民代表大会）」で、中国はこれから文化産業に力を入れるということを発表していました。文化というものに関心を寄せていることが分かります。

図-1 幸福のパラドックス

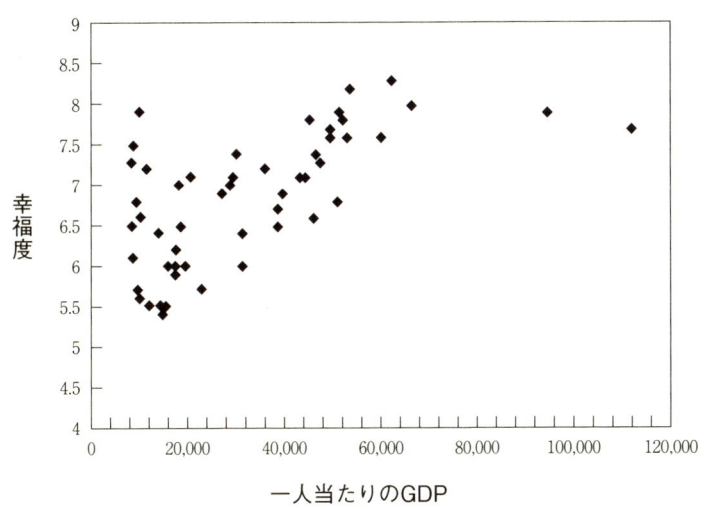

(出典）幸福度は、10段階の主観的幸福感の 2001年から 2008年の平均値。Veenhoven, R., World Dtatabase of Happiness, Distributional in Nations, Erasmus University Rotterdam. Available at: http://worlddatbaseofhappiness. eur. nl. 一人当たり GDPは、2008年ドル建て上位60か国のデータ。IMF：International Financial Satistics, 2010年4月）。

　皆さんに、経済の豊かさと人間の幸福について考えていただきたいと思います。今までの経済学では、ほとんどの人が、経済発展を続ければ人間は幸福になるだろうということを大前提として考えてきました。ですから政府も、経済成長というものを躍起になって考えてきたわけです。しかし、2011年、ブータンの国王が来日したことがきっかけとなって、GDPによる経済成長ではなくて国民の幸福度を考えるようになり、経済の成長と人間の幸福が必ずしも一致しないという認識が世界全体で表面化してきています。事実、経済学者のなかでも幸福度とGDPの関係を調べている人が出てきました。

　図-1は、主観的な幸福度を九つのランクを分けて、どう考えるかを世界各国で調べたものです。縦軸に幸福度、生活満足度、横軸にGDP、国民一人当たりの平均所得をとって相関図を書いています。平均して1万ドルあたりまで

はどうにか相関があるのですが、それ以上の所得になると人間の幸福度は上がっていないという結果になっています。

　日本の場合は、厚生労働省のデータで生活の満足度を見てみます。**図－2**の、上方の折れ線グラフが国民一人当たりの実質GDPです。これは1958年からとられていて、図には1981年から2005年までのデータが示されていますが、経済成長が盛んな時期であるため一番分かりやすいと思います。よく見てください。生活満足度が全然変わっていないのに、GDPは6倍位になっているという統計が出ています。この状態を、経済学では「幸福のパラドックス」と言っています。GDPが上がっても（経済が成長しても）幸福度は上がらないのです。これをどう説明するのか。経済力と幸福度の比率を考えます。なかなか計算できるものではありませんが、これが文化力を表す一つと思います。

　例えば、料理が上手な人と下手な人が同じ食材を使って調理したとしても同

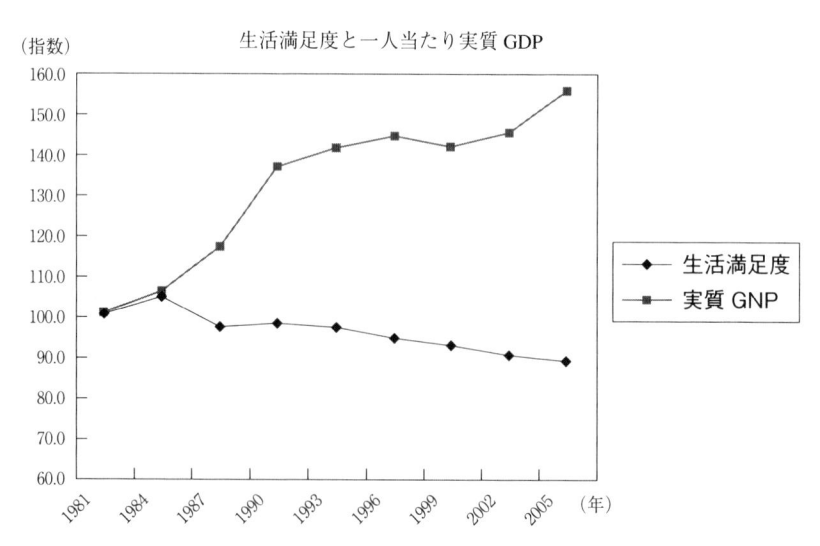

図－2　日本の幸福のパラドックス

生活満足度と一人当たり実質GDP

(出典) 厚生労働省『国民生活白書』平成20年版をもとに、生活満足度と一人当たり実質GDPを1981年を基準年とした指数で表した。

じものはできません。つまり、同じ経済力があっても、幸福な人生を歩む人もいれば、お金の使い方が下手で幸福になれない人もいるということです。これは、富を幸福度に変換する能力が「あるか」、「ないか」ということではないでしょうか。これが、文化力の一つではなかろうかと思います。

　文化庁は、「文化のもつ、人々に元気を与え地域社会を活性化させて、魅力ある社会を推進する力」のことを「文化力」と言っています。地域で考えた場合、経済的に豊かでも住んでも全然面白くない地域があり、逆に経済力が劣っていても住んでいて楽しい地域があります。これは、その地域がもつ「文化力」の差だと言えます。つまり、幸福度（生活の豊かさ）は「文化力×経済力」と言えるのではないでしょうか。経済だけがよくなっても文化力が落ちたら、結局、幸福にはならないということです。

　なぜ、こういうことが起こるのでしょうか。一つの考え方として、人間の活動のタイプは「防衛的活動」と「創造的活動」の二つに分けられることが挙げられます。防衛的活動とは、苦痛の排除、快適さ、便利さを求めるということです。こちらは、日常化してしまうと最初のありがたさとか快適さがなくなってしまい、当たり前のことになります。

　そのよい例が携帯電話です。最初に持った時は「こんな便利なもの」と思っていたのですが、使っていくと「当たり前」という感じになっていきます。そして、なくなると不便を感じるようになり、手放すことができません。エアコンも同じです。我々が子どもの頃にはなかったのですが、今はあるのが当たり前です。あること自体ありがたいとも思いませんし、ないとなれば不快になるはずです。

　便利なモノを持っていることが当たり前となり、それを得るためにお金を使うわけですから、所得が上がっても幸福度は上がりません。こういう防衛的活動に一生懸命になっていると、人間の幸福度につながるということはないのです。これに対して、楽しいことをしよう、芸術やスポーツをしよう、地域活動をしたり、今日のようなシンポジウムを聞きに来たりするような、いわゆる文化的な活動は飽きることがありませんし、寝食を忘れてすることも多いのではないでしょうか。

どうも現代人は、防衛的活動に時間とお金を使っているように思えます。創造的なことに使っていないため、GDPが上がっても幸福度が上がらないのではないかという一つの説明ができます。

次は、文化力が経済を活性化するということについて話したいと思います。これからは創造的活動が必要だろうということから、文化や芸術が求められることになると思います。いわゆる文化産業が伸びてくる、と言われています。

1950年と1998年の産業構造のデータを見ると、第3次産業が非常に伸びています。人々の就職先が、ほとんどサービス業になっていることが分かります。第1次、第2次産業と第3次産業との違いは、第1次、第2次産業はモノをつくり、第3次産業はサービスが中心になるということです。つまり、形のないモノをつくっているわけです。

我々がエアコンを買う場合、わざわざエアコンの製造工場には行かず、流通・販売店などで買います。しかし、サービスの場合はそうはいかない。客とサービス提供者が会わないと提供できないわけです。サービスが経済の主力になると、人が来ないと商売にならず、人が来てくれない所はサービス業が成立しないということになります。

では、人が来る地域とはどういう所なのかというと、文化力があるということです。そのまちがおもしろく、安全で空気もきれいで、来てみたら楽しい、人々が親切だとか、まちのホスピタリティー性などといったものがないと人はまちに来ないわけです。暴力団がウロウロしていたり、道を聞いてもろくに教えてくれなかったりする不親切な所に行っても全然おもしろくありません。都市の佇まいなどに仕掛けがあり、都市計画一つにしても人を惹きつけるようなもの、つまり文化的な要素が必要になってくるのです。経済学の専門用語で言えば「外部経済としての文化」となりますが、これが今後の地域の活性化の源となります。

最後に、自然と文化の関係について話したいと思います。この話をすると、「文化とは何か」ということになります。文化の定義は研究者の数ほどあり、それらを羅列すると切りがありません。一番広い捉え方は、文化は「人間の成長と二つのタイプの情報（遺伝子情報・非遺伝子情報）のうち、非遺伝子情報

に関するもの」という定義となります。これは広すぎてすべてを含んでいますので、自然と文化について話す場合には相応しくありません。もう少し違った面から考えていくことにします。

「文化」と「文明」という言葉があります。最初はあまり区別されていませんでしたが、18世紀頃から区別されて用いられるようになりました。狭い意味の文化と文明を区別してみると、**表1**のような分類ができるのではないかと思います。

要するに、文化というのは人間の精神的価値の成果と言えます。一方、文明は、技術の発展を中心とする物質的な面、つまり累積的でかつ普遍的な面と言えます。先ほどお話しした人間の行動的タイプ（防衛的行動と創造的行動）で言えば、文明というのは防衛的活動に関するもの、つまり人間の快適性や便利性などを追求し、文化というのは創造的なものを追求すると言えます。

ある人に言わせれば、文明というのは、人間が自然から離れて生活するための技術とも言っています。一方、文化というのは、人間と自然を融合させ、文明と違って特殊性や多様な要素を含みます。そして、文化の多様性は、各地域の自然の特性に非常にかかわってくることになります。

表1　文化と文明の対比

文　化	文　明
人間が集団の成員として後天的に習得し共有する行動、指向、完成の癖、ないしパターン。文化は個々の人間集団に個性を与える要素足りえる。	人間の外的世界及び内的世界に対する制御と開発能力の総体。制御と開発能力はそれに対するフィード・バック能力を含む。したがって、文明は普遍的で累積的である。
人間の精神的価値の成果。	技術の発展を中心とする物質的な面。
考えたり感じたりする知恵。	技術の発展を中心とする物質的な面。
鶴亀算式。	技術の発展を中心とする物質的な面。
鶴亀算式。	技術の発展を中心とする物質的な面。

（出典）駄田井・浦川『文化の時代の経済学入門』147ページ。

私は河川の活動にかかわっているのですが、最近、国土交通省はしきりに住民の意見を聞くようになってきました。なぜ、住民の意見を聞くようになってきたのでしょうか。それは、環境の保全にかかわるからです。

　1997年に河川法が改定されたのですが、それまでの河川に対する考え方は治水と利水が中心でした。治水と利水というのは工学的な技術をベースにして考えることですから、言うまでもなく文明です。ところが、そこに環境の視点が入ってくると、各地域の特性を配慮する必要が出てきます。筑後川でも上流、中流、下流でその環境特性が違います。中央（霞ヶ関）にいてはその違いが分からないため、どうしても流域住民の意見を聞く必要が生じたわけです。

　このように、文化というのは自然と密接な関係があるのです。日本の文化は非常に特徴があって、免疫学の多田富雄は「山川草木に神が宿る」というようなことを言っています。次に象徴性、ゴタゴタしたことを好まない、俳句や和歌のように完結で要を得ているのです。それから、「もののあはれ」、無常観、判官贔屓もあります。ですから、日本には匠の技があるのです。細かい部分まで突き詰めていく、そういう特性があるのではないでしょうか。この特性は、日本の自然とのかかわりを離れて考えることができないと思います。

　日本の文化の特徴について、これから話をされる陶芸、特に小鹿田焼も自然と非常に深くかかわっていると思います。柳宗悦さんは「工芸美とは何か」ということを語っていますが、これは日本人がもっている美的感覚と深く関係しているからではないかと思います。そういう意味で、小鹿田焼というのは貴重な存在だと思います。

　以上、この基調報告が次のシンポジウムの導入になればと思います。どうもありがとうございました。

|基調講演|

「陶芸王国九州」

山本　康雄

　ただいまご紹介いただきました山本です。「陶芸王国九州」についてお話をします。九州は「陶芸王国」と言われるほど陶芸、焼き物に携わる人が多く、多種多様な陶芸作品に触れる機会が多い所です。九州陶芸の高いレベルの作品を皆さんと一緒に見ていくことで、九州の陶芸文化の広がりと、そのレベルの高さをお伝えしたいと思います。

「菊池ビエンナーレ、現在陶芸の今」に見る九州陶芸家10人

　九州の陶芸のレベルの高さを披露する展覧会が、2012（平成24）年4月に東京の「菊池寛実記念　智美術館」で開かれました。「第4回菊池ビエンナーレ、現在陶芸の今」です。この展覧会には全国から423点の応募があり、入選したのが49点で入選率11.6％という大変厳しいものでした。

　九州からは34点の応募があり、10点が入選しました。入選点数の20％が九州ということで驚いた次第です。九州と並ぶ焼き物産地の瀬戸（愛知県）、美濃（岐阜県）からの応募は54点で、そのうち7点が入選。京都は26点のうち3点。備前は25点出していましたが1点も入りませんでした。この結果は、九州の現代陶芸のレベルの高さを証明するのではないかと思います。

菊池寛実智美術館　第4回菊池ビエンナーレ

第4回菊池ビエンナーレ優秀賞「花の大地」
(中村伸子作)

　大賞作品は、九州にも馴染みがある陶芸家で、山口県萩の作家・岡田裕さんの「炎彩」でした。この作品は、従来の窯の炎による偶然の窯変ではなく、萩の土に顔料を加えてコンプレッサーで振りかけて焼成し、グラデーションの美しさが評価されたものです。
　次席の優秀賞は、福岡県糟屋郡宇美町の中村伸子さんが作られた「花の大地」です。薄く伸ばした陶土に膨らみをもたせながら、それを立ち上げて花弁のような姿にまとめ、野焼きで黒陶のような趣を見せている。中村さんは近年、花弁のように膨らみをもたせた球状の造形的作品をシリーズで作っていますが、今回の受賞作品がこのシリーズなかで最も優美に仕上がっているものです。3年前（平成21年）に亡くなった唐津の中里逢庵さんが主宰していた知新会で力をつけて、日展にも出品していました。
　福岡県福津市の大浦加和さんが作った「泥彩鉢」は、直径56.8センチもある大きな鉢です。ロクロで大きく引き上げ、素焼き乾燥をさせ、黒い所をマスキングして焼成し、スキっとした仕上がりのシャープさと美しさが評価されました。
　福岡県直方市の田中光謙さんが作ったのが「青瓷黒輪波紋盤」です。口径52センチの盤の見どころは、黒い輪線、青瓷釉が溶けて盤の縁の黒い線が作品を引き締めているところです。釉薬の薄い所が溶け出して紫色を呈する、中国・宋代の官窯青瓷の手法です。水を湛えたような盤面の広がりを出すには、テクニックを要する仕事だと思います。田中さんは中国に何度も陶磁研究に出掛けるほど研究熱心な方で、最近、この青瓷でメキメキと頭角を現してきました。
　佐賀県有田町の高森誠司さんの「青白磁釉彩文鉢」は、口径50センチの大ぶりな鉢にもかかわらず柔らかい造形を見せています。この釉彩は白磁釉を2回

に分けて掛けており、二重に掛かった所はブルーが強く、流線文様になっています。第19回西日本陶芸美術展（平成8年）で大賞を受賞している、有田陶芸の実力派作家の一人です。

中村清吾さんも有田の白磁作家です。日本伝統工芸展にも出品しており、立ち上がった「白磁鉢」にはシャープな造形感覚があり、ロクロの切れ味のよさを見せています。この作家の祖父が、「有田のロクロ名人」と言われた中村清六さんです。祖父の後ろ姿を見て育ったからでしょう、九州大学を卒業後、すぐ祖父に弟子入りしてます。修行わずか4年で日本伝統工芸展に入選し、現在は日本工芸会の正会員となっています。祖父のDNAがしっかり受け継がれている有田期待の作家の一人で、（2014年）現在38歳です。

「青白磁面取鉢」（鬼丸尚幸作）

福岡県東峰村の鬼丸尚幸さんが作った「青白磁面取鉢」は、底のほうから削りを入れて縁を丸く収めて、稜線の柔らかさで全体を包み込むように仕上げています。小石原焼窯元の生まれ、36歳という若い作家でロクロの腕は確かです。東京藝術大学の工芸科から大学院へ進み、青白磁制作の研究で博士号を取得しています。2012（平成24）年の西部伝統工芸展で筒型の形に歯車のような切り込みをしたようなシャープな作品を出し、日本工芸会賞を受賞しています。民陶の里で作家活動をしており、今後の成長が楽しみな作家の一人です。

福岡県飯塚市の松尾無蔵さんが作った「古代釉条文花器」は、手捻りと叩きで六角に面をとって立ち上げ、6辺の縁を浅くカーブさせて内側に切り込んで仕上げ、表面全体に櫛目状の縦線を入れています。これに鉄分の多い独自の釉薬である古代釉と白釉をコンプレッサーで吹き付け、黒と白のグラデーションを表した重量感のある作品となっています。

鹿児島姶良市の竹之内琢さんが作った「半月器」は、手捻りで片面を立ち上げた半円形の造形をしており、立ち上がりの中央部に紐状を回して全体を引き

締めています。表面に黒釉、内側に銅釉をかけて赤を出して、赤と黒の対比で金属器のような作品に仕上がっています。金沢美術工芸大学出身で、父親の竹之内彬裕さんは日本伝統工芸展に長く出品されている方です。

　鹿児島県出水市で作陶活動しているご夫婦、神田和弘さん（46歳）が作った「集」と神田樹里さん（42歳）が作った「行方」は手捻りの抽象造形作品です。抽象造形作品の少ない九州においては、力作を発表するこのご夫婦は注目されています。二人とも奈良の芸術短期大学で学んでおり、和弘さんは1994年の朝日陶芸展に出品し、27歳でグランプリを受賞しています。

　以上10点の作品が、全国的にも高いレベルを示した現在の九州の陶芸家の作品と言えます。

九州陶芸の生みの親――有田の松本佩山（はいざん）

　九州が現在のような陶芸家群を生み出している理由として、17世紀以来の陶磁器産地が多く、その多様な伝統に育まれていることを挙げなければなりません。陶磁器産地のなかでも、我が国の磁器発祥地である佐賀県の有田町は、江戸時代から「伊万里焼」の名前で全国各地はもとよりヨーロッパにまでその名が轟いています。

　その有田町から、昭和の前期、九州陶芸の生みの親とも言える陶芸家が現れました。1933（昭和8）年、1934年に日展の前身である「帝展」に連続入選した初代松本佩山（1895〜1961）です。その当時、九州から中央の帝展に出品する陶芸家は一人もいなかったのです。

　窯焼きの家に生まれた佩山は、東京美術学校を出て陶芸家の板谷波山（いたや　はざん）（1872〜1963）の書生をしていた有田出身者の紹介で、帝国美術院会員でもあった波山に師事しました。東京・田端に工房をもっていた波山から直接、佩山は磁器素地に切り込みを入れる手ほどきまで受け、1933年の帝展において「淡青磁果文花瓶」が初入選したわけです。縦に入った切り込みの所に青い釉がたまって瑞々しく、縦に並んだ苺の赤との対比が新鮮な色調となっており、当時の有田では見られなかったアールヌーボー調の帝展デビュー作となったわけです。

　佩山の師匠であった波山は近代陶芸を切り開いた指導者であり、1953（昭和

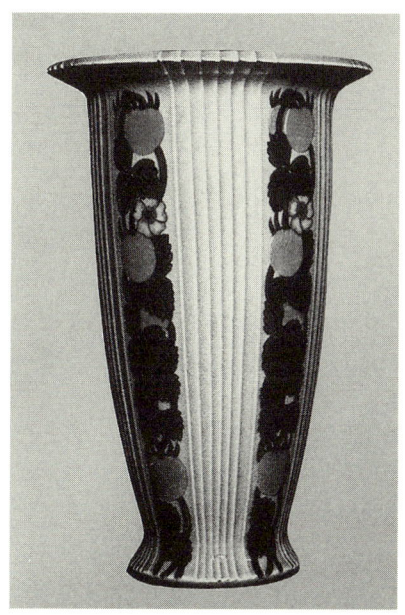

1　筑後川流域の陶芸文化と小鹿田皿山　135

1933年の帝展に初入選した松本佩山の「淡青磁果文花瓶」

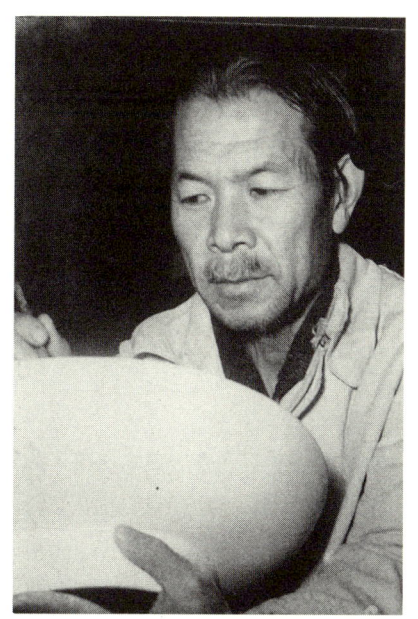

松本佩山

28）年に陶芸家として初めて文化勲章を受章した人です。その弟子であった松本佩山は、1938（昭和13）年に文展特選候補になり、その翌年、「釉裏紅霊獣文大鉢」という作品で銅釉を使って大変難しい赤い色を出し、特選を狙って文展に出品しました。

　銅釉で釉裏紅の細線描画を表現するのは、現在のガス窯であっても難しい技術です。それを、1939年に有田の薪窯で焼いたのです。大きさは２尺（約60センチ）。残念なことに、鉢の縁に小さな傷が１、２か所あったため、その縁を久留米の籃胎漆で

「釉裏紅霊獣文大鉢」（松本佩山作）

巻いて出品したのですが、審査にあたった京都の陶芸家が釉裏紅の美しさには目を向けないで、藍胎漆巻きを「傷隠し」と受け止めて、この作品を落選させました。この時、彼が特選を取っておれば、その後の陶芸人生が変わっていったかもしれません。

　佩山は、長男である2代目佩山に「この作品だけは手放すな」と言い残しています。作品の裏に「大日本佩山造」という名を入れていますが、これは「中国人でもこれだけのものは作れないぞ」との気概を込めて作った作品だということです。特選を逃がしたことで、優れた陶芸センスと技術をもちながら、地方作家として埋没してしまうことになったのです。

九州の陶芸出品が多い日本伝統工芸展

　九州の陶芸にとって目が離せない「日本伝統工芸展」と九州について述べます。日本伝統工芸展は、陶芸、染織、漆芸、金工、木竹工、人形、諸工芸という七つの部門からなっており、各部門の優れた作家が国の重要無形文化財保持者に認定されています。2011（平成23）年の「第58回日本伝統工芸展」を見てみると、出品総数が616点、その内陶芸作品が215点で全体の35％を占めており、陶芸の出品比率が高くなっています。

　それを地域別に見てみると、九州は52点で一番多く、愛知と岐阜で26点、石川16点、備前11点、京都5点となっていました。九州のなかでも、佐賀が26点、福岡が16点となっており、これも全国的に見て多い数字です。九州、山口の地域を出品対象とした展覧会である「西部伝統工芸展」でも、2012（平成24）年は232点の入選中、陶芸が109点で47％という具合に、九州は陶芸の出品比率が非常に高い地域と言えます。

叩きの手法復活――唐津焼中興の祖・12代中里太郎右衛門（無庵(むあん)）

　こうした日本伝統工芸展で、九州でも非常に優れた技術、表現力のある作家が国の重要無形文化財保持者に認定されています。その第1号が、唐津市の12代中里太郎右衛門（1895～1985）です。1976（昭和51）年、81歳で唐津焼の重要無形文化財保持者に認定されています。中里太郎右衛門が昭和の初めに12代

松のトンネル、虹ノ松原

昭和36年、第8回日本伝統工芸展「叩き唐津焼締壺」(12代中里太郎右衛門作)

を襲名したころの唐津焼は白っぽいものでした。それらは「献上唐津」と呼ばれていたもので、唐津の殿様に献上するお茶碗窯で焼かれたものは、有田焼の影響で白っぽい姿になってしまっていたのです。

　そのような唐津焼に疑問をもった12代太郎右衛門は、1929（昭和4）年ころから唐津の古い窯跡を踏査しました。唐津南の岸岳城の麓に朝鮮から渡来した陶工が造ったという飯洞甕窯跡や帆柱窯跡などがあるのですが、その窯跡で12代太郎右衛門は焼き物の破片を見て作陶のプロセスを考え、朝鮮陶工がやっていた叩き成形に行き当たったわけです。紐状の陶土を積み上げ、内と外から叩き締めながら壺を作る叩きの手法を再現し、古唐津の復活となったのです。

　この「叩き唐津焼締壺」は、12代太郎右衛門が66歳（1961年）の時、古唐津を作り始めて30年経ったころに叩きで作り上げて、日本伝統工芸展に出品した作品です。登り窯でじっくり焚き、松の灰がかかって焼き締めたものです。壺の形、釉薬の姿、この作品が12代太郎右衛門の作品のなかでも一番印象に残っています。このような経緯がゆえに、12代は唐津焼きの「中興の祖」と呼ばれたわけです。

有田の色絵磁器の双璧──13代今泉今右衛門と14代酒井田柿右衛門

　佐賀県有田町の13代今泉今右衛門（1926〜2001）が作った「色鍋島手まり花

文大皿」という作品は、1965（昭和40）年の日本伝統工芸展において「日本工芸会会長賞」を受賞しています。色鍋島の伝統をふまえた作品で、小手毬の花と葉を2段に、白い花に赤い縁取りをして小手毬の印象を強め、空白と緊張感をもたせた構成にまとめています。13代今右衛門39歳の時の作品で、「これからの作陶の方向が決まった」と言うほど彼にとっては記念的な作品になっています。

　1975（昭和50）年に13代目を襲名して「色鍋島今右衛門技術保存会」を設立し、小鹿田焼と同じく重要無形文化財の団体指定を受けています。襲名当時、色鍋島の白い磁肌が冷たく見えるということで、何とかしたいと語っていた13代今右衛門は初期伊万里を愛していました。その初期伊万里に、兎と三日月の文様の回りに霧吹きで呉須を吹き付けて、その二つの文様を浮かび上がらせた「吹き墨染付兎文皿」という作品がありますが、その吹き墨が従来の色鍋島の磁肌を変えるヒントになったと言います。

　吹き墨を余白の全面に吹きつけると色鍋島の重厚性が増すのではないかと考えて作られた作品が、1981（昭和56）年の『色鍋島吹墨草花紋鉢』です。伝統の色鍋島がもつ気品ということに、13代今右衛門は常に神経を使っていました。

　また、呉須の青い色の吹き墨と、明治の有田で使っていた酸化ウラン系の黒い顔料を吹き付けて薄墨をつけた作品があります。それが、1981年の日本陶芸展で最高賞の「秩父宮賜杯」を受賞した「色絵薄墨露草文鉢」です。これによって、多様な文様の背景に、吹き墨、薄墨を使って色鍋島の世界に重厚さを加えたわけです。1989（平成元）年に重要無形文化財色絵磁器保持者に認定され、

昭和56年日本陶芸展秩父宮賜杯受賞「色絵薄墨露草文鉢」（13代今泉今右衛門作）

2001（平成13）年に75歳で亡くなられました。

一方の14代酒井田柿右衛門（1934〜2013）、14代襲名前の酒井田正さんが1953（昭和28）年に多摩美術大学に入学した年に、祖父（12代）と父（13代）が、「初代柿右衛門三百年祭」記念で「濁手素地」を復元しています。濁手とは米の研ぎ汁のような柔らかい白磁素地のことを言い、柿右衛門の色絵文様がより美しく見える素地となっています。しかし、大変面倒な土づくりのため、江戸後期には消えてなくなっていました。

1956（昭和31）年、伝統の柿右衛門様式をふまえて作った12代柿右衛門の「色絵草花文八角鉢」が日本伝統工芸展で受賞し、色絵柿右衛門様式の復活が認められました。この八角鉢は土型で成形したもので、酒井田家にはこのような江戸時代の土型が800個余り保存されています。

14代柿右衛門さんは、1966（昭和41）年、襲名前の正時代のころから展覧会の出品を始めています。13代同様、山ツツジ、エノコロ草、鬼アザミ、蓼、桜など身近な草花をスケッチして回り、作品化する時は濁手素地を十分に見せる「余白の美」を大切にしておりました。

1982（昭和57）年に父が亡くなって14代を襲名し、重要無形文化財の柿右衛門製陶技術保存会の会長職も受け継ぎました。翌年には「襲名披露展」を全国

12代、13代柿右衛門までが生活していた萱葺きの伯家屋
中央が玄関、右側が工房、左側が住まい

各地で開催したのですが、受け継いだ柿右衛門窯の職人の技を磨くため食器作りにも力を入れました。柿右衛門展としては珍しい食器展を福岡市のデパートで開き、伝統の窯経営にも力を注いだわけです。

2001（平成13）年に重要無形文化財色絵磁器保持者の認定を受け、重要無形文化財保持者になったあとの「14代酒井田柿右衛門展」に出品した「濁手撫子文鉢」を見ると、筆の運びが伸びやかであることがよく分かります。人間国宝になる。地位は人を作ると言いますか、柿右衛門の余白の美に華やかさを増したと言えるのではないでしょうか。

「濁手撫子文鉢」（14代酒井田柿右衛門作）

有田白磁のロクロ名人井上萬二

有田白磁の「ロクロ名人」と言われる井上萬二（1929～）さん。日本工芸会陶芸部には現在8人の人間国宝がいますが、84歳（2013年現在）の井上さんが最高齢です。井上さんは昭和20年代の20代のころ、柿右衛門窯のロクロ職人として腕を磨いていました。その柿右衛門の窯に、当時、有田の「ロクロ名人」と言われた初代奥川忠右衛門（1901～1975）が時々手伝いに来ていました。彼のロクロ捌きを見た井上さんは名人に入門し、有田のロクロ第一人者として、その跡をしっかり受け継いでいます。

1968（昭和43）年、39歳の時に日本伝統工芸展に初入選したころ、佐賀県の窯業試験場

ロクロを回す井上萬二

に勤めていました。その当時、皇居の新宮殿に納入する、人の背丈よりも大きい蓋付壺のボディ作りの注文が有田にありました。重要無形文化財色絵磁器保持者の陶芸家、加藤土師萌（はじめ）（1900〜1968）の注文でした。

　加藤土師萌と言えば、戦前の文展時代、松本佩山（はいざん）が肩を並べていた陶芸家です。東京藝大陶芸科の教授だった加藤も絵付けが専門で、大きい蓋付壺は作れなかったわけです。当

「白磁丸形壺」（井上萬二作）

時の有田では、加藤土師萌からと言えば雲の上の人から言ってこられたようなもので、緊張したと言います。そこで、有田の代表として井上さんが壺作りを引き受けたのです。

　「ロクロを回していくうちに、自然に次々と形が出来ていく。私の場合、形が文様だ」とは、ロクロ一筋の井上さんだから言えることでしょう。

　写真で紹介する「白磁丸型壺」のように、均整のとれた美しさが井上白磁の見どころです。1987（昭和62）年の「34回日本伝統工芸展」で青白磁彫文鉢の受賞がきっかけとなり、彫文様に緑釉を施して出品するようになりました。

青瓷釉色多彩美の中島宏

　九州で5人目の重要無形文化財が、佐賀県武雄市の中島宏（1941〜）さんです。2007（平成19）年、66歳で青磁保持者に認定された中島さんも窯元の生まれです。少年時代から家業の窯焚きを手伝っており、4歳年上の兄均さんが1958（昭和33）年と1959年に日展に入選したことが刺激となって陶芸を志しました。その当時、18歳でした。

　1966（昭和41）年、陶磁史研究家で陶芸家の小山富士夫（1900〜1975）を鎌倉の自宅に訪ねて青磁作品を見てもらったのち、1969年、生家近くの弓野古窯跡傍に半地上式の登り窯を築いて独立し、その年に日本伝統工芸展で初入選を

「粉青瓷彫文搔落大鉢」（中島宏作）

果たしています。

　青磁はボディの陶土と釉薬に含まれる鉄分が窯の中の焼成によってブルーの発色が得られるのですが、中島さんは様々な陶土と釉薬を自らブレンドして掛け合わせています。青磁作家の多くが同じような釉色を続けているのですが、中島さんの場合は、実に様々な青磁釉色があります。ボディが土の場合を「青瓷(せいじ)」と言い、磁器土の場合を「青磁」と作品名で区別しています。私は、1980年代の終わりころから「中島青磁」と呼んで特別視しています。

　中島さんは、1981（昭和56）年の第１回西日本陶芸美術展において「粉青瓷線彫文壺」がグランプリの西日本陶芸大賞を受賞しました。黒胎青瓷制作が本格的になった時期で、その後の青磁製作に自信となる作品です。

　また、1984（昭和59）年に中国の古陶磁研究者訪問団に加わり、紀元前11世紀の殷時代の饕餮文(とうてつもん)古銅器を見て、その力強い造形力に触発されています。これが契機となって、その後の作品は表面に強さを出すために、「粉青瓷彫文搔落大鉢」（口径57.3センチ）のようなシンメトリカルな抽象文様の彫り込みを入れるという、気力と集中力のいる仕事へ展開されていきます。

日展陶芸――九州の両傑

　これまで日本伝統工芸展を見てきましたが、ここでは「日展」陶芸で最高峰となった九州のお二人を紹介します。残念なことに、近年、相次いで他界されています。

　まずは、「天目の青木」と呼ばれた佐賀県有田町の青木龍山（1926〜2008）さんです。龍山が日展に初出品したのは1954（昭和29）年です。最初から天目作品を出品したわけではなく、有田伝統の呉須(ごす)顔料を用いて大胆なタッチで描

いた抽象文様の大皿や壺でした。

　龍山は戦後間もない多摩美術大学で学び、当時の抽象絵画の時代感覚を有田に持ち帰り、有田焼の職人技に見るような細い筆で緻密に描くようなことはせず、顔料を布切れや綿に浸けて叩きつけるようにして激しく描きました。有田では考えらえない筆法でした。有田の伝統手法を用いずに表現する、有田焼とは違う世界を描くという表現者としての思想があったと思います。そうした作品が、日展、日本現代工芸展で入選を続けたわけです。

　その後、龍山は白から黒の世界へ変わっていきました。有田は白い磁器の町ですが、黒の世界があってもいいのではないかと考えたわけです。1971（昭和46）年の改組3回日展で天目釉の「豊」が特選を受賞して、黒の世界の展開が始まりました。1973年の日本現代工芸美術展では「豊延」が会員賞・文部大臣賞を受賞し、天目作品に弾みがついた龍山は、その後の一連の作品に「豊」を入れて「豊シリーズ」として全国公募の団体展に出品し続けました。

　1981（昭和56）年に日展の会員になり、それまでの天目釉に海辺の波をイメージしてリズミカルに、鉄砂の茶色、銀砂の銀色、それに黄土釉のベージュの3色で横模様を描いた「容映」を日展に出品し、これを「渚シリーズ」として新たな世界を展開していきました。そのシリーズとして、1991（平成3）年の第22回日展に出品した「胡砂の舞」が日本芸術院賞を受賞しています。シルクロードでおなじみの砂漠の雄大な砂の文様をイメージして作ったというこの作品が、日展出品者が憧れとする受賞になったわけです。

　この翌年、66歳の時に日本芸術院会員に選ばれました。そして、2005（平成17）年には、九州の陶芸家で

第22回日展（1991年）で日本芸術院賞を受賞した「胡砂の舞」（青木龍山作）

は初めて文化勲章を受章しています。九州在住では八女(やめ)市の画家、坂本繁二郎(はんじろう)(1882〜1969) さんに次いで2人目でした。

青木龍山に続いて日本芸術院会員になったのが、唐津の中里逢庵(ほうあん)(1923〜2009) さんです。1969（昭和44）年に13代中里太郎右衛門を襲名し、2002（平成14）年に京都・大徳寺で得度して逢庵を名乗り、長男の忠寛さんに14代を譲っています。

逢庵さんは1951（昭和26）年の第7回日展で初入選を果たし、1965年には日展で特選を取っています。九州の陶芸家では、最も早い特選受賞者でした。有田の松本佩山(はいざん)がその3年前に還暦を迎えて、一切の展覧会への出品をやめているので、そのバトンを継ぐような形で中里逢庵さんが日展に登場したわけです。

1972（昭和47）年から、父親の無庵（1895〜1985）が復元した古唐津の叩きの源流を求めて韓国、中国、東南アジアなどへ旅を続けた逢庵を、私は「旅する陶芸家」と言っておりました。13代太郎右衛門は、タイのチェンマイでも叩きの源流を求めています。チェンマイで逢庵は、もっぱら女性が回りながら叩いて成形するのを見て刺激を受けたのか、自身もこの地で作陶しています。その時の作陶をヒントに作ったのが、日展出品の土器「叩きはんねら壺」です。

1984（昭和59）年の第15回日展に出品した「叩き唐津手付瓶」が日本芸術院賞を受賞していますが、この作品は、ギリシャのアンフォラの壺のようなイメージの西洋風の壺です。たぶん、唐津焼の芸術性を高めようとしたものと思われます。

逢庵は、12代の叩き古唐津を継承しながらも韓国を何度も訪れ、現地で作陶し、鶏龍山の粉青沙器をヒントに掻き落としの装飾手法を取り込んで独自の世界を構築しました。工房が玄界灘に近いことから、昭和50年代からは魚の文様が多くなっています。デッサンが達者で、魚をリアルにスケッチして、それをもとに壺

「粉青瓷彫文搔落大鉢」（中里逢庵作）

に彫り込み、赤、白、黒の土を象嵌してブルーの釉薬を掛けて焼成した「叩き唐津翡翠象嵌文壺」は、唐津焼に新風を送り込んだ作品と言えます。

　1985（昭和60）年に日展の理事になり、その翌年から福岡市の美術館で「知新会展」を開いて日展出品者の指導にもあたりました。長年続けた古唐津の叩きの研究論文で、2004（平成16）年に京都造形大学から博士号を取得したのですが、これは陶芸家として初めての博士号となっています。そして、2007（平成19）年に念願だった日本芸術院会員に選ばれています。

　以上、九州陶芸をリードしてきた7人の陶芸家を見てきました。彼らの峰の高さが、今日の陶芸の裾野を広げて、「陶芸王国九州」の形成に大きな役割を果たしたのではないかと私は考えております。ご清聴ありがとうございました。

パネルディスカッション
筑後川流域の陶芸文化と小鹿田皿山(おんたさらやま)

森 続きまして、シンポジウムに入りたいと思います。前段でお二人の先生に基調講演をしていただきました。駄田井先生には、「自然・文化・経済」について、どのような形で文化経済学が成立するのかというお話をしていただきました。山本先生には、九州の陶芸の作家と作品、九州陶芸界について論じていただきました。この流域に独自の文化が栄え、独特の焼き物の産業が栄えていることが分かっていただけたと思います。

本日は、日田市の内側から語ることのできる坂本さんと中川さん、外側から語ることができる浅見先生と山本先生にご登壇いただきました。基調講演の山本先生のお話を聞いていまして、どうしても小鹿田皿山の焼き物は、九州の陶芸界の流れからは少し異なる現状ではないかと感じました。そういうところに視点をあてて論を深めていき、最終的には、小鹿田皿山が今後どうあるべきなのかという話で括ってみたいと思います。

さて、小鹿田皿山という集落を形成するにあたっては、自然環境が非常に左

小鹿田皿山の唐臼（写真提供：手仕事舎）

右されると思います。浅見先生にお願いしまして、集落の構成要員と皿山の特色についてまず口火を切っていただき、そのあと、様々な形で論を進めていきます。あわせて、手仕事舎の石丸さんと、駄田井先生にオブザーバーとしてコメントをいただくことにしています。終わりの段階で、会場からもご意見を聞くことができればと思っています。それでは浅見先生、地理学の専門分野からお話をお願いします。

浅見　久留米大学経済学部教授の浅見です。地理学、観光地理学をやっています。小鹿田焼が古い形を残した要因の一つとして、小鹿田皿山の地理的基盤があります。小鹿田という地名は、山の中の「隠田」という意味でつけられたということですが、一つの谷間のなかに産地が形成されました。1705年、日田の代官が小石原村の陶工柳瀬三右衛門をこの地に招き、李朝系の登り窯を築造し、技術を伝授してもらおうとしました。その時、資本を日田郡の黒木十兵衛が、土地を小鹿田皿山の坂本家が出したと書かれています。一種の企業誘致で始まったということです。つまり、日田の豆田の人々によって流通経路が築かれたわけです［小鹿田の里文化景観保存計画委員会（2010）Ⅰ－6参照］。

　まず、九州の地図を思い浮かべてください。九州の北部は、西日本内帯の花崗岩の産地の一部をなし、さらに九州中部における阿蘇の火山台地、南九州の霧島へと続きます。それと関連して、北部九州は比較的粘土が多いと言われており、山地であるという点が小鹿田皿山の地理的基盤の第一の特徴です。陶器の原料としての、陶土が分布する地域になります。

　産業立地論を考えますと、小鹿田皿山のような製陶業は典型的な原料立地産業と言えます。重量の大きい原料・動力を使用して軽量の製品が出来上がりますので、輸送費用をもっとも小さくするには、原料や燃料が入手できる所に立地するのが最もよいというわけです。原料および燃料として、土・水・火・木などの自然界のものを使用しますが、それらはほとんど小鹿田皿山で入手できます。特に、水は唐臼を動かす動力と陶土の精製の二通りに使われますが、小鹿田では豊富で安定した量の水を得ることができます。

　小鹿田皿山に行きますと唐臼による土の粉砕が行われていますが、そのための安定した水が供給されています。窯焼きのための木材、製作のための道具、

小鹿田皿山の風景（写真提供：手仕事舎）

　唐臼としての松材が、釉薬としての材料である灰などにも恵まれていました。北部九州、特に山間部は原材料や動力源に恵まれていたと思います。

　また、北部九州は朝鮮半島から日本列島への入り口に当たります。そのため、朝鮮半島から日本列島への多様な文化の伝来ルート上にありました。朝鮮半島から陶工が九州に連れてこられて、北部九州に分散していくわけです。小鹿田の場合は、福岡県の高取、上野、小石原焼から小鹿田皿山へと伝わっています。次第に内陸部に移り、広がっていく好適な位置にあったと思われます。

　では、なぜ小鹿田焼が保存されたのかということですが、他の産地が生産を拡大したり、形を変えていくなかで、小鹿田皿山は狭い谷間にあったことやそのため生産力に限界があったことが理由だと、小鹿田皿山の人々が話しておられました。唐臼に粉砕能力の限界があるということですが、それによる生産力の限界が技術の保存や今の伝統的な形の保存に結び付いたのではないでしょうか。

　このような場所で、一子相伝の形で伝統的な技術が伝えられたということです。一方、小石原焼は対照的に盆地をなしておりまして、土地を拡大し、分家し、よそから作家が入ってくる余地があったと考えられます。問題提起を兼ねて、以上のような指摘をしたいと思います。

森 実際、外部から小鹿田皿山へ入っていきますと、今でこそ車が通りますが、おそらく昭和の初期までは本当に山の中で、外部とはまったく途絶えた所に焼き物産業の歴史が脈々と伝わってきたと思われます。浅見先生から集落の特色を述べていただきましたが、実際に小鹿田皿山で長く生活をしておられる坂本さん、いつごろから車や人が出入りするようになったのですか？

坂本 外から人が入るようになってきたのが1954（昭和29）年、世界的な陶芸の大家であるバーナード・リーチ（Bernard Howell Leach・1887～1979）さんが小鹿田皿山に滞在した時からです。自動車が通れるような道ではなかったのですが、リーチさんや取材の車が入ってくるようになり、即、焼き物が売れるようになりました。

　リーチさんがやって来た翌年には、路線バスも運行されるようになりました。次第に整備され、広い道路になっています。浅見先生が生産力の限界だと申されましたが、確かにそうです。周辺一帯が陶土ですが、何とも乾燥の遅い土で、スローですね。小鹿田皿山の工人もスローですが……。

　私が焼き物を始めたころ、小石原にも唐臼が一軒に一台あったようです。小石原の土は柔らかい。鍬で掘って陶土を唐臼で1週間もすれば粉になります。ところが、私のほうの土は、陶土として粉にするのに2週間、どうかすると1か月もかかります。水漉の後、陶土としての堅さになるまでなかなか乾燥しない。また、ロクロで作ったものが乾燥しない。つまり、急ぐことができなかったのです。

　昭和6年、民芸運動を唱えた柳宗悦先生（1889～1961）が皿山を訪れて、「まさに時代遅れの窯だ。これを笑っちゃいかん」と言いましたけれども、この遅れたことが、昔をつなぎ、それが伝統を守ったというような気がしています。

森 実際小鹿田皿山へ行き、帰りは大鶴のほうに下りましたが、難儀な交通状況だったと強く感じました。それが小鹿田皿山の集落を形成する大きな特色ですね。そのおかげで伝統的な技術を有する陶芸の集落が残されたのではないかと思います。中川先生、小鹿田皿山の焼き物の始まりはいつごろからですか？

中川 小鹿田皿山に残されている伝承が次第に時の経過とともに定着した形

になったようで、数年前までの定説では、1705（宝永２）年の開窯と言われています。ですが、大分県立芸術文化短期大学の貞包博幸教授の研究調査によりますと、つじつまがあわない。宝永２年が事実ならば、柳瀬三右衛門さんが大分にきて窯を作った時の年齢は６歳でしかないという矛盾が出てきます。宝永２年という説の根拠は、『皿山開基覚書』という明治の初めごろに書き写されたような記録です。確たる証拠がないし、内容も焼き物についての記述がありません。

　それからずっと下って1715年、「そもそも皿山の初めのころについて」云々という文書に、『とい焼』という言葉があります。皿山の人とも話したことがあるのですが、試し焼きだったのか……そうだとすれば、それ以前に窯は使用されていて、これは途中で出てきた「許可願い」の文書でなかったのではというような話がありました。文書の元文２年（1737年）と宝永２年との間には相当な時間差があります。おそらく、その間に始まったことは疑いのないことです。せいぜい20年そこらの食い違い。小鹿田の窯にとって、特別にどうということではないことだろうと思っています。

森　ところで、山本さんは西日本新聞の記者時代のことですから、もう随分前のことになりますが、大分支局に勤務しておられましたね。そのころ小鹿田皿山に行かれたと思いますが、当時とはどのように変わっていますか。

山本　西日本新聞社の大分総局に私が勤務したのは1973（昭和48）年から1975年までですから、もう38年前になります。２年間の大分勤務で、何度か行った記憶がありますが、最近久しぶりに行って、あの唐臼の音を聞いて昔と変わっていないなと、ホッとした気分になりました。

　大分勤務の前、福岡の本社で文化部にも在籍していたので、民陶小鹿田焼は本で読んだ程度の知識でした。大分勤務で県庁の取材がメインとなり、県庁近くの商店街に、確か「豊後屋」とかいった民芸の専門店があ

土作り（写真提供：手仕事舎）

りました。そこで初めて小鹿田焼を見たのです。やっぱり小石原焼に似ていると思いました。

　焼き物好きですから、店をのぞいておばさんから小鹿田皿山の話を聞くと、ぜひ行ってみなければと思ったのです。訪ねる先は、もちろん坂本茂木さんの所でした。坂本さんが日本陶芸展で外務大臣賞を受賞されたころです。小鹿田皿山は、私の社は日田支局の守備範囲ですので、私が取材した記憶はありません。

　私が皿山風景で一番驚いたのは、土作りを女性がやっていることでした。庭先の板囲いの水槽、舟と言っておりましたが、そこで陶土を入れて掻き混ぜ、水簸作業をしていたのです。その作業が今も続いており、焼き物に一番大切な土作りに心が籠っていると思います。小石原では見られない風景です。焼き物作りの原点がここにはあります。庭に広げられた皿や鉢、瓶、水差しなど生活の器を見て、なんだか農家の庭先に似ている気がします。半農半陶の気分がまだ残っているのでしょうか。

森　小鹿田皿山に科学的なメスが入ったのが1970（昭和45）年だと思うのですが、時期を同じくして、北部九州の各地で考古学的手法で古い窯跡を用いて、そこからいろいろな実証を試みるようになります。根拠になるのが豊臣秀吉の朝鮮出兵と言っていいのか、侵略と言っていいのかいろんな議論がありますが、慶長の役（1597年）が終わってのち、北部九州の諸大名が一様に朝鮮半島から陶工を連れて帰ってきたのです。この事実は韓国側も間違いないと言っています。

　私は1971年に韓国文化庁の招待を受けて訪ねたことがありますが、その際、「今から焼き物産業は復興の時代になります。洗いざらい秀吉によって破壊されてしまった。これが現在400年経った今日にまで影響を与えている」と言われたことがあります。朝鮮半島の陶工によって北部九州の窯が始まったというのは間違いないと思いますが、いろんな窯跡の調査をされている中川先生、おおよその始まりはどの位だと考えておられますか？

中川　地形的に今の皿山は平坦なスペースが非常に少なく、窯が使えなくなって作り直そうとした時に場所を替えるというのが現実的に難しいので、壊し

たあとにまた再構築するということの繰り返しであったのではないかと思います。それから、開窯当時の焼き物がどんなものであったかが分かる、いわゆる「ものはら」が残っていません。よその窯業地では、キズものや失敗作など余分なものを処分するのに捨て場があり、そこを掘り返すと様々な資料が出てくることがあります。小鹿田皿山の場合、捨て場は谷川。捨てると水と一緒に流れていって残っていないというのが実情ではないかと思います。このあたりのことは坂本さんのほうが詳しいと思います。

坂本　詳しいことは分かりません。私が知る限りでは、共同窯の上に窪地が広くありまして、子どもの時、そこに割れ物がたくさんありました。現在、そこは埋め立てられて、陶土を作る場所になっています。すべてを川に捨てていたわけではないと思います。

森　浅見先生、集落が先に作られたのか、焼き物が先に作られるのか、そのへんはどうなのでしょう？

浅見　「小鹿田焼の里文化的景観保存計画策定委員会（2010、Ⅰ−29）」によると、皿山に焼き物の製作が始まって集落が出来たとなっています。ここで問題提起として、一つお尋ねしたいことがあります。地理学者の濱田琢司さん（陶芸家であり、日本民藝館館長、濱田庄司さんの孫）が書かれた「維持される産地の伝統」（〈人文地理〉54、2002年、446ページ）のなかで、機械を入れようか、伝統的な方法を守ろうかと、かなり論争したことがあったようです。小鹿田のほうでは、伝統的な方法を守ろうという動きになったということですが、皿山のほうで詳しい事情をご存じの方がいれば教えていただきたいと思います。

森　小鹿田皿山はロクロにベアリングを使うとか、農業を続けるかどうか、専業の窯になるか、生産計画について細かく記録が残っていると聞いていますが、どうでしょうか。

坂本　昔は出稼ぎもありました。私の父もそうでしたが、「焼き物では暮らされん」ということですから、二つ職をもった人たちが明治のころは何人かいました。柳瀬家の曾おじいさんは、田川の炭鉱へ働きに出たことでベアリングを持ち帰り、ロクロに使用したというようなことを聞きました。ですから、皆

で決めた、決めていないということではなく、それを真似て、当然のように製作技術が変わっていったのです。また、1965（昭和40年）ころ、モーター導入の際、日本民藝館の濱田庄司先生にお聞きしましたら、小石原がすでにモーターを使っていて、そのことは仕方なかろうと言われて、そこで皆でモーターを買いに行ったことを覚えています。

森　小鹿田皿山はモーターが導入されるのが非常に遅いわけですが、これは作品との関係でしょうか？

中川　遡りますと、濱田庄司先生が小鹿田皿山に来られたのが戦後の1950（昭和25）年です。その時、大分県日田工芸指導所の寺川所長さんには「小鹿田は大切なもの」という認識がありました。濱田先生が日田を訪ねられた時にその話をしたら、「今の状況を大事に守って、いろんな誘惑に負けるな」と申されました。戦後とは言っても、次第に焼き物は作れば売れるという時代になって、そこから量的生産、生産拡大の風潮が強まり、小鹿田も迷いが出てきたのです。それを避けるために、小鹿田皿山を守るためにどうしたらいいのかということを、当時の寺川所長が日本民芸館に相談され、民芸館から直接小鹿田皿山へ指導があったという経緯があります。

　当初、機械が導入されることに強い反発がありました。当時、国は生産拡大、合理化を推進し、たくさん作れば安く供給できるというのが一つの方針のようでしたが、小鹿田皿山はいわゆる「伝統的工芸品産業の振興に関する法律」を拒否しまして、国の補助を受けてまで生産拡大の方向は取らないという選択をして、今日に至っています。

森　小鹿田という皿山が存在することが知られるのは1927（昭和2）年ですよね。民芸運動を唱えた柳宗悦先生が久留米の陶器店で小鹿田焼に注目し、どうしても見たいということで、1931（昭和6）年に小鹿田へお見えになったのです。柳宗悦は1932年に『日田の皿山』という本を書かれて、「全然形が崩れていない、過去の窯場が残っている」と驚いたり、不思議に思ったりされています。戦後、1954年にイギリス人のバーナード・リーチさんや民芸運動の人達が再度小鹿田皿山を訪れています。そのころのことを、坂本さんはよくご存じだということですが。

坂本　柳先生が、『日田の皿山』を出版されたのが1932年です。私は２年ほど坂本晴蔵の所に住み込み、ちょうど３月いっぱいで製作のための修業が終わるころ、リーチさんが1954年の４月５日に来られまして、私に身の回りの世話をしてほしいと言われました。ちょうど私が、焼き物の製作にたずさわり出した時のことです。すぐに帰って作り始めましたが、リーチさんのおかげで、私のまだへたくそな焼き物がお金になりました。

森　1954年以降に小鹿田皿山は表に出てくるわけです。製品の特色というのは、日常の生活道具が主体になるわけですね。

中川　その通りです。小鹿田皿山はその時代に求められる物、必要な物を作ることが一番の使命でした。当時は、周辺農村を中心に瓶、壺、容器としての需要がありました。現在でもコレクションとして残っています。小鹿田皿山が世間に知られる最初のきっかけは、1931年に来られた柳宗悦先生が『工藝』という雑誌を出版されたことに始まります。その９月号（第９号、昭和６年９月）に「日田の皿山」という紀行文を書かれています。柳先生は学習院の出身ですから、読者に白樺派の皆さん、志賀直哉とかそういう方々に読まれていました。

　そこで、1931年の秋に熊本で陸軍大演習があった際に昭和天皇の弟君である秩父宮殿下が日田に来られて、宿に着くと同時に、県庁の人達に「小鹿田焼を見せてくれ」と申されたというエピソードがあります。みんな驚いて大急ぎで皿山に行って集めてきたら、「もっと日常で使っているものを見たい」と仰って、相当量をそこでお買い上げくださったそうです。小鹿田焼は東京在住のこのような人々に知られ、さらに広まっていったという経緯があります。

山本　今のお話を聞いて、秩父宮殿下が金一封を渡されて、それで完成したのが最初の資料館だと聞いています。坂本さんにお聞きしたいのですが、リーチさんが来た時、彼は日本語が上手だったのですか？　英語じゃなくて、日本語の文章が非常にお上手だったのでは。

坂本　幼年期は日本で過ごしておられますね。

山本　ええ、香港で生まれ、日本にずっと住んでおられたと聞いています。リーチさんが小鹿田皿山に来て、もう教えるものはないと。小鹿田皿山の皆さんのほうが詳しいからと。ただ、水差しは自分が作ってみせると言われたそう

ですね。どんな水差しだったのですか？

坂本 私は柳さんとリーチさんが話しておられるのは聞いています。小鹿田皿山には、すでに水差しがありました。なぜ、小鹿田皿山にハンドルが付いた水差しがあったのか。日本の焼き物のなかにハンドルがついたものはありませんので、海外移入の窓口であった長崎と天領日田との何らかの関係ではないかという話を聞いていました。それまで小鹿田皿山で作られていた水差しは手で揉んでハンドルをつけたもので、あまりにもみすぼらしかったので、「リーチさんに習え」ということで教わりました。

ですが、リーチさんは盛んに「私の真似をするな」と言っておられました。リーチさんは「いい塩梅(あんばい)にこうなった」と。帰るころになると、「わしの真似をするなら５％位だ」と言われたので、おそらくその５％がハンドルの部分だろうと思っています。

山本 リーチさんのハンドルについて、一番の特徴は、ハンドルの下の付け根をギュッと交差するように指先で押さえた付け方だと聞いたことがあります。

坂本 そうです。リーチさんは、ぐーっと土を伸ばして付けるのです。私達は感心して見ていました。

森 その話が1954年のころですね。では、小鹿田皿山が今日の集落の形態になるのはいつころからでしょうか。ほとんど数は変わってないようですが……。

坂本 柳瀬家、黒木家については分かりませんが、私の本家というのがあったそうです。そこから坂本家は分家し、200年位は経っているようです。拙宅の３軒目の窯だったようで、一番新しい窯でも100年ちょっとでしょう。100年前から小鹿田の集落の構成数は変わっていません。集落の形態はいささか変わった所がありますが、大体今のような状態で狭い所ですから、このような状況から増えることもなかったのでしょう。生活のための空間が狭いのが、焼き物作りに幸いしたのかもしれません。

森 小鹿田皿山の集落は、ほとんどが親類縁者ということになりますか。

坂本 そうなると思います。どうも私の家から、ある窯には１回嫁に行ったことがあると言われますが、親戚としてのお付き合いはしていません。そういうことですから、一族ですね。今もって意識はあるようです。現在、集落も人々

もまとまっています。

森　集落が、今日的な小鹿田皿山の伝統を保持していることにつながっているわけですね。生産形態も崩れていないということですね。

坂本　先ほどお話しましたように、陶土も製作もスローですし、生産も限界がありまして機械化のことは時々話題になりましたが、小鹿田皿山の人間はスローでありますから、「そげんこと、せんほうがよかろう」というような形で話が落ち着きます。例えば、景気がよくて、よく売れる時に値段を上げようかと話が出ますが、「いや、また悪くなる時期もあるから、安くしておかないといかん」というようなことが続いてきました。

森　独特な村落形態と見ていいわけですね。

坂本　先ほどからの陶土の問題で、機械を導入して急いで作っても駄目だということから、陶土作りは家族の仕事として定着しています。昔から現在のような作業であると思います。

森　駄田井先生、学生を連れて小鹿田皿山を巡見されているようですが、学生の反応はどうですか。

駄田井　今の学生は、陶芸にはあまり興味がないようです。久留米大学の学生だけかもしれませんが……。ともかく、きれいな所だ、水もきれいで景色も素晴らしくよかったという感想がありました。

山本　学生それぞれの感性によるのではないでしょうか。私の場合は20代後半からだったから、取材をしているうちに焼き物に引き込まれていきました。

森　有田の陶器市に130万人来ていると聞きますが、焼き物の売り上げは好ましくないようですね。「観光地として人々が来ている」と有田の人が話しておられた。5月3日に行ってみたら、お客さんは多いし、女性客の多くが作品を買っておられました。小鹿田皿山の作品と言えば、「飛び鉋」や「刷毛目」に特色を見いだすことができますね。小石原の焼き物とどう違いますか？

坂本　違いについては難しいですね。リーチさんが来られる前年位から、「リーチさんが来年来られる」ということで東京のお店から注文が盛んに来るようになりました。リーチさんが「飛び鉋」や「刷毛目」を大変褒めましたので、しばらくは、「飛び鉋」や「刷毛目」じゃないと小鹿田焼ではない、というよ

うな風潮がありました。それ以前は、そんなことはありませんでした。ある人は、小石原が小鹿田の真似をしたのではないかと言っていた時がありました。もともと、小石原の焼物と大きく変わっているわけではありません。しかし、本日の基調講演「陶芸王国九州」のなかで小石原焼の作家が出ていらっしゃいましたが、個人作家の存在と小鹿田皿山の陶工集団の様子はかなり異なるな、と思いました。

森　「飛び鉋」と「刷毛目」の源は小石原でよいのでしょうか。

中川　そうではありません。日田の大鶴に井上さんというお医者さんがいますが、ある意味、小鹿田皿山のパトロンのような存在で、「こういうことをやってみたらどうかと」すすめられて始まったようです。「刷毛目」はどうか知りませんが、「飛び鉋」は中国に原型があったようで、柳先生はそれを小鹿田皿山で見つけたので驚かれたようです。ですから、「飛び鉋」と「刷毛目」を今の皿山で作りだしたのは、そう古いことではなくて、大正末から昭和初めにかけてだと思われます。

坂本　昔、どの窯もロクロで挽いて、刷毛を当てて、挽いただけを「刷毛目」と言っていました。昭和になってからでしょうか。先ほど話が出ましたように、大鶴の井上さんが皿に刷毛で打ったらどうかと言って、黒木さんが始めたということを聞いています。戦中くらいですかね。

森　小鹿田皿山で特色を出そうと思ったら、釉薬の掛け分けということになりますか？

坂本　よく聞かれますが、釉薬は下の生地（胎土）が違えば発色が違うわけです。小石原とそう変わるものではありません。ただ、成形する粘土で発色が違いますので難しいですね。

森　窯の温度によっても違いますね。

坂本　そうです。当然、焼き方、窯の場所によっても変わってきます。このことはあまり気にしていません。

森　現在、個人の窯が5基と共同窯が1基ということですが、この数もほとんど変わっていないのですね。

坂本　変わっていません。一番新しい窯が、今、保存会長をしている坂本義

登り窯（写真提供：手仕事舎）

孝君ですが、昔やっていて一度中断し、また始めて窯が50年になります。私は共同窯から分かれて個人の窯を築いたので、使用年数が経って崩れそうです。

森 共同窯の場所がほとんど変わっていないようですが、不思議なことですね。

中川 集落の地形の現状から場所をいろいろ変えるわけにはいかなかったのではないでしょうか？

森 登り窯は普通20〜30年で変わっていくのですが。ただ、小鹿田皿山の共用の登り窯は煙突が新しくなっただけですね。昭和40年代に私が小鹿田皿山へ来た時には、レンガを積み上げて窯尾を構築して煙突代わりにしていました。

坂本 旧構造の煙出しはあまりにも煙が散っていくため、まとめて少し上に出せばよかろうと考えたからです。それ位の煙突に対する考えです。

森 煙突を設置したほうが、火の回りがよいのではないですか？

坂本 煙突は、燃焼時の熱効率ではよいです。焼く時に煙が来ませんから。

森 江戸時代の窯尾(ようび)の構造はみんなレンガの積み上げですよね。

坂本 そうです。煙突はごく最近造ったものですから。

森 古い窯を掘って比較しますと、小鹿田皿山の窯は1600年代の窯とそう変わっていません。逆に肥前ですと、江戸時代の終わりころから窯が末広がりになっています。江戸時代初期の登り窯は小鹿田皿山の窯と同じように、下位の桐木間(どうぎま)から上位の窯尾まで窯の幅は大きく変わりません。焼成室も8室前後で、まちまちです。窯の長さもほとんど変わりません。

坂本 それまで自分達で窯を造ったわけです。大変手間がかかったわけですが、薪をくべるのに、製材所からもらう薪が1間（2メートル）、窯の左右の

煙突（写真提供：手仕事舎）

焚き口からくべれば楽なのです。
森 薪の長さは小鹿田皿山の独特ものですか？
坂本 製材所から長いままでもらってきます。長いのが独特と言えば、そうですね。建築材の切れっぱしですから。
森 唐津や有田では、最初は黒松で、次に油気がある赤松で焼成していますが、松の材を燃料として使っていますか？
坂本 松がよいことは分かっておりますが、経費がかかりますから敬遠します。
森 焼き上げた時の焼成温度はどの位ですか？
坂本 計ったことはありません。登り窯というのは、焼きすぎる所と焼き足りない所が出来ます。焼きすぎる所が1,300度くらいでしょうか。検査してもらった時に、小鹿田皿山の陶土は1,260度位が限度だと聞いたことがあります。もちろん、素焼きをしますとちょっと強くなりますが。
森 中川先生、小鹿田皿山の土の耐火温度はどうですか？
中川 専門的なことは分かりませんが、焼成温度については、無形文化財に

薪（写真提供：手仕事舎）

指定された時の指定要件のなかにあります。九つあって、九つ目に温度は1,250度となっています。九つの項目を踏襲することになっています。

坂本　小鹿田皿山の土は温度に弱く、小石原の土のほうが温度に強いですね。小鹿田皿山のほうは焼きすぎると餅が膨れるみたいに表面がたぎります。

森　小鹿田皿山は焼物に模様がありませんよね。これも製作する時の約束事なのですか？

坂本　約束事はそう多くはありません。釉にしても何でも。よく極秘だと言われますが、小鹿田皿山には隠すことは何もありません。

森　秘密の窯、「秘窯」と言って技術が外に漏れないように関所を設けて窯場を閉めてしまっている所もあります。肥前の窯場はそのようにして成立しました。そうは言っても、現在においては、小鹿田皿山は秘窯の一つだと思います。だからこそ、こうやって長く続いていられるのではないかと思います。近代の波も押し寄せてきていますし、過去の窯場の歴史を守るということは大変なことです。若い人達は、自由にオブジェを作ってみたいというようなことはないのですか？

坂本　まったくないことはありません。大体、人間がスローだと申しました通りです。土、薪、登り窯と唐臼に私達が守られているのだと、皆は何となく知っています。変なことをしておかしくなってはいけない。新しいことをやって、よくなればいいけれど悪くなれば困りますからね。生活の用具ですから、生活が変わればこちらも変わらなくてはいけないでしょう。ですが、人の生活は急速に変わるわけではありません。まあ、あまり勉強していないということを言いたかったのですが。

森　　水田はどれ位あるのでしょうか？　半農半陶が窯場の原形だと思うのですが。

浅見　　聞き取り調査によると、小鹿田皿山の集落の上のほうで棚田を作っていたようです。

森　　集落の外で農業をしていたわけですね。

坂本　　その通りです。今は薪を干す所になっていますが、遠い所は峠を越えて、また越えて、2キロ先の山の中で一反当たり米が一石半とれるとか、そんな話を聞いたことがあります。とても家族一年分の米ができなかったが、そういう所が半数位あって、そこに杉を植えました。昭和40年代のことで、今、その杉は立派に生長しています。

森　　話を変えますが、石丸さん、中村考一さんの記録には今まで論じたような映像が残っていますか？

石丸　　「手仕事舎」の石丸です。暮らし全般を撮るようにしていましたから、多分撮っていると思います。未現像のものがかなりありますので、まだ確認ができない状況です。

森　　先ほど、映像のナレーターをしておられたのが中村さんの奥さんでしたよね。当初、石丸さんから相談を受けた時、フィルムもさることながらバックデータが全部揃っていたのには驚きました。中村さんの小鹿田皿山に対する思い入れは相当あったと思います。

石丸　　中村考一さんが「手仕事舎」を始めたのが1988年、48歳の時です。1988年には小鹿田皿山の基礎調査を始め、翌年にはロケ班を開設しています。同時に小鹿田焼の展示会もやっていることからして、相当な関心をもっていたのだと思います。

森　　奥さんとお話をしたら、それ相当の道楽者だったと。

石丸　　かなりの道楽者だったと思います。撮影を自費でやっています。20年近く撮っていますので、とても金額がかかっています。酒代だけでなく。

森　　坂本さんも一緒に飲んだのでしょうね。

坂本　　当然であります。

森　　東京にかなりの財産があったようですが、それを小鹿田皿山に全部費や

してしまったとも聞きました。

石丸　中身の詳細は分かりませんが、そう聞いています。私共が見ていても相当費用がかかったのだろうと思っています。撮影機材、編集機材もありますし、撮影隊ですので一度に4、5人が動くわけで、その人件費もかかりました。フィルム代もそれなりにかかります。この期間を考えると相当な金額だと思います。

森　18ミリのカラーフィルムが8,000メートルあると聞きましたが。

石丸　私自身は計算したことがないですね。カラー映像はどの位あるのか分からないのですが、フィルムだけで200本近いものがあります。1本当たりの長さが100フィートだったり、400フィートだったりと様々ですから、このままでは計算できません。相当なフィルムを撮っています。

森　今日、見せてもらったスティール写真は何枚位ありますか？

石丸　簡単に計算しましたけれど、8,700カットあります。そのなかから今日は201枚選んで見ていただきました。手仕事舎が、ムービーであってもスティールであっても、お出しするのは今回が初めてでございます。今まで一枚も出していません。こういう機会をいただきまして、せっかくだからとムービーとは違う表現になりますけれども、これでもある程度お伝えできるのではないかとスティール構成で今日はお見せしました。

森　中川先生、小鹿田皿山は国の無形文化財の総合指定を受けていますが、これに関わる記録はとられていますか？

中川　保存会が記録をとっていて、毎年、文化庁に報告をしています。

森　それを何らかの形で日田の人々に情報として提供される考えはございますか？　今度新しく陶芸館ができましたが、そこに展示をしたり、現在の製作工程の映像や記録を出したりなど、そういう予定はありますか？

中川　記録はしています。ただ、文書としての記録を公開することはないと思います。

森　少しずつ小鹿田皿山の記録が進んでいると思います。将来的にこれを利用することが必要かなと思います。国の無形文化財として指定されましたが、永続的に伝承できるのだろうか思うことがあります。私達が小鹿田皿山に行っ

1 筑後川流域の陶芸文化と小鹿田皿山　163

素焼き（写真提供：手仕事舎）

水（写真提供：手仕事舎）

て思うことは、近年、大きい壺などの大物の作品が少なくなっているように感じることです。

中川　その通りです。大きい壺や瓶などの容器は、現代生活のなかでは陶器でなくて済むようになりました。大きな皿類の場合、集落や家庭内の大人数で食事をする時は大きな皿が必需品でしたが、次第に核家族化していくと、大きな皿を日常で使う機会がなくなっています。だからと言って、大皿を飾り棚に飾るというのは小鹿田焼の本来の趣旨に反します。個人的に心配するのは、大きなものの注文の仕事がなくなったためにその技術が保持されない、またその経験をする機会が減るということです。

坂本　まだ大物を作る力をもった者は何人もいますが、売れないから作らないわけです。大きい物ほど陶土を余分に使いもします。たくさんのお客様が小鹿田皿山に来てくださいますが、小さい作品を両手にぶら下げて帰られます。

森　住環境も変わりましたし、大きいものを飾るという所もないし、床の間がまずありません。変わっていくのはしょうがないとしても、せっかく残された技術ですから、総合的に残していく手立てが必要ではないでしょうか？

坂本　技術を衰えさせないためにも、何人かの若者が大きいものを作っています。売れる、売れないの問題ではなく、そういうことも大事だと思います。

森　佐賀県の教育委員会に勤務していた時、大甕づくりの技術が廃れていくのを文化庁に報告いたしましたら、ひどく怒られました。その時、小鹿田皿山や佐賀県武雄市で古来からの製作技術を収録しました。水瓶、味噌、醤油、死者を埋葬するところまで使われていた器の技術が、ちょうど私達の目の前でなくなってしまったのです。そこで、技術の収録のために最後の大甕作りをお願いしました。大甕作りの技術が記録として残るならば、やってあげましょうと、最後の大甕作りをやっていただきました。

　しかしご本人には、製作技術の収録に非常に感激されて喜んでいただきました。技術が消滅してしまうという環境は、作ってはいけないのではないかと思っています。大きい壺や瓶などを作る技術を保存会などで残せる手立てはないでしょうか？

中川　今日は、会場に保存会長はいませんか？

会場 保存会としては、十分に検討していきたいと思います。

森 役所と相談しても、出来ることと出来ないことがありますが、私達は今、技術が消滅したことを反省しています。大きい甕を作る技術は九州からなくなりました。薩摩に鮫島佐太郎さんという人がいましたが、亡くなられました。唐津にあった横枕窯も消滅してしまいました。ただ、横枕窯に職人として勤めていた方の息子さんが、武雄の金子窯で中程度の甕を叩きで作っておられます。往年の大きい甕、我々が生まれた時に水を浴びる水甕、そして人生の最後、埋葬するときに使用した甕の製作技術がなくなってしまったというのが現状です。小鹿田皿山に脈々と引き継がれた伝統的な技術が残りつつあるなか、きちっとした形で伝承するためには行政も協力する必要があるのではないでしょうか。浅見先生、今、地域開発が進んでいますが、小鹿田皿山の環境の保持は難しいですか？

浅見 様々な地場産業を見てきていますが、廃れる理由として、需要がなくなって人が減る、あるいは後継者がいなくなるなどが挙げられます。小鹿田皿山で先日お尋ねしたところ、東京の百貨店などで安定して需要があり、また一応後継者はいるので大丈夫だということでした。今の形で保持していければよいのではないかと思います。特に、増産をしなかったというのがポイントとして挙げられるのではないでしょうか。生産を拡大すると、バブルのころのようにたくさん売れている時はよいのですが、その後は売り上げが減ってしまったという例が幾つかあります。小鹿田皿山の場合はそれがないようです。生産量が限られていましたし、増産しなかったため生産量が安定し、かえってよかったのではないかと感じています。

森 粘土の採掘は無尽蔵に確保できるのでしょうか。粘土づくりを担っておられる奥さん方は大変でしょうね。

坂本 ちょうどよい運動になっていると思いますよ。

森 韓国の大甕用の粘土作りを見ましたら、田んぼを潰して乾燥させるなど大々的に行っています。今までプラスチックでキムチの壺などが作られていましたが、甕に戻りました。どうしてもプラスチックではキムチが息をしないようで、昔の人が甕に入れて土の中に埋め、発酵させていた理由が分かったとい

うことでした。過去の歴史を見ながら、もう一度、焼き物の世界も将来どうあるべきかと考えてみる必要があります。先ほど、駄田井先生は潤いのある経済活動についてお話がされましたが、いかがですか？

駄田井　産業革命以降、大量生産、大量消費だと言われています。そもそも日々、かえって癒されないのではないでしょうか。「赤い鳥　小鳥、なぜなぜ赤い　赤い実を食べた」と歌があるように、人間も機械的なものばかり食べていたら機械的な人間になるのではないかと思います。社会的な問題で、精神を病んでいる人が増えていくというのは、そういう影響があるのではないでしょうか。

　手仕事が見直される時に来ているのではないでしょうか。小鹿田皿山の村でこれまでのお話のように、一つ完結していた社会の持続可能性ということが、日本全体でできるかと言えばありえないわけです。それぞれの地域で持続可能、小さな単位で持続可能になっているという点が非常に重要な要素となります。これは、一つのモデルになるのではなかろうかと思います。

　私は筑後川流域全体の活動をしていますが、流域全体で考えてみるのも大切ではなかろうかと考えています。お手元に「筑後川まるごとリバーパーク」のパンフレットがあります。流域全体をテーマパークと考える、例えばディズニーランドと考えられないかと。ディズニーランドへ行ったら冒険の国があったり、おとぎの国があったり、未来の国があったりするのですが、筑後川流域も11のゾーンに分けていまして、小鹿田皿山は陶芸の里ゾーンになっています。それぞれ特色のあるゾーンが11か所あり、それらが流域全体の宝になっているのです。

　また、古い形態を残しているということは、将来に対して非常に意義があるものになるのではないかと思います。例えば、江戸時代に築造され、今も現役で筑後川の水を水田に引き込んでいる朝倉市の山田堰の技術はアフガニスタンの治水に役立ったと言います。アフガニスタンで井戸掘りと用水路建設などを通し、復興支援する非政府組織「ペシャワール会」の活動で注目されました。今も三連水車は動いていますし、日本全体、世界全体で考えてもそのような技術が残されることに意義があります。そういう意味で、中村さんのフィルムを

1　筑後川流域の陶芸文化と小鹿田皿山　167

三連水車（写真提供：山田堰土地改良区）

何とか活かすことは日田だけのためではないと思うのです。ある意味、九州全体の宝になるのではないかと思います。

森　日田市は、周辺地域の合併で山の奥まで入り込んでいるような所もあります。福岡・熊本と県境を接し、筑後川の源を有して大変裕福な感じですよね。日田市長さん、いかがですか。展示ができる文化施設だけでも20数か所あります。合併の後始末が必要だと思いますが、ものすごく選択が大変とも言える施設があるようです。よい施設をたくさんもっておられます。山鉾の展示場へ行ったら山鉾をつくるパーツが見られて、色褪せていますけれども、その完成度が高いのです。

日田市長　ありがとうございます。豊かだと、暮らしている私達も感じています。昔から、古いものを大切にして残していこう、と皆で文化を育んでいける地域だったのです。ですから、どうしたらお預かりしたものを未来へつなげていくことができるかが私達の仕事だろうと思っています。

森　「廃校になる小学校を見てください」ということで、実際見に行きました。立派な校舎でもったいない。再利用されたいようですが、私は駄田井先生に、大学を定年された先生方の書斎代わりに使わせてもらったらどうかとお話したことがあります。私達が困るのは、定年退職後、大量の蔵書をどこに置く

かということです。ここは空気も水もきれいだし、子ども達がピカピカに磨いた校舎、運動場、プール、体育館、炊事をする場所もあります。定年を迎える先生達の日田研究室にどうかと。何かあったら、蔵書は日田に寄贈してもらう。その代わり、部屋代はとりませんから年に数回、市民のために講座をやってくださいというのはいかがですか？　これこそ研究学園都市です。

　さて、焼き物を次代に残すという点なのですが、後継者問題は十分なのでしょうか？

坂本　　1軒は高齢者で作っていますが、ほかは大体順調です。一人の所もありますが……。文化財の指定を受けて、技術保存ということは大変だと思います。私共が願っていただいた無形文化財指定ではなかったのですが、私は今となればよかったと思っています。

中川　　確かに、後継者は健全な形で育っています。その後も育つと思っていますが、問題は窯の需要と供給の関係で、持続して経営が成り立つためには、将来的にどうしていくべきかというのが大きな課題です。小鹿田皿山に限らず、モノづくり産業はすべてそうだと言えます。小鹿田皿山は生活の器を作っていますので、生活のなかで小鹿田の器が、どういう位置づけをなされるかが一番の問題だろうと思います。

　作り手は最初の使い手でもあります。作り手が使い手の置かれている環境というものを共有しながら、モノづくりを進めることが必要ではないかと思います。そのためには、派手とか目立つとかではなく、使い勝手がよいかどうか、しかも落ち着いた美しさをもっているかどうか、魅力のあるものかどうか、こういうところに焦点を合わせて今の私達の暮らしのありようを見つめていくことから、「何を作るべきか」ということに進んでいって欲しいと思います。

森　　生活の文化ですね。

中川　　暮らしの満足度です。この器を使うことで、使わない時と比べて日常生活がどれだけ豊かに感じられるのか。そういうものが生活の周辺に多くあれば、それに貢献できるのではないかと思います。

森　　基調講演で山本さんが公募展で活躍されている皆さんについてお話をされていました。陶芸文化は一面では生活文化のレベルアップにつながる部分も

ありますが、小鹿田皿山では、芸術的な色合いを追求するような芸術文化の成立はないのでしょうか。

中川 それはないと思います。先ほど人間国宝、重要無形文化財について紹介されましたが、陶器は唐津の人だけで、あとは磁器の人達ばかりでお役所窯と言いましょうか、美術工芸に位置づけられるものがほとんどだと思います。生活の雑器、生活用品というもので重要無形文化財に指定されているのは小鹿田焼だけです。それは、どういう風に美的価値があるかということよりも、それが作られている仕組み、天然資材とか家族労働であるとか、職人を使わない、天の恵みと地の恵み、それに人の力が対象となっています。エネルギーがすべて集約されているわけで、化石燃料は扱わないし、電気もそう扱うわけではない。そういう作られ方が、稀有な存在として国の重要無形文化財に指定されているのだと思います。

山本 その通りだと思います。唐津の陶芸作家も美術品を作るけれども、使いにくい焼き物を作ってどうするのかという視点や考えをもって皆さん作っているのです。小鹿田焼だけではありません。有田焼でもどこでも、焼き物を作る人は用途と美を兼ね備えたものを求めて作っています。一方、日用生活のなかで使う焼き物というのは、身近で、しかも飽きない使いやすいものを作ります。このような感覚を工芸をする人は誰でも兼ね備えているのですが、そのなかでも小鹿田焼は一番純粋な形なのかもしれません。柳宗悦が謳い上げた、あの精神がまだここには流れているのです。このような精神は大事にしていかなくてはいけないのですが、小鹿田皿山の若い人達がどういう風に考えているのか、とも思います。

　私は2年前まで西日本新聞社関連の西日本新聞TNC文化サークルの講師しておりまして、窯元めぐりのバスハイクで10年ほど北部九州の各窯場を紹介しましたが、参加者は女性が多く、30人程度でした。初めのころ、小鹿田焼はその日程に入っていませんでした。その内「小鹿田皿山に行きたい」との要望があって案内しましたが、ほとんどが初めての人達でした。皆さん、唐臼と水音に感激しておりました。ちなみに、「どうして福岡で買えないの？」という声が一番多かったです。

1973（昭和48）年に坂本さんが日本陶芸展で外務大臣賞を受賞されました。やはり、小鹿田皿山から展覧会に出す陶芸家がいらっしゃるのだなと思いました。ところが、今は展覧会に出す雰囲気がまったくないようです。例えば、小石原の場合も生活を第一に考えていますが、そこでは大物作りが盛んで、展覧会用に1.2メートルの大きな壺を2週間かけて作っています。昔の技術を受け継いで残す、我流であっても先輩からの技術伝統も引き継ぐということで先輩の意見を聞きながらいくつも作っています。作っていると、あそこにはああいう大物を作る人がいるということが広まっていき、買ってくれるようになると言います。また、片方で美を求める気持ちのなかから大物に挑戦するということも考えられます。小鹿田皿山の方々にしても、使うもの使われるものを目指すと同時に民芸の展覧会へ出すことで、さらには生活の美に即した大きいものに挑戦することで大物作りの技術が残っていくのではないでしょうか。

森　そういう意味では、小鹿田皿山は難しいものだという感じをもっています。生活に即した生産をする必要があるし、過去の伝統を踏まえて技術の保持もあるというように二面性を有しています。これは避けて通ることができません。

　ここで、会場からのご意見を聞きたいと思います。私は5月3日に坂本さんの窯で立ち話をしていたのですが、その際、伊藤さんという方とお話をしました。できましたら伊藤さんから、小鹿田に対する思い入れ、映像資料の活用法、90年の歴史がある久留米大学についての感想などをお聞かせいただけるとありがたいです。

伊藤（会場）　私は日田市の生まれで当年82歳になります。54年前に東京にいて、帰ってきました。坂本さんとは30年来の友達で、中川さんとは10年、中村さんとも晩年10年位のお付き合いがあります。中村さんは私の所に来られて、自分の仕事の後始末をしたいと言って、病気の手術をしないで自然死を望まれました。中村さんの生き方は立派なものだと思います。中村さんは、1991年に平山郁夫さんに同行したことがあられます。私達は、世界遺産、高句麗国壁画の申請作業で資金の調達をしていました。平山資金から15億円ほど出ましたかね。世界遺産とは結構お金がかかるもので、後始末も大変でした。中村さんに

話していたのは、坂本さんもお連れして小鹿田皿山の技術を元に戻そうではないかということです。平山さんもよかろうとなったのですが、どういうわけか間際になって潰れました。非常に残念です。

　質問です。読み方は「おんた」ですか？　「おんだ」ですか？
坂本　「おんた」です。
伊藤（会場）　「おんた」ですね。もう一つ。中川さんが書かれた『小鹿田焼——すこやかな民陶の美——』（芸艸堂、1998年、増補版が2012年に刊行されている）という本がありまして、そこに話した内容はすべて書かれていますので差し上げて下さい。小鹿田皿山が生き残っているのは、天皇家と一緒で長子相続制が理由です。家族でやっていますから、他人が入ってこられないので秘密が漏れないということです。つまり、秘密がないというのではなく、漏らさない仕組みができているのです。

　日田は咸宜園（儒学者の廣瀬淡窓が開いた日本最大規模の私塾）もありますので、そこも含めて広域で何ができるかと考えますと、江戸時代の技術が風化しないで残っている世界にただ一つの所ですので最も世界遺産に近いと言えるでしょう。ただ、世界遺産になるということは、今いただいている予算に縛りが出てきますし、お金もかかります。住んでいる人、作る人の生活が圧迫されるのではないかと思います。こういう議論は、今やっている若者達、30代〜50代との合議がないと難しいと考えます。

　日田市全体の話でいくと、小迫、吹上遺跡からつながって代官所、咸宜園、小鹿田皿山があるという流れになり、日田の総合的な世界遺産の形になる。五つも六つもないと小鹿田皿山は非常に難しいです。インターネットもあることですから、小鹿田皿山も世界を広げたらどうかと思います。以上、私の勝手なお願いです。

森　最後の締めくくりに入っていきたいと思います。小鹿田皿山の地が現状を保ちながら発展していくには集落としてどうあるべきかという点で、観光地理学の視点からお願いします。
浅見　先日、小鹿田皿山に行った時、大型バスが入ってきたのを見て、入れるようにされたのだと感じました。そこで観光の方針をお尋ねしたところ、皆

さんの方針は、仕事を中心にしていくけれど観光としては見に来る方々は歓迎するということを話されていました。普段の生活を見るということは大切です。しかし、石見銀山も世界遺産に指定されて一度ブームになり、多くの人がやって来て生活に支障をきたしました。鉱山跡に行くバスの運行を止めて、歩いていってもらうようにある程度交通量をコントロールしています。ほかにも交通をコントロールしている所は多いです。

　あまり宣伝をしない方法というのもあります。しかし、それは必ずしも賢明な方法とは言えないかもしれません。世界遺産に指定する意味は、注目されることによって保存しようとする意欲が高まることにあります。つまり、忘れられると廃れてしまう恐れがあるからです。小鹿田皿山の場合は、なるべく多くの人に注目してもらうということがよい方法かと思いますし、土地の狭さという制約上、来ていただく人数をコントロールするという方法もあります。いずれにしても、今の状況をいかに保っていくかがポイントとなるでしょう。

　　PRとして50年目を迎える民陶祭りもされていますが、8年目となる「唐臼祭り」（毎年5月3・4・5日に開催）はどういうきっかけとして始まったのか、地域の取り組みとしてお聞きしたいと思います。

坂本　　唐臼祭りをどうして始めたか、会場に担当者がいますので聞いて下さい。

柳瀬（会場）　　小鹿田の柳瀬です。50代のころ蕎麦屋で酒を飲んでいることが多くて、その時4、5人で、ゴールデンウィークのころはお客さんがたくさん来ていただきますので何かしようかと話していたのですが、「唐臼」がよかろうということになり、意味な

毎年10月の第2土・日曜日に開催されている「民陶祭」（写真提供：手仕事舎）

く始まったのです。

森 日田というスケールでの情報発信をいかに今後続けていくか、これは非常に大事なことです。中学生や地域の人が参加して実施されている福岡県うきは市吉井町の「小さな美術館巡り」は参考になります。日田の唐臼祭りも続けていくことについて、市民総参加で実施されれば不可能なことではないと思います。

　最後に、このシンポジウムを企画されました駄田井先生から最後の締めを行っていただきます。

駄田井 皆さん、遅くまでありがとうございます。いろいろ議論されましたが、今後、文化というのが重要な要素になってきます。経済の活動においても、持続可能な社会をつくるためにも「文化」はキーワードになってきます。それは何かというと、一つは「多様性」です。文明と比較しまして、地域には特色があって多様なものがあります。例えば、生物も生態系が健全であるということは生物の多様性につながるということです。人間の社会も同じです。いろいろな文化があり、多様な社会であるという点が持続可能性を維持できるのです。また、古いから駄目だというのではなく、いろいろな文化が共存し、多様な社会をつくるという意味で小鹿田皿山の存在は非常に意義があると思います。

　何回も申しますが、私は筑後川流域圏を見ながら活動していますので、流域全体からしても重要な要素です。先ほど世界遺産の話も出ましたが、日田だけでなく朝倉には三連水車もありますし、佐賀のほうに行きましても素晴らしい水利施設があるという観点からすると、筑後川流域全体が世界遺産になるのではないかと私は思っています。このような発想も重要ではないかと思います。また、ぜひ中村さんの映画が完成するよう、皆さんからのご協力をいただきたいと思います。

森 今日、会場に中村さんの奥さんが出席されています。本日のシンポジウムは、市民の皆さんの声が盛り上がり、日田市と久留米大学と一緒に市民も加えてくださいということで実行委員会を作りました。その実行委員長をしていただいた野田高巳さんと事務局長の財津忠幸さんに厚くお礼を申し上げます。これをもちまして、2部のシンポジウムを終わらせていただきます。

2 これからの都市デザイン
──コンパクトシティの実現を目指して

（久留米大学経済学部文化経済学科創設10周年記念シンポジウム）

日時 2012年10月27日（土） 午後13：10から17：30
場所 久留米大学御井学舎学生会館３Ｆミィーティングルーム３
主催 久留米大学経済学部
共催 久留米大学経済社会研究所・久留米大学経済学会

――――――――◆――――――――

特別講演　「コンパクトシティ戦略による富山型都市経営の構築」森雅志・富山市長

基調講演　「創造都市への展望」佐々木雅幸・大阪市立大学大学院創造都市研究科教授

「芸術文化活動とまちづくり」
是永幹夫・株式会社わらび座相談役

ディスカッション・コーディネーター
　　藤田　八暉（久留米大学経済学部文化経済学科教授・久留米大学経済社会研究所長）

ディスカッション・パネラー
　　宇都宮浄人（関西大学経済学部教授）
　　是永　幹夫（上記参照）
　　佐々木雅幸（上記参照）
　　駄田井　正（久留米大学経済学部文化経済学科教授）
　　濱崎　裕子（久留米大学文学部社会福祉学科教授）
　　村上　　敦（環境ジャーナリスト・ドイツ在住）

コンパクトシティ戦略による富山型都市経営の構築
―ソーシャルキャピタルあふれる持続可能な付加価値創造都市を目指して

森　雅志・富山市長

　今日は、経済学部文化経済学科の創設10周年記念という大変おめでたい行事にお招きをいただきましてありがとうございます。会場には若い学生の方がたくさんいらっしゃいます。学生時代というのは、私どものような年齢になってくると、もっとああいうこともできた、こういうこともできたかなという思いがします。エスカレーター式にただ進んでいくだけではなく、様々な実体験をしていただければと思います。それがやがて血肉になり、人間の厚みというものにつながっていくのだろうと思います。

　私は行政の現場におりますので、学問的に整理してお話をすることができませんが、実務者としての立場から実例報告をさせていただきます。

　最初に、コンパクトシティの議論のベースにあるもの、問題認識として私自身が思っていることからお話をします。一番大事な問題が、人口減少だろうと思います。厚生労働省の人口問題研究所の推計で、2050年が大体9,100万人から9,200万人と推計されています。つまり、現在の1億2,700万人からいうと3,500～3,600万人減るということです。

　ここからは私の判断ですが、首都圏の人口吸引力は他の地域に比べると強いものがあります。首都圏も減るには減るでしょうが、その減るスピードは緩やかだろうと思います。したがって、3,600万人のうちの3,000万人ぐらいは残りの地域において減るのではないかと推測しています。つまり、首都圏以外の9,000万人から3,000万人が減るのではないかということです。

表1　富山市の概要

- 人口は、富山県全体の約4割（421,953人・平成22年国勢調査）
- 面積は、富山県全体の約3割（1,241.85平方キロメートル）
- 海抜0メートル（富山湾）から2,986メートルまでの多様な地形
- 平成24年度一般会計予算額は約1,573億円

2050年だと、あと38年しかありません。その間に、9,000万人から3分の1の3,000万人が減るということは、当然それに伴って経済も縮小していきますので、地方都市においては大変深刻な問題を抱えることになります。また、この9,000万人のなかには、大阪・名古屋・京都・札幌・福岡、そして人口が増加している沖縄も入っているわけですから、私どものような地方都市ではもっと激しい人口減少の波にさらされるということです。

　分かっている以上、しっかりと布石を打っていかないといけません。きちっとできる都市とそうでない都市とでは、大きな差が生まれてくるでしょう。人口が減ることは避けられないわけですが、せめて鈍化していくように、あるいはゆっくりとしたソフトランディングを見つけていくということを今から計画していくことが大事だと考えています。減るにしても人口力をつけるにおいて大事なことは、何と言っても雇用でしょう。どのようにして雇用を生んでいくのか、あるいは今ある経済基盤を海外シフトの波のなかでいかに残していくのかがすごく重要となります。

　多くの経営者は、これから先の事業展開の場所を検討するにおいて、社員やその家族が住みたいと思えるようなまちがよいと考えておられるようです。というのは、富山市内にありますいくつかの企業（本社は川崎や東京）の経営者の方とお話をして、まさに目から鱗という思いを何度もしたことがあるのです。例えば、千歳市にある工場の社員を栃木県に移した、あるいは富山市の工場にある社員を栃木県に移した、その際、富山の工場にいた人の家族は富山に残ったと聞き、きっと富山は住みやすい所だと思った、というお話をいただいたことがあります。

　また、あるバス製造会社が名古屋の工場を閉鎖して富山工場に集約化すると発表された際に本社へ行った時には、労務担当重役の方が出てきて、「富山市は公立中学校の定員の10％を自由通学枠にしているが、あれは非常によい」と言われました。ここまで見ているんだ、と驚いた次第です。その時、「実は、名古屋の工場の家族をバスに乗せて富山市内を3度回ってきた」とも言われました。

　企業誘致の場合、質のよいサプライヤーがいる、質のよい労働力がある、物

178　第2部　シンポジウム：地域文化とまちづくり

図1　総人口の予測

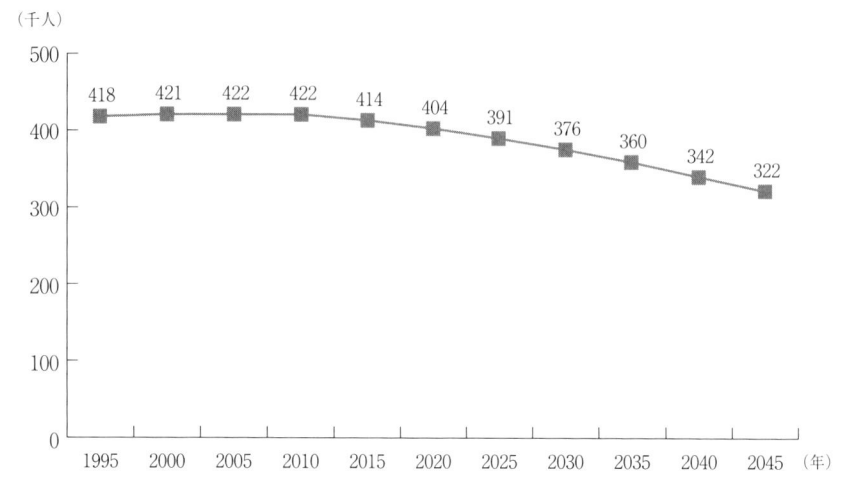

(千人)

年	1995	2000	2005	2010	2015	2020	2025	2030	2035	2040	2045
人口	418	421	422	422	414	404	391	376	360	342	322

（出典）富山市将来人口推計報告書。

図2　年齢3区分別人口の予測

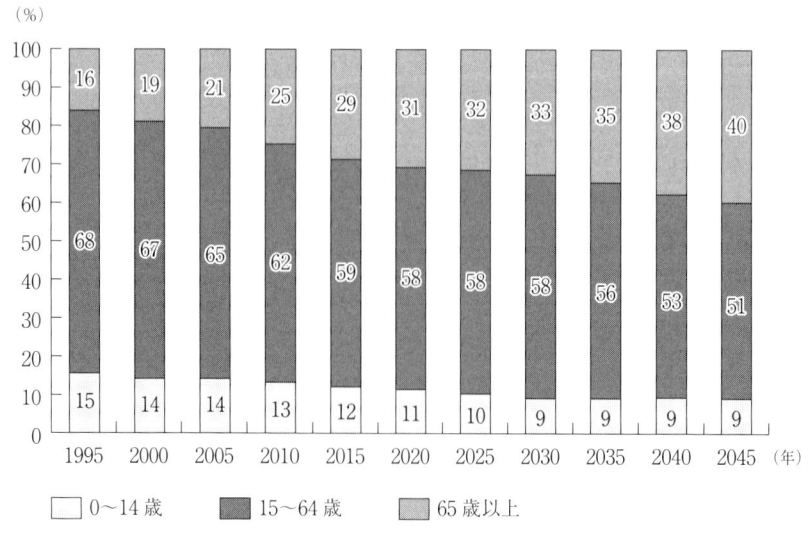

(%)

年	1995	2000	2005	2010	2015	2020	2025	2030	2035	2040	2045
0〜14歳	15	14	14	13	12	11	10	9	9	9	9
15〜64歳	68	67	65	62	59	58	58	58	56	53	51
65歳以上	16	19	21	25	29	31	32	33	35	38	40

（出典）富山市将来人口推計報告書。

流の条件がよい、このような視点でしか考えていませんでしたが、社員やその家族が住んでみたいと思うまちをつくることが、遠回りに見えますが、究極の雇用創出の道だと思っています。

その意味で、教育水準や文化水準が非常に重要になってきます。他のまちのことで申し訳ないんですが、秋田市には中心部に映画館がないんですね。お隣の県の盛岡市には映画館が12～13館あります。最後まで秋田に残っていた映画館は盛岡の会社が経営していたんですが、ついにそれも閉められました。だからといって、秋田が悪くて盛岡が良いと言っているわけではありませんが、このようなことがまちの特性・個性につながると思います。

やはり、まちの中には映画館があったほうがいいし、クラシックコンサートやミュージカルなどが出来るホールなどがあったほうが断然いいです。このような文化度、さらには福祉の水準、あるいは犯罪や災害が少ないとか、生活保護率が低いなどといった総合力を発揮することで評価されるようなまちづくりが必要だろうと思っています。その際の切り口が、コンパクトシティという概念になります。

歳をとってからも暮らしやすいまち、あるいは人の賑わいが常に感じられるまち、これらが今後選ぶにふさわしいまちの顔だと思っています。そういう意味で、富山市は様々な取り組みを行ってきました。

2007（平成19）年の2月に、中心市街地活性化基本計画の第1号認定をいただきました。5年が終わりまして、今年の3月に第2期の認定をいただいています。第1期の認定というのは

図3　富山市が目指すお団子と串の都市構造〈概念図〉

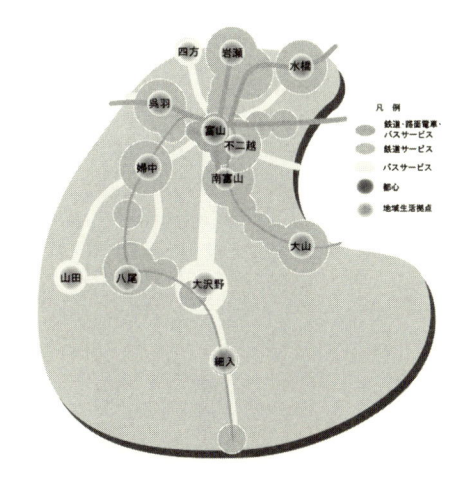

串：一定水準以上のサービスレベルの公共交通
お団子：串で結ばれた徒歩圏

全部で17～18都市が受けておりましたが、2期の認定につながったのは7都市だけです。「1期の延長だ」と言われている所もあれば、「一旦休みなさい」と言われている所もあるなか、我が市は2期の認定をいただいて一生懸命実行している最中です。

また2008（平成20）年7月には「環境モデル都市」、そして2011（平成23）年12月には「環境未来都市」の認定もいただきました。どういうことになるかと申しますと、各省庁の既存の補助制度について、競合した場合に一定程度優先採択の道が広がるということです。認定を受けたからといって新しい補助金がもらえるわけではありませんが、このようなところをフルに使ってきました。

中心市街地活性化基本計画の第1期に際しては、まちづくり交付金などをかなり富山市で使いましたし、現在も社会資本整備総合交付金をかなり入れています。あるいは、環境モデル都市だけが使える「10分の10の補助メニュー」というものが麻生政権の末期にあったのですが、後述しますパリのヴェリブと同じシステムをこの補助で行いました。よい計画をしっかり作って国の様々な事業のメニューにのっかることが、地方都市にとっては大事なことであると思っています。

富山市も、人口が減っていくということの基調は変わりません。それに伴って、介護保険料は毎年増向し続けています。2050年を展望すると、このような

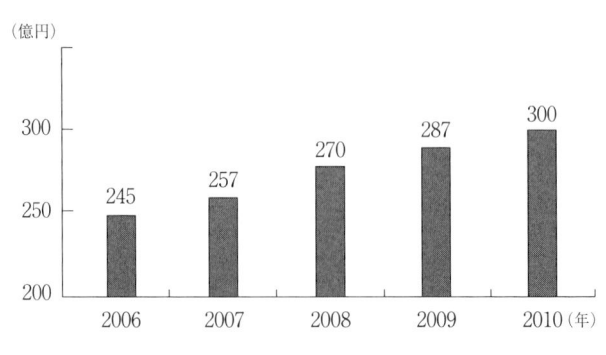

図4　富山市の介護給付費の推移

（億円）

年	2006	2007	2008	2009	2010
介護給付費	245	257	270	287	300

（出典）富山市資料。

状況のなかで少なくなる若い世代がこれから負担していくことになります。

　実は、県庁所在都市のなかで一番密度が低い都市が富山市なのです。ある時代から、日本一の拡散型のまち、模範的なまちづくりをしてまいりました。中心部から郊外に人がシフトしていき、日本一持ち家率が高く、家の面積も日本一広いという所に皆で住んできたわけです。しかし今、郊外にポツンと一人で住んでいる高齢者がたくさん出現してきています。それに伴って、路線バスの利用者がこの20年間で3割に減りました。7割になったのではなく、3割しか残っていないということです。

　小泉改革の一つの特徴は規制緩和でした。例えば、タクシーなどをはじめとして新しい事業所の新規参入が楽になったのと同じように撤退も楽になっています。したがって、バス路線の廃止は地元自治体の同意を必要としません。間引きや廃止もやりたい放題ですので、多くの都市でバスがなくなったという問題が起きています。このような現象はますますもって利用勝手を悪くしますから、まさに負のスパイラルに陥ることになります。このような現象のなか、車に頼れない高齢者が確実に増加し、これからますます増えていきます。これらの問題を解決する一つの取り組みが、まちづくりというものを集約化（コンパクト化）することだと思っています。

　コンパクトなまちづくりで一番有名な都市は青森市でしょう。早い時期からコンパクトなまちづくりを標榜されてきました。とはいえ、青森のやり方は規制です。中心部に人を集めるために郊外開発を規制するという方法をとったわけですが、推測通りの結果となっています。人は、規制ではなかなかコントロールできないということです。

　先ほど言いましたように、富山市は伝統的な中心市街地であるDID（Densely Inhabited District）地区の人口密度が一番低い都市ですので、やがて誰もいなくなってしまうという可能性があります。また、中心部ほど高齢者がたくさん住んでいますので、暮らしにくいという状況があちこちに出現してきました。そこで、高齢者が将来に安心感をもってもらうためにどのようなまちを作ればいいかと考えた時、まちの鉄軌道やバス路線のほとんどが富山駅から出て富山駅に帰るという構造に気付きました。2003（平成15）年のことです。

例えば、九州の宮崎市はJRの駅とバスターミナルが大きく離れています。また、関東地方によく見られる都市も、JRの駅と私鉄の駅が離れています。久留米市も同じだとうかがいました。交通結接点が多極化している都市は分散します。富山市では、一極集中している交通結接点が富山駅だということが特徴となっています。この富山駅から伸びている様々な公共交通軸を、もう一度質のよいものにブラッシュアップすることを目指しました。何をしたかというと、民業である交通事業に公費投入をどんどんしたわけです。果たして、これが妥当なのかという議論を市民の間でしっかりしていただきました。

例えば、JR高山本線というのはJR西日本が経営しています。JR西日本というのは大変な利益を出している企業ですが、その資産である鉄道の駅や構内のトイレを市の税金で直してきました。みなさんには、この点を考えていただきたいわけです。多額の利益を出している企業の設備に、なぜ財政的に豊かでもない市が負担しているのか。しかし、よく考えてみてください。利用しているのは市民なわけです。使い勝手をよくしないと間引きされて、やがて廃止ということにもなりかねないのです。このあたりをヒントにして、かなりの時間をかけて公費投入の妥当性を議論してきました。

次に、駅の近くに住む人を増やしていくために補助金を出していこうと考えました。例えば、中心市街地・公共交通沿線居住推進地区に引っ越してくると補助金を出しますが、この外に住もうとする人には1円も出さないという、とんでもない不公平感が漂う政策を実施しました。あとで、その結果をご披露したいと思います。

三つ目は、中心部の魅力を高めるということです。中心市街地へ行ってみたくなるような要素をもたせようとしたのです。中心市街地に新たに住宅を購入して住む人には一戸当たり50万円を出すとか、中心市街地に質のよい集合住宅を造った人には一戸当たり100万円を出すといった政策を実施しました。かつ、郊外の駅や1日60本以上走っている路線バスの停留所の近くでも同様に30万～70万円出すという政策も提示し、市が表示したエリアになるべく住んで欲しいという誘導策を2005（平成17）年から実施してきました。

意図したわけではありませんが、結果的に見ると富山の交通体系はブラジル

のクリチバの都市計画によく似ていまして、中心部から放射線状に伸びる交通網を大事にするというのが重要な要素になっております。駅や電停から500メートル、質のよいバス路線の停留所から300メートル、といったエリアに住んでいる人が2005（平成17）年では全人口の28％でした。それを、20年後には42％にしたいというのが富山市の計画です。現在、2012（平成24）年度で31％に増えています。42％までは遠い道ですが、なんとか頑張っていきたいと思っております。

　誤解のないように申し上げますが、この計画が達成されても約6割の人はこのエリア外に住むわけです。実は、私も専業農家の後継者でして、早く市長を辞めて本業に戻らなければなりません。実家では梨を作っておりまして、郊外にある梨畑の真ん中に住んでいます。つまり、中心街に移れない人もいるわけです。大型犬を飼いたいから郊外に住みたいという人も当然いますし、中山間地に住んでいる人もいるわけです。6割の人は、どうしたって郊外に住まなければならないのです。郊外に住んでいる人の利便性とかの手当も、施策として実施していかなくてはなりません。富山市では、限界集落と言われる所にも、最低でも一日1往復か2往復のバスを走らせています。

　とはいえ、28％を42％にまでできれば、将来の若い世代の負担を抑えることができます。拡散するのをこれ以上ほうっておきますと、道路が延長し続けていくだけでなく下水道を延長しなければなりませんし、ゴミを収集するエリアも拡がり続けることになります。これは高負担になり、行政の維持管理コストを増大させることになります。しかし、28％を42％にすることができれば、今の若い世代が社会の主役を担う時の負担を抑えることができるのです。将来市民に対して、今の世代が行うべき行政責務であるという思いでこの施策に取り組んでおります。

　そのためのアプローチが二つあります。一つは、公共交通沿線に引っ越しする人を増やすことです。例えば、駅前にある遊休地の所有者が質のよい集合住宅を造ってくれた場合には、一棟丸ごと借り上げて市営住宅にしています。市営住宅というのは、比較的低所得者が住むものであるため低額の家賃しかもらえなかったので、今までは土地の安い郊外に造ってきました。そこに、車に乗

れない高齢者が現在も残されています。これからは、公営住宅であっても便利な所に造り、車に頼らなくても暮らせるようにすることが大事な視点になると思っています。

しかし、財政状況は苦しいので、民間に造ってもらったものを30年の定期借家で借り上げて、低所得者に提供しています。家賃の差額は市が負担することになりますが、国土交通省の制度にはこれに対しても補助がありますので、頑張らなきゃいけないと思っています。

二つ目は、新たに駅を造り、便利な公共交通沿線となるエリアの人口を増やすことです。駅と駅の間で500メートルの外にいる人も、新たに駅を造ることによってカウントすることが可能となります。実は、JR西日本の高山本線に市の負担で駅を一つ造りました。幸い、その駅の近くにはどんどん住宅が建ち始めています。あれで一戸も建たないと、「お前のしていることはなんだったんだ」と言われるところでした。

ここまで述べたことを表にしましたので、参照してください（**表2**参照）。

この会場には様々な立場の人がいて、「それはおかしい」と言う人もいらっしゃると思いますが、人口が減少していくなかで都市の活力というものを一定

表2　コンパクトなまちづくりを実現する施策の3本柱

①公共交通の活性化	まちづくりの観点から必要なものについては、行政がコストを負担し、公共交通を活性化する。公共交通の活性化と沿線のまちづくりを一体的に行う。
②公共交通沿線地区への居住促進	鉄軌道の駅や停留所および幹線バス路線のバス停からの徒歩圏内に各種施設の立地や居住を促進する。
③中心市街地の活性化	公共交通網が集中する富山駅を含む中心市街地に各種の都市機能を集中立地させる。中心市街地における居住を促進する。

（注）このようなまちづくりの考え方を、「都市マスタープラン」や「富山市総合計画」、「富山市高齢者総合福祉プラン」、「富山市環境基本計画」などの計画に位置づけると共に、市民に対して分かりやすく説明。

2　これからの都市デザイン——コンパクトシティの実現を目指して　185

図5　富山ライトレールの整備　〜JR富山港線のLRT化〜

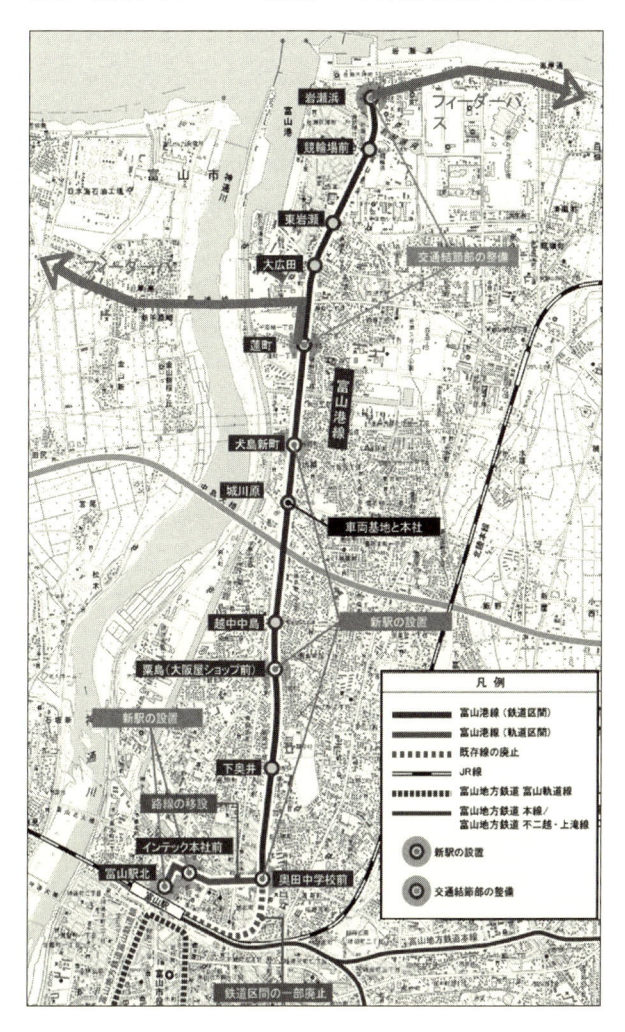

〈路線概要〉
○開業日　：2006（平成18）年4月29日
○延長　　：7.6km（鉄道区間　6.5km、軌道区間　1.1km）
○電停数　：13
○車両数　：7編成（2両1編成）
○所要時間：約25分

程度増していこうとするなら、今までと同じ発想ではやはり無理かと思います。

　公平性、平準化、品質化、そういったことを一度振るい落として、拠点的に政策を打っていくということが大事なのです。そういう意味において、沿線地区の居住誘導のために補助金を出しているのですが、駅から500メートルの所に引っ越してきた人は補助金をもらえるが、600メートルの人はもらえないという不公平さも生まれますので、やがて誰かに批判されると思っております。

　いずれにしろ、この三つの施策を同時に進めていくことに重点を置きました。その一つの切り口がLRTです。2006（平成18）年4月に、我が国で初めてとなる本格的なLRTネットワークの運行に着手いたしました。あとで細かい数字は見ていきたいと思います。

　かつて8キロメートル程度走っていたJR富山港線は、日中1時間に1本という運行状況のうえ、終電が21時20分というひどい状態で、廃止が検討されることになりました。線路を剥がして、その線路の跡地をバスの専用道などにして代替するというのが普通の取り組みだと思います。先ほど言いましたように、公共交通軸を大事にするということが富山市の基本コンセプトですので、思い切ってこれをJRから譲り受けてLRT化したわけです。

　その際、道路上に新たに軌道を敷設して、つまり道路の車線を一つなくしてそこに軌道を敷設しました。ここが、公費投入に次ぐ二番目の大きなポイントです。車だけで暮らしている市民がたくさんいますので、「今、走っている市電さえなくして欲しい」という要望が一方にあるにもかかわらず、何故新たに

表3　富山ライトレールによる運航サービスの向上

	JR時	路面電車化後
運行間隔	30〜60分	15分（ラッシュ時は10分）
始発・終電	5時台・21時台	5時台・23時台
駅数	9駅（富山駅を除く）	13電停
車両	鉄道車両	全低床車両
運賃	区間により異なる	200円均一制

軌道を敷設するのかという議論が当然のごとくありました。私自身も120回ほど説明会を開き、説得いたしました。1回2時間という説明会を、1日に4回実施したこともあります。

　結論から言うと、今でもご不満の方がおられると思っています。ただ今のところは、「気に食わないけどしょうがないかな」という消極的な理解者も含めて8割ぐらいの方が「この取り組みは妥当だ」というふうに答えてくれていますので、よかったと思っております。

　ところでLRTは、以前はJRでしたから、駅には階段・ホーム・改札がありました。それを全部、取り払って地上レベルで乗り降りができるようにしました。電停も増やしましたし、21時20分の終電を23時20分にいたしました。今、この終電は酔客で満員です。

　朝9時までは、「信用乗車」という面白い取り組みも実施しています。ワンマンで運転していますので、普通は後ろ乗りの前降りとなり、運転手の前でICカードをかざして降りていくわけですが、信用乗車となる朝9時まではすべてのドアを開けまして、どのドアからも乗り降りができるようにしています。つまり、市民を信用しているわけです。これは、運行の定時制を確保するためです。

　先日、私はアムステルダムへ行ってきました。この都市では、いくつもの路線が中心部に入り込んでいます。ある路線は自由に乗れるんですが、一部の路線は真ん中からしか乗れないのです。そして、そこには係員がいて乗車券を見せなければならない。「何故、こんな違いがあるのですか」と聞いたら、その路線の先は低所得者が多くてキセル乗車をする人がたくさんいるので厳しくしているということでした。こんなことがよくできる都市だな、と思いました。

　富山市では、現在9時までとなっている制限を何とか終日にしたいと思っています。職員の間で議論していますが、みんなやっぱり「怖い」と言っていますので、少しずつ拡大していきたいと思っています。

　また、緊急雇用の予算がありましたので、アテンダントを乗せるようにしました。ただ、今年度（2012年）でなくなってしまうので来年度からはどうしようかと考えています。職員の研修名目で実施しようかな、とも思っております。

結果的に、平日で2.1倍、休日で3.6倍に利用者が増えました。沿線の人口が増えているわけでもないのに何故利用者が増えたのか、一体誰が乗り始めたのかということですが、実は日中の時間帯の利用者は主に高齢者なのです。1時間に1本で、ホームがあって階段があった時はほとんど利用しなかった高齢者が、15分に1本（朝夕の通勤時間帯は10分前後）となり、かつ65歳以上の人は100円の統一運賃であるため、皆さんICカードで毎日のように乗っていただいております。大変ありがたいことです。

　さらに環境負荷の低減について言いますと、以前はマイカーやバスで通っていたがこの電車に乗り換えたという利用者が全体の25％ぐらいいます。これにより、年間436トンのCO_2が削減されます。この点が、環境未来（モデル）都市の認定の際に非常に高く評価をいただいたところです。

　もう一つ、この沿線に限って言いますと、住宅着工件数が伸びました。富山市全体としては全国のトレンドと一緒で0.7倍とか0.8倍に落ちていますが、この沿線だけはどんどん家が建って、二階建て程度の小さな集合住宅が何棟も建ちました。

　富山市におけるアパート経営の場合、部屋数×1.1～1.2倍の駐車台数を確保しないと部屋が埋まりませんでしたが、電車の沿線では車のない人も住める、つまり駐車場がなくてもアパート経営が成り立つということに気付き始めまして、このようなトレンドが生まれたのです。要するに、A地点とB地点をつなぐという移動手段をつくったわけですが、その結果、高齢者の外出機会を増やすという効果が生まれたわけです。さらには、地域経済に刺激を与えるという効果も生まれています。

　公共交通機関への投資効果はこれに留まっていません。外出する高齢者が増えるということは、この沿線の高齢者と市全体の高齢者の間において要介護認定を受ける割合が減るといった現象が必ず起きると思っています。現在、厚生労働省とともに細かい調査をやっておりまして、10年ほどしたらその数字が発表出来ると思っています。

　実は、LRTの経営は開業以来6年連続黒字となっています。JR西日本の場合はおそらく赤字だったと思います。JR富山港線を引き受けることで13億

図6　1日当たり　時間帯別の利用者数の変化（平日）

富山ライトレール／JR

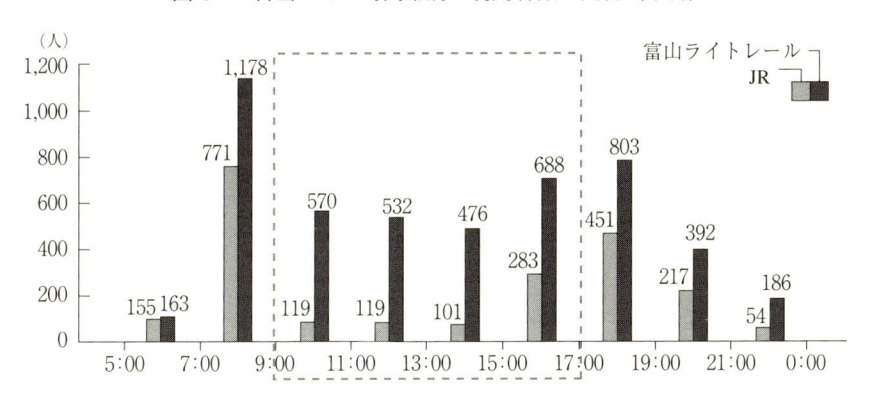

時刻	富山ライトレール	JR
5:00		
7:00	155	163
9:00	771	1,178
11:00	119	570
13:00	119	532
15:00	101	476
17:00	283	688
19:00	451	803
21:00	217	392
0:00	54	186

図7　1日当たり　年代別の利用者数の変化（平日）

富山ライトレール／JR

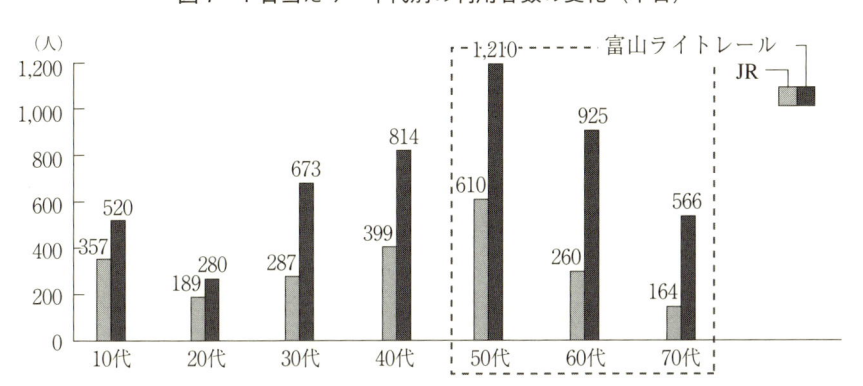

年代	富山ライトレール	JR
10代	357	520
20代	189	280
30代	287	673
40代	399	814
50代	610	1,210
60代	260	925
70代	164	566

表4　沿線での住宅の新規着工件数の増加

	開業前 H16	開業後6年平均 H17－H22	H17－H22／H16比
富山ライトレール沿線	90件	116件	1.29倍
旧富山市地区域	2,238件	1,798件	0.80倍

9,000万円をいただきました。3億9,000万円で資産を買い、キャッシュは10億円残りました。当初は1年に3,000万円くらいの赤字だろうから「30年分を欲しい」とJRさんに何度も言ったところ、JRさんは「分かった」と言い、30年分の赤字予想額は6億円だと推定されました。9億円と6億円の間で綱引きをしました時、広島県のJR可部線が廃止した際には自治体に10億円置いていったということを知りました。「こっちは赤字覚悟で引き取るのだから、本当は15億円欲しい」と言ったのですが、まあ何とか10億円はいただきました。車両7編成の投入費も含めて、整備に58億円かかりました。市の純粋な負担は17億円で、残りは国、県、JRの負担です。全額補助で整備しておりますので減価償却が発生しません。経営面からいうと非常に有利で、その結果、6年連続黒字となっています。

現在、ライトレールは富山駅で止まっておりますが、新幹線と並行在来線の工事が終わると北陸本線や新幹線の下を地表レベルでライトレールがクロスします。新幹線の駅の中にLRTの駅ができるわけですが、まだ4～5年はかかりますので、とりあえず南側に900メートルの延伸をいたします。その結果、市の中心部に路面電車のサークルができ、一日中ここを周回しています。モデ

城址とLRTが融合調和する美しい景観

ルにしたのはウィーンのリングです。初めて富山に来た人でも、この電車に乗って降りる所を間違えても元に戻ることができるということです。

そして、民間を含めて、この環状線の周りにこれから投資を誘導していくことを仕掛けました。市の図書館をこれから造るのですが、かつては郊外にあった様々な施設を建て替える時には、この環状線の近くに集積させるという方針を決めています。

写真に写っている電車を3両買いました。黒と白とシルバーです。この写真はいかにもトランジットモールのようですが、我が国の制度では路面電車によるトランジットモールはできません。法律の条文では、バスに限定して書かれています。トランジットモールというのは、車を入れずに公共交通機関だけを通過させるものです。ヨーロッパの都市に行くと、これが中心商店街に人を呼び込むことになり賑わいをつくっています。我が国でトランジットモールを実験したのは那覇市と京都府で、どちらもバスです。開業初日、これを特別に実施しました。

さて、利用者は当初の予想より増えています。環状線の利用者もかなり増えまして、中心商店街に買い物へ行く人の場合、車よりも電車で来る人のほうが滞在時間が長いという結果が出ています。駐車料金を気にしないでいいわけです。さらに、月単位で中心商店街に買い物に来る回数も、電車で来る人のほうが多いという現象が生じています。

表5　市内電車環状線化事業の整備効果

【買物・飲食の際の平均滞在時間（分／日）】

平　日		休　日	
自動車	環状線	自動車	環状線
96分	101分	113分	145分

【中心部への来街頻度と消費金額】

買物目的の平均来街頻度（回／月）

平　日		休　日	
自動車	環状線	自動車	環状線
2.5回	5.6回	1.8回	6.4回

平均消費金額（円／日・人）

平　日		休　日	
自動車	環状線	自動車	環状線
¥11,489	¥12,533	¥9,207	¥14,994

《自動車はH22、環状線はH23市内電車利用者へのアンケート調査より》

もっと驚いたのは、使う金額が多いということです。それは、アルコールを飲むということです。お昼ご飯の時にもアルコールを飲む、あるいは買い物が終わったあとに夫婦で飲んで帰るということも分かりました。そのため、市のコンサートホールではワインを売っています。さらに、ライトレールの沿線には競輪場があるのですが、ICカードを見せればビールが買えるという取り組みも始めました。商工会議所も、このことには注目をしております。

中心部への居住誘導として、質のよいマンションを造った事業者には一戸当たり100万円（上限5,000万円）、買った人には1戸当たり50万円の補助金を出しています。100万円はともかく、50万円は6年目で回収できると計算しています。木造2階建て程度の家が連なっている所に13階建てとか15階建ての集合住宅が建つわけですから、住む人が多くなり消費活動も活発になりますので、大変大きな経済効果をもたらすはずです。事実、住民票を動かした人達は、中心部では7年間で969戸、公共交通沿線では5年で651戸に達しました。

リーマンショック以降、市民税が落ちています。富山市でいうと、40億円ぐらい落ちています。もちろん、法人市民税も落ちています。結果的に、固定資産税と都市計画税

図8　富山市の市税の内訳(平成24年度当初予算)

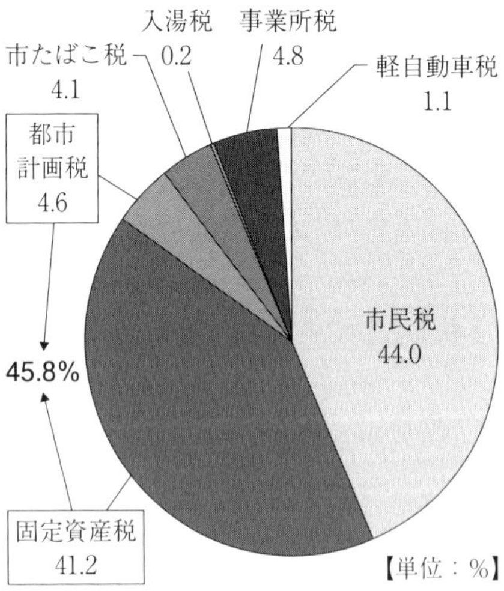

市たばこ税 4.1
入湯税 0.2
事業所税 4.8
都市計画税 4.6
軽自動車税 1.1
市民税 44.0
固定資産税 41.2
45.8%
【単位：%】

表5　固定資産税・都市計画税の地域別内訳(H24年度)

	面積比	固定資産税＋都市計画税
市街化区域	5.8%	74.1%
うち中心市街地	0.4%	22.3%
上記以外	94.2%	25.9%

(注)　償却資産分は含まず。

2 これからの都市デザイン——コンパクトシティの実現を目指して

の構成比が大きくなりました。税収全体に占める不動産を主体とした税の割合が大きくなったわけです。この固定資産税と都市計画税の22.3％を、面積0.4％にしかすぎない中心市街地の皆さんが負担しています。他の所に投資するよりもここに投資したほうが地価が下がらないですむわけですから、税収が確保できるということです。

久留米市においても調べてみられたらよいと思います。固定資産税と都市計画税のうち、中心市街地の人がどれくらい負担しているのか……おそらく構成比はかなり大きいと思います。効果のある所に集中投資するというのは当たり前のことだと思います。中山間地の人達には、このことを説得材料にするわけです。この税が確保できるからこそ、土地改良事業を市で単独補助もできれば、中山間地への単独補助や林業への特別補助もできるのです。

富山市では、中山間地の農地に水を張るだけで１反当たり１万円を出しています。何も作らなくても、とにかく水を張ってほしい。そういう特殊な事業もいっぱい実施していますので、財源はやはり大事です。そのためには地価を維持させることが必要となりますので、集中投資が重要となります。その一つが「グランドプラザ整備事業」です。積雪寒冷地の気候にも配慮し、賑わいの核となる全天候型の多目的広場を整備しました。この事業に15.2億円の事業費を

グランドプラザ整備事業において造られた多目的広場

使いました。国の補助金8.9億円を引っ張ってきましたので、残り6.3億に合併特例債をあてました。7割はあとで元利金を国が負担してくれますので、市の負担はおよそ4.4億円くらいとなります。

　グランドプラザ両側で再開発事業がありましたので、底地にあった市道をここへ寄せて広場を造りました。発想元のヨーロッパの都市には広場があって、そこでパフォーマンスをやったり、回転木馬が動いていたり、オープンカフェがあったりします。そういうものを造りたかったわけです。毎週予定が入っており、大体土・日曜日はなにがしかのイベントが行われています。また冬には、特殊な樹脂を使ったスケートリンクを造っており、そこを普通のスケート靴で滑るというのが大人気となっています。

　富山はいい所で、企業経営者が市の施策にどんどん協力していただいております。このスケートリンクは4,000万円の事業費がかかりましたが、市が出したのは550万円でしかありません。ちなみに、ここで使われているLEDはある一社が寄付してくれました。

　写真をご覧ください。市の職員がスタンダードジャズを演奏しています。下から3メートルの高さまでステージが上がってきます。また、子ども達には自由に落書きをさせました。そうすると、子ども達の顔が輝くのです。それを見たくて、子ども一人に高齢者が大体4人ぐらいついてきます。これがシャワー効果を生むということです。

　もう一つ、是非、今日言いたかったのは、中心部へ高齢者を寄せて来るための「おでかけ定期券」という制度のことです。これは、65歳以上の人が登録す

市役所職員によるバンド演奏　　　まちなかお絵かきプロジェクト

ればICカードをわたし、これを利用してバスに乗って中心市街地で降りれば運賃は100円という制度です。帰りも、中心市街地から乗れば岐阜県との境まで行っても100円です。これは、福岡市の中心街の西鉄100円バスを見て気付きました。街中は100円だが、郊外から来る場合は正規の料金を払わなければならない。それを逆にしたらどうだろう、と考えたわけです。アメリカのポートランドでは中心街が無料ですね。これを目指してやりました。

　1日に、高齢者が2,200〜2,300人乗っています。それだけの高齢者が、100円に惹かれて外出しているということです。消費よりも外出するということに意味があります。閉じこもっていると体力も落ち、かつ寝たきり気味になります。外へ出る、出るためには着替えないといけないし、少しは櫛も入れなければなりません。その気持ちが大事なのです。買い物しなくていいから街へ出ることを誘導する、非常に大事なことで、本当にいい思いつきだったと思っています。

　実は、年会費として1,000円をもらっています。一昨年までは500円でしたが、ICカードにするからということを理由にして1,000円に上げました。もう生活から離せないようにしてから値上げをしたわけです。現在、約10万人の高齢者がいますが、元気な人は82,000人ほどです。そのうち25,000人ぐらいの人がこのカードを使っています。市は6,000万円を負担しておりますが、仮に22,000人が1,000円払うと2,200万円入りますから、3,000万円台の負担で2,200〜2,300人が毎日外出するということになるのです。

　そのほか、まちの中心部に温泉を利用した虚弱高齢者を元気にする施設などを造って、市内のあちこちにバスを出して迎えに行くなどといったことも実施しています。

　少し変わった施策として、路面電車のサークルを中心に15か所のステーションを設けて自転車を貸し出しています。会員登録をしますとICカードがもらえ、これを機械にかざすと自転車を借りることができ、30分以内に返却すれば無料となっています。

　2012年の7月に7,000人の学会があったのですが、その際、登録された方に首からさげるIDを配布し、それを見せると電車が無料というサービスを行いました。運行している電車の事業者には1日60万円を3日分払いました。そう

したら、1日に5,000人乗られたようで（5,000人×200円）、「100万円もらわなければいけなかった」と言っておられました。

単に交通機能を充実するだけではなく、まちへ足を運びたいという誘導や、まちの魅力というものを感じてもらうことが大切です。あのまちなら行ってみたい、と感じていただくことです。転勤を命ぜられた方が家に帰って、「富山に転勤になったら嫌だ」ということでは困るわけです。是非、噂の富山に行ってみたいと思ってもらうようなまちを作らなければなりません。

地方都市は、まちの中に花を飾るというようなことがなかなかできません。何故かというと、高コストだからです。年間の維持費だけで6,000万円使っています。「一般会計規模1,600億円の都市で、花の水遣りに6,000万円はあんまりじゃないか」という声も市民からはあります。しかし多くの方々は、「最近、我がまちはきれいになった」と県外の人から褒められてうれしいと言われ、市民としての矜持を刺激しているようです。県外に住んでいる親戚から電話がかかってきて嬉しかった、ということが市民の理解につながってきています。

私の思いとしては、いきなり大きな成功までは実現できませんが、小さな成功体験を積み重ねるということが市民の理解につながると思っていま

図9　自転車市民共同利用システムステーションMAP

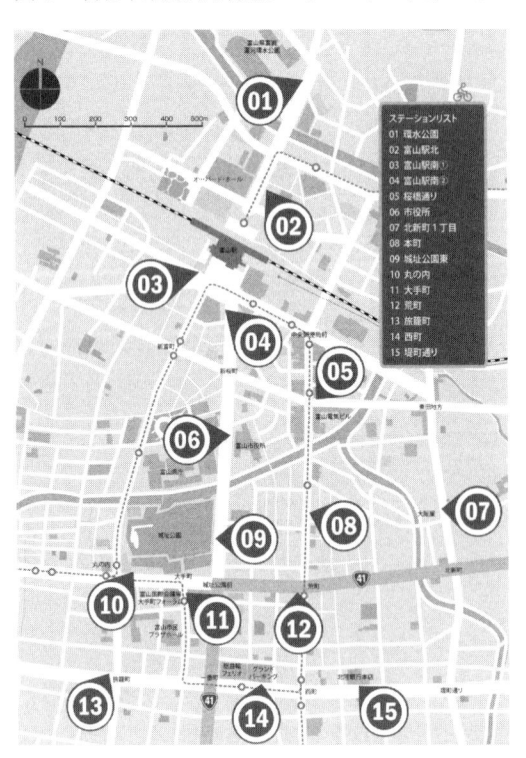

2 これからの都市デザイン──コンパクトシティの実現を目指して　197

す。調子にのって11月からは、花屋さんで花束を買って乗ると路面電車は無料というサービスも始めました。これに何の意味があるのかというと、まちの中に花束を持った人が増えると素晴らしいと思いませんか。フラワースタンドがたくさんあるまち、これからの時代、これが大事な視点になると思います。表向きは「市内の園芸農家の応援だ」と言っていますが、本当の狙いは、花があふれるまちをつくりたいということなのです。

　今後、市民のニーズは大変多岐にわたるようになるでしょうが、人を動かすものはそう変わらないと思います。人は、「楽しい」、「おいしい」、「おしゃれ」で動きます。おしゃれなまちというのは、非常に大事な要素をもつと思います。

　話を戻しますが、富山市に県外から来ていただいた時、路面電車半額というチケットを各ホテルに置いています。差額は、市が負担しています。また、外国から来た方には無料のチケットを出しています。これがホスピタリティーの一つのあり方だと思っております。

　実は、バーゼルへ行きました時、外国人に対して無料のICカードというのがありましたので、早速真似をしました。仮に1万人の外国人が来られても200万円の負担でしかありません。それ以上のプロモーション効果が期待でき

街路景観を演出するハンキングバスケット

ると思っています。特に、韓国や中国にはLRTがありませんので、皆さん乗ってみたいという感じになるようで大人気となっています。

　市の基本地図に、住民基本台帳のデータを座標値化してマッピングしました。その結果、高齢者の実数として住んでいる場所が中心部に多いということが分かってきました。あるいは、公共交通の沿線に多いということも分かってきました。そうだとすると、プライオリティーはここからだろうと思います。周辺部にももちろん高齢者はいますが、実数としてはやはり中心部に多いわけですので、手当てをするならここからです。中心部に車がなくても移動しやすい空間をつくるという方向性は、極めて妥当だと思っています。

　この結果は何にでも使えます。例えば、通学区域を見直すとか、渋滞のためにどうするかなど、様々なことに使えます。作ってしまったあとは1年1年の住民票の移動だけをそこへブラッシュアップするだけなので、そんなに費用はかかりません。

　富山ライトレールの開業が2006（平成18）年で、環状線が2009年です。環状線という900メートルの延伸は、発表してから3年で仕上げています。富山ライトレールの発表は2004（平成15）年ですから、これも2年ちょっとで完成させました。結果的に、路面電車の利用者は今も増え続けております。

　それから、中心商店街の来訪者が56％も増えました。また、前述したグランドプラザという中心市街地の広場の利用者が増えたことで空き店舗率が2009（平成21）年に比べて2011（平成23）年には2.3ポイント減少しています。もちろん、それに合わせていくつもの再開発事業が完成しました。集合住宅は完成前から完売という状態です。今も建てているのですが、人口が増えていないのにマンションが増える理由は、多くの人が郊外に一戸建てを所有しながら都心部でマンションを買っているからです。したがって、必ずしも住宅ローンを使っているわけではありません。

　複数の居住空間が欲しいという時代に入ってきたわけです。季節を選んで都心に住む。除雪するのが嫌だから冬は町の真ん中で暮らし、季節のよい時は郊外で暮らす。あるいは、若い世代夫婦は都心部で暮らし、子どもができたら郊外で育児をする。そうしたら、高齢者は都心に引っ越してくるというマルチハ

図10　1日当たり乗車人数の推移

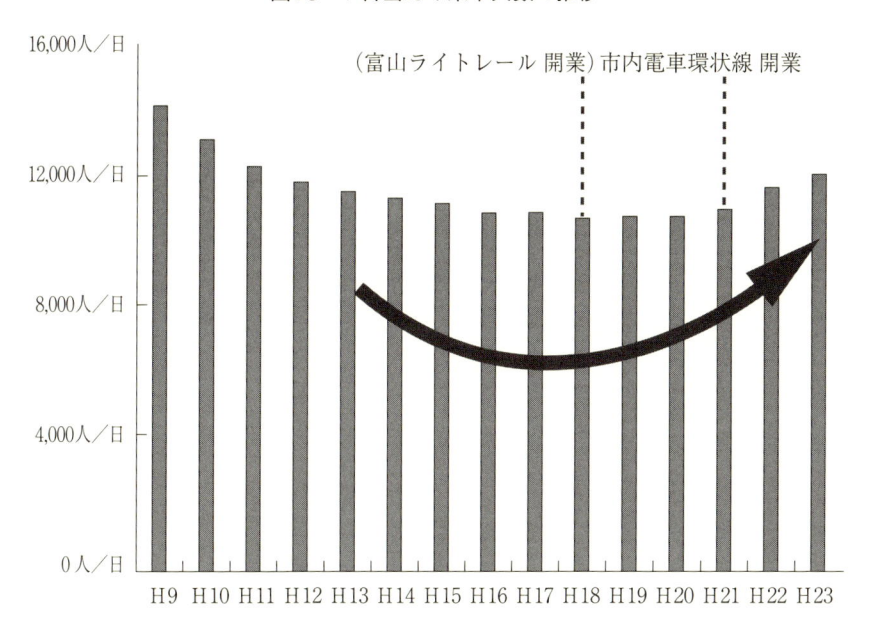

（富山ライトレール 開業）市内電車環状線 開業

H9 H10 H11 H12 H13 H14 H15 H16 H17 H18 H19 H20 H21 H22 H23

ビテーションという時代に入ってきたのだと思います。したがって、住民票を移動していないが都心に住んでいる人がたくさんいるわけで、今後は実態調査をしっかりやらなければならないとも思っています。

　ここ数年、中心市街地エリアの地価は横ばいです。市全体としては下がっていますが、地価の一番高い所が横ばいであることが、固定資産税と都市計画税の還流という意味で非常に高い効果を生んでいます。また、中心部においては遂に5年連続転入超過になりましたし、公共交通沿線の駅の近い所でも、昨年ついに転入超過になりました。

　誘導策の効果だろうと思っています。何故、転入超過にこだわるかというと、人口が増えていないからです。先ほど述べましたように、中心部ほど高齢者がたくさんいますので、亡くなる方の数にまでは追いつかないということです。しかし、転入超過が5年続いたということは大変よい成果だと思っていますし、

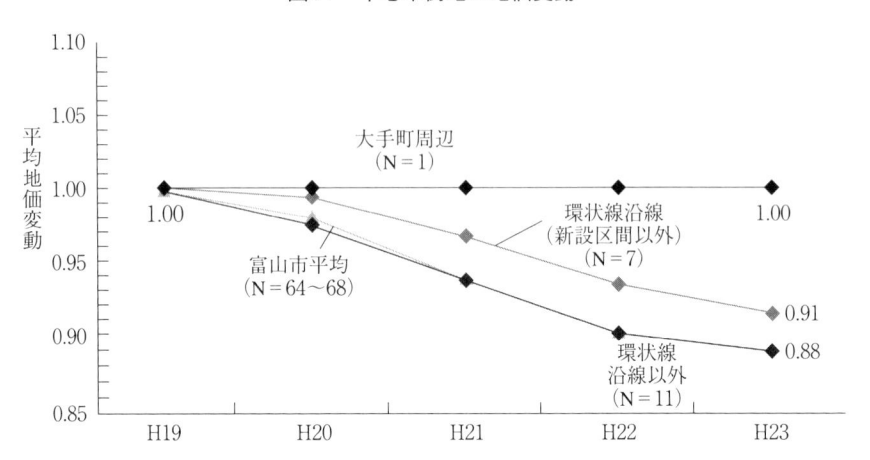

図11　中心市街地の地価変動

中心市街地の地価変動（H19を1とした場合）
（富山県地価公示・地価調査　価格要覧　平成23年度版より）
　※地価公示（国調査、基準日：1月1日）、地価調査（県調査、基準日：7月1日）

中心市街地活性化基本計画第2期計画に際しましては、内閣官房から「転入増という言葉を使え」と指導いただき、2期計画の認定をもらったところであります。

　このようなことも含めてOECD（経済協力開発機構）が3年間にわたって調査にやって来られ、2012年6月13日、OECD本部で発表されました「コンパクトシティ政策：世界5都市のケーススタディと国際比較」という冊子で報告された世界5都市のなかに富山市も含まれました。ちなみに、世界5都市とは、メルボルン、バンクーバー、パリ、ポートランド、富山市の5都市です。

　ありがたいとともに、名誉あることだと思っています。メルボルンとパリは大変大きな都市ですし、バンクーバーだって広域で見ると100万人以上いるわけです。ポートランドは富山と人口が変わりませんが、周辺の都市とメトロという広域圏行政をやっていますのでやはり大きな都市です。この四つの都市は人口が増えています。5都市のなかで、唯一富山市だけが人口は減っています。

OECDの評価は、「東アジアを中心に世界で出現している人口減少のなかでの超高齢都市を、一つのまちづくりのモデルとして応援したい」ということです。今、韓国の春川（チュンチョン）と水原（スオン）という両都市の担当者が何度も富山に視察に来ています。それぞれ地方都市が人口減少と高齢化に悩んでいますので、一つのモデルとして計画を進めていきたいと思っております。

　今まで話してきたことを、もう一度おさらいしたいと思います。出発点は人口減少ということです。2年前の国勢調査で、富山県内の市のうち人口が増えていたのは富山市だけでした。あとは全部減少しています。この人口減少は大変深刻な問題を内包しておりますので、今から30〜40年後を見据えて、減るにしてもソフトランディングできるように防いでいくことが大事だと思います。

　その一つのやり方は、様々な面で総合力を高めることです。今日は、まちづくりについて申し上げました。少なくとも、都市の拡散を止めないといけません。これは、あらゆる都市に言える問題です。そのために考えた私達の計画は、公共交通の質を高めること、住む人をその沿線に誘導すること、そして中心部を魅力的なものにすることでした。この三つを柱として、2003（平成15）年に計画を立て、具体的には2005（平成17）年から進めてきました。まだまだ不十分ですが、一定の兆しというものが出てきたかなと思っています。

　その一つが転入超過であり、公共交通の利用者が増えてきていること、そして中心市街地の商店街に来訪者が増えてきたことです。あとは、消費につなげていくことと、高齢者の外出をもっと増やしていく必要があります。そして、まち全体の魅力を高めて、企業の皆さんに評価してもらうところまで引っ張り上げていかなければならないと思っています。

　名古屋の工場を閉めたバス会社から、昨年120人の方が移住してこられました。その内、家族ぐるみで来ていただいたのは3分の1で、残り3分の2の半分は独身者でした。来なかった人と来た人の評価はどうかということで、皆さんに集まってもらって様々な話をしました。ポイントになったのは、高校生の子どもがいる場合は移住しにくいということでした。小・中学校生であれば、富山の教育水準は高いのでこちらで育ててもいいと言われますが、やはり高校となると中途編入は難しいということです。そこで私は、県に対して「もっと

高校編入を行いやすい仕組みをつくるように」と言っています。

　それから、「名古屋では、住民票異動届を出すと住所地の近くにある開業医のマップをくれた」という意見が出たので、すぐに作るように言いました。それが、第2陣の家族の方に伝わっていくはずです。

　現在、富山は薬業が大変大きな割合を占めています。ジェネリックを中心に海外シフトに進むでしょうが、研究開発部門は富山から逃がしたくないと思っています。アステラス製薬、日産化学、富山化学が、現在、発酵由来とか様々な領域で研究棟を造っていらっしゃいます。ここで働かれる皆さんは長期にわたって滞在することになりますから、当然家族で来るということになるでしょうから、早速アステラス製薬にお勤めの、引っ越してこられた方から意見を聞くために何度も足を運んでいます。名古屋ほど財政的に豊かではありませんから中学生まで医療費無料ということは出来ませんが、できる範囲で少しずつお応えをしてまいりたいと思っています。

　今日は、様々な施策についてお話しさせていただきました。先ほど、花束を持っている人の運賃無料という馬鹿な話をしましたが、それ以外にも、カップルで来るとプラネタリウムが無料とか、祖父母と孫で来ると動物園や博物館が無料など様々なことを行っています。これらはすべて、人を動かす仕掛けなのです。人が動けば消費が伸び、動けばまちを好きになります。そういう人達を、ゆっくりですが、しっかりつくっていきたいと思っています。

　会場の皆さん、機会を見つけて富山に足を運んで下さい。お得感たっぷりの半額乗車券が使えます。ご利用いただければということを最後にお願いして、私の話を終わらせていただきます。今日はありがとうございました。

|基調講演|

創造都市への展望

佐々木　雅幸

　私からは、中心市街地にどうやって魅力をもたすのかという点に絞って、つまり都市をどのように再生し、みんなが集まってくる場所をいかにつくるのかについて、創造都市論の視点からお話しさせていただきます。

　久留米大学経済学部に文化経済学科ができた時、早速私も応援に来ました。文化経済学会というのがございまして、当時、その学会の理事長を務めていました。久留米大学経済学部の文化経済学科が立ち上がるのに合わせて学会の全国大会を誘致いただいたので、総力を挙げて応援をするということで8年前に久留米に寄せていただきました。当時、駄田井先生が非常に尽力をされまして、文部科学省を説得して、文化経済学という新しい学問の領域を日本で最初に学科としてつくるという高い意気込みで設立をされました。あれからもう10年も経つのか、という想いでおります。

　国際文化経済学会という学会もあります。2012年6月、同志社大学でこの学会の大会を開催した時、たくさんの研究発表の内、約4分の1のテーマが「創造都市」とか「創造クラスター」ということに集中していました。世界的な文化経済学の領域では、創造都市ということが新しい都市の一つのモデルとなっているのです。コンパクトシティということと創造都市、クリエイティブシティというものは非常に深い関係があるということについて、今日は話をしていきたいと思います。

　創造都市ということを大阪から来て話しますと、「お宅の市長は騒々しいですよ」と言われるわけですね。私は、「そうじゃないんです。市長一人が騒々しいと困るので、市民一人ひとりが創造的になってほしい。それが本当の創造都市であり、大阪はまだその途中です」と言っています。

　創造都市の流れというのは、ヨーロッパから起きてきました。その理由というのは、ヨーロッパが世界で最初に産業空洞化ということを経験したからです。先ほど富山市長もお話しになったように、ヨーロッパでコンパクトな都市づく

表1　高まる「創造都市」への関心

「創造都市」(「欧州文化首都」の成功から)・「創造階級」と新たなライフスタイル	芸術文化の創造性を活かしたポスト工業化時代の都市再生。
「創造産業」への注目	音楽・映像・マルチメディア産業などのクリエイティブクラスター。
「知識創造産業」と「知識経営」	アヴァンギャルドな芸術とハイテクとの結び付き。

りが進められているのも産業空洞化ということであり、多くの失業者が出たということと無関係ではありません。都市が大きくなる時代ではなく、よりクリエイティブでコンパクトな都市をつくるという流れが出ています。おそらく久留米市も、今はまだ製造業の工場がたくさんあると思いますが、これから30年ほど先には製造業の工場が減っているはずです。

　おそらく、モノづくりの拠点は海外に、アジアに出ていくはずです。そうなった時に都市がどのようにして新しい雇用を生み出し、新しい活力を生むかと言えば、文化というものをいかに産業化するのか、あるいは既存産業をいかに創造的につくり替えることができるのかといったことがポイントになります。

　私どもは「クリエイティブインダスティー創造産業」という言葉を使っていますが、もっぱら創造産業の担い手であるクリエイティブクラスの人達、富山市の例で言いますと、製薬会社で研究開発を行う人達が「住んでもいいよ」と言ってくれるような都市をつくることです。そのためには何が必要なのでしょうか。

　例えば、世界で最も創造的な都市だと言われているスペインのバルセロナです。国は破産していますが、都市は元気です。ピカソ、ダリ、ミロという世界を代表する画家の美術館があり、ガウディーという人が造った面白い建物がいっぱいあります。つまり、まちの中心部がアートで満ちているのです。それに、通りには大道芸人がいますし、広場のことをスペイン語では「プラザ」と言うことからもうかがえます。

　富山市のグランドプラザ、久留米市でも総合プラザというものを造られます

が、バルセロナのプラザの中心にはパブリックアートというものがあります。ここには巨大な猫の彫刻が公園の広場の真ん中にあるのですが、皆さん「アッ！」と驚くでしょ。「アッ！」と驚いて人が集まってザワザワしますよね。これが創造都市なのです。

バルセロナにある巨大な猫の彫刻

　人が集まるためには、何かインパクトがなければなりません。そのインパクトをどうやってつくっていくか。例えば、フランスにナントという都市があります。現在フランス首相を務めているエロー氏が、長らく市長をされていた都市です。39歳で市長になったのですが、やはり産業空洞化に陥りました。造船業だったのですが、失業者が多くなったので文化でまちを再生させようということで、市の予算の十数パーセントを思い切って文化に投資したわけです。富山市の場合は中心市街地に集中投資をされたわけですが、ナント市の場合は芸術文化に思い切った投資をしたわけです。

ナント市における大道芸によるまちづくり

アートセンターを造る、あるいは市民が楽しめるクラッシックのコンサートを低料金で行う、それ以外にも大道芸のアーティストを集めてきて、大きな人形とか大きなクモが街の中を練り歩いたりして賑わいをつくったのです。

イギリスのバーミンガムは、産業革命で栄えて「煙の都」と言われておりました。かつて大阪も「煙の都」と言われましたが、いかんせん環境に悪い都市のイメージですから、現在大阪は「水都大阪」と言って水辺を取り戻す試みをしています。中心部へのマイカーを規制するほか、運河を再生して観光拠点とし、そこにアートセンターを中心にした広場を造っています。つまり、まちづくりの政策を工業中心から人間中心へと転換したわけです。これがヨーロッパの基調でもあります。

今日、このあとお話がありますが、ドイツへ行きますとフライブルグという環境首都があります。ここの場合、かつてライン川沿いにドイツ政府が原子力発電所を立地しようとしたのですが、その時、ブドウ農家の人達が反対に回り、それ以来環境首都になり、ソーラー発電という自然エネルギーを軸にしたエネルギー政策と中心部におけるLRTを導入してコンパクトなまちをつくり出しました。

フライブルグがやろうとしていることは循環型の都市政策です。交通、産業、エネルギー、住宅計画、これらをすべて総合化して取り組むことです。詳しいことは次の村上さんがお話しになるので、私は省略をさせていただきます。

このようなヨーロッパの流れをまとめてどのように呼ぶかということで、「クリエイティブシティー（創造都市）」と呼ぶようになりました。この創造都市の代表者の一人がイギリス人のチャールズ・ランドリー（Charles Landry）、私の友人でもあります。この人は、人々が集まって賑やかになるような場がたくさんある都市が創造都市になる、そして、そのような創造的な場

チャールズ・ランドリー氏

を誰がどうやってマネージしていくかということに注目をしました。

　イギリス政府が、創造産業というものを応援するということで取り組んだのがオリンピック誘致です。最終決戦でパリに勝ったわけですが、その時にポイントになったのが、あのビジネスができなかったロンドンが技術化も含めてクリエイティブな都市になったということでした。

　ロンドンオリンピックの開会式や閉会式をテレビでご覧になったと思いますが、完全にアートの祭典になっていました。今、オリンピックは、スポーツの祭典からアート＆スポーツの祭典に変化を遂げているのです。アートの力を都市の再生に結び付けるということが潮流になっています。

　アメリカでの話をしましょう。ピッツバーグ生まれのリチャード・フロリダ（Richard Florida）という人が、創造的な仕事をしている人達を「創造階級」と呼んでいます。この人達が選ぶ都市、住んでいいと思う都市っていうのを調べたら、ある共通の特徴に気が付きました。意外なことに、ゲイ、レズビアンだったのです。同性愛の人が多い町が面白い、そこに研究所で高度の専門職の人達や自然科学のクリエイティブな人達、また活動的な人達が集まるのだ、ということがアメリカでは統計的に分かっています。

　アメリカには、ゲイ、レズビアンの統計があります。それを調べていくと、サンフランシスコに一番ゲイやレズビアンが住んでいるということが分かりました。サンフランシスコは、ご承知のように世界のハイテク産業のメッカであり、シリコンバレーから車で1時間の距離にあります。

　つまり、サンフランシスコのクリエイティブな雰囲気とシリコンバレーの最先端研究っていうものは、深いところで融合しているとフロリダ氏は言うのです。どこが融合しているのでしょうか。普通の人とは違うアイディアを生み出す、普通の人とは違った暮らしをする人達を排除しないで、その人達を温かく迎え入れる。これを「寛容性」と呼ぶわけですが、自分と違う考え方だから排除するのではなく、新しいアイディアや新しい暮らしぶりをする人達をむしろ寛容的に迎え入れる。この寛容性が高い都市ほどクリエイティブであり、そうすることで世界からクリエイティブな人達が喜んで集まってくるという説を出したわけです。

ユネスコが提唱する七つの領域

　アメリカでは、ゲイのパレードをはじめとして、様々なことをあちらこちらのまちがするようなりました。大統領選挙の際にも、オバマ大統領と保守党の候補者の間で大きな争点ともなりました。オバマ大統領は、「同性愛者の結婚OKだよ」と述べるように、アメリカをもっとクリエイティブにしようという考え方をしているわけです。このような時にユネスコが、世界で今、クリエイティブな都市をたくさんつくっていったらどうだろうかと考え、「創造都市ネットワーク」というものを提唱しました。

　ユネスコは、国連の教育・文化・科学に関する専門機関です。日本では世界遺産の登録として有名ですが、海外ではクリエイティブシティーを広げようということをやっています。ここに挙げた七つの領域の芸術、文化、文化産業に

おいて、特別に秀でた都市を選ぼうということになったわけです。

現在、世界で34の都市がこのネットワークに入っています。これはヨーロッパあるいはアメリカから始まったのですが、日本では三つの都市が入っています。それから、中国、韓国にもそれぞれ三つないし四つの都市が入っており、東アジア諸国の都市が約3分の1を占めています。現在、40ぐらいの都市が審査を受けているということで、おおよそ100ぐらいの都市がネットワークとして活用するという状況になってきています。

また、国連には貿易開発会議という機関があるのですが、ここが2008年と2010年の2回、創造都市を含めた新しい産業・経済の発展方向を創造経済（クリエイティブエコノミー）という形で報告書にまとめています。その一部を表として掲載しておきます。

クリエイティブエコノミーというものを私なりにまとめてみますと、以下のようになります。20世紀は、製造業の世紀、工業経済の時代でした。したがって、都市というものは工場を中心にした産業都市・工業都市としてつくられたわけです。久留米市にもタイヤをはじめとした自動車関連の工場がありますが、次第にこのような大量生産・大量消費型のモノづくりというのは先進国では存在できないようになり、その後の経済は創造経済になっていくはずです。

例えば、消費の形を見ても分かりますように、今の若い人達は同じようなユ

表2　工業経済から創造経済へ

	工業経済	創造経済
生産システム	大規模生産 トップダウン	フレキシブル生産 ボトムアップ
消費	非個性的大量消費	個性的文化的消費
流通・メディア	大量流通 マスメディア	ネットワーク ソーシャルメディア
優位性	資産・土地・エネルギー	クリエイティブ人材 知識・知恵・文化
都市の形	産業都市	創造都市

ニフォームを着ることを嫌います。私が若い頃はユニフォームを着てないと落ち着かなかったのですが、今は個性的なライフスタイルのもと、個性的なファッションをしています。また、ソーシャルネットワーキングでつながっていきますから、テレビなどを見る人も減っています。

　モノづくりも、大きな工場に集まって、同じものをたくさん作るということでは今の消費スタイルに合いません。したがって、工業を中心にした都市から、文化とか新しいアイディアをビジネスに生かすようなクリエイティブな人達がよりたくさん集まる都市にしないと発展性がないということになります。つまり、都市の形が創造都市に変わることで創造経済が生じることになるのです。文化経済学の研究者は、こぞってこのようなことを研究しています。文化的なモノづくりという点でいきますと、イタリアがトップです。イタリアは、国レベルでは破産していますが、都市は大変面白いです。

表3　「創造都市」ボローニャの挑戦

- 中小企業主体のフレキシブルなネットワーク型経済
- 職人企業を軸にした充実した支援システム
- 脱大量生産の「職人的モノづくり」
- 職人工房と町並み保存
- 芸術文化と福祉の担い手としての非営利組織（協同組合）
- 環境再生とサステイナブルシティー

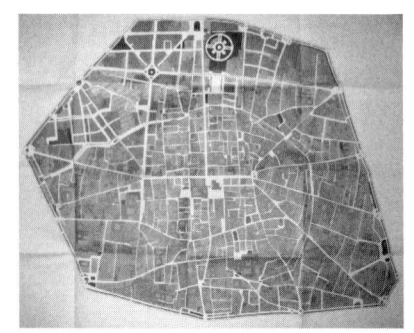

ボローニャ歌劇場　　　　　　　　　　ボローニャの中心市街地都市計画図

2　これからの都市デザイン——コンパクトシティの実現を目指して　211

　10年前、私はボローニャという都市におりました。ここには、伝統的なまちなみがしっかりと残っています。したがって、街を郊外へ拡散するということについてはきちっと抑えています。掲載したのはボローニャの中心市街地の都市計画図ですが、ご覧になって分かるようにヨーロッパのまちには壁があります。壁の中には非常に古い建物がいっぱい残っており、職人達がモノづくりのできるような空間が残っています。さらに、非常に細い路地がいっぱいありますから、この路地空間などを生かした様々な事業も展開されています。

　まちの中心にオペラハウスがあり、その向かいに大学があるのです。大学とオペラハウスが一体的に展開しているのです。もちろん、オペラハウスでオペラを観るわけですが、実はまちに住む職人達もみんなオペラをしているのです。歌いながら仕事をしているという意味ではなく、イタリア語やラテン語で「オペラ」という言葉の意味は「創造的な仕事」という意味なのです。逆に、創造的ではない、嫌々飯のタネでする仕事のことを「lavoro」（英語：labour）と言います。職人達は自らの仕事に誇りをもって、オペラをしているのです。

　まちの周辺に行きますと、自動車やオートバイの高級車を造る工場が今でも残っています。大量生産においては競争力がなくなったイタリアですが、1台数千万円もするフェラーリを造る工場はボローニャの郊外にあるのです。また、「Ducati」というレース用のオートバイの工場もボローニャにあるのです。大量には造らないが、少量の高級なものを造る。そして、デザインも素晴らしい。このような職人達が部品を造って支えている都市なのです。こういうところが、創造都市の一つのポイントに

ドゥカティのまちボローニャ

なっています。

　まちの中にある保育所とか老人ホーム、そして障害者施設のことを「コウオペラ」と言います。これは「オペラをみんなで一緒にやる」っていう意味です。久留米にも生活協同組合があって「コープ」がありますよね。「コープ」というのは「コウオペラ」の省略形なのです。つまり、オペラを皆と一緒にやるという協同組合的な仕組みがまちなかに広がっているということがボローニャのモデルになっているのです。ユネスコの「創造都市ネットワーク」にボローニャが選ばれているということで、もちろんまちなみも十分に保存されています。

　このユネスコの創造都市ネットワークというものに刺激を受けまして、日本では文化庁が創造都市というものを応援しようということで、「文化芸術創造都市」の表彰を始めています。現在のところ、表に挙げました都市が選ばれております。北海道から沖縄まで選ばれており、九州では大分県の別府市が選ばれています。先ほどお話しされた富山県では南砺市、そして隣県の石川県では金沢市が選ばれています。

　今日は富山市の話をお聞きしましたので、隣の金沢市の話を少しさせていただきます。金沢市も、ある意味ではコンパクトな創造都市を指向してきた所です。金沢市は、加賀百万石時代から続く伝統工芸、伝統芸能というものと町屋を中心にした伝統的都市景観というものを保存してきました。「歴史まちづくり法」というものがありまして、そこでは「歴史的風致維持向上計画」の認定制度がありますが、2009（平成21）年1月にその指定を最初に受けたのが金沢

表4　文化庁長官表彰・文化芸術創造都市部門の受賞都市一覧

2007年度	2008年度	2009年度	2010年度	2011年度
横浜市（神奈川県）	札幌市（北海道）	東川町（北海道）	水戸市（茨城県）	浜松市（静岡県）
金沢市（石川県）	豊島区（東京都）	仙台市（宮城県）	南砺市（富山県）	仙北市（秋田県）
近江八幡市（滋賀県）	篠山市（兵庫県）	中之条町（群馬県）	木曾町（長野県）	鶴岡市（山形県）
沖縄市（沖縄県）	萩市（山口県）	別府市（大分県）	神戸市（兵庫県）	舞鶴市（京都府）
			十日町・津南町（新潟県）	

市なのです。それから、ユネスコの創造都市ネットワークの登録の認定も同じ年に受けています。となると、「歴史都市」と「創造都市」という二枚看板をもっていることになります。これが、都市の一つの方向性を示しているのだと私は思っています。

　実施していることは、まちの中を流れている用水路を保存したり、武家屋敷や斜面の緑地を保存したりする形で行っている文化を生かしたモノづくりです。伝統工芸は京都に次ぐほどたくさん残っていますが、単に保存するだけではなく、新しい文化を創造するという目的をもって使われなくなった紡績工場の跡地を市民芸術村にするなどしています。また、路地が多いために大きなバスでは通れないということで、「ふらっとバス」という小さなバスを走らせています。お年寄りは安い料金で乗れるようにし、シャッター街となったような商店街を「ふらっとバス」がゆっくりと走るという生活風景も生まれています。

　2004年には、新しい現代アートの美術館を都心に造りました。「21世紀美術館」というのですが、この美術館の特徴は、子どもが美術館の中を走り回ってもOKということです。「なんか騒々しいな〜この美術館は」と言われるようですが、「ここは創造都市ですから」と説明しているようです。つまり、現代

表5　文化の保存から創造へ——金沢市民芸術村の実験

・世界工芸都市会議
・職人的なモノづくりの精神を町づくりにも生かす——ボローニャとの職人交流
・ふらっとバスの導入——ボローニャ視察の成果

金沢市民芸術村　　　　　　　　　ふらっとバス（写真提供：金沢市）

アートっていうものを言葉でも体感できるような美術館を造ったわけです。現在、市の人口が45万人程度ですが、最初の1年間で158万人もの来場者がありました。それ以降7年間、ほぼ130～140万の人が集まるスポットになっています。

　芸術文化を中心部に集中投資をしたら周辺の方々が「何だ、困るじゃないか」とか「不公平じゃないか」といった声が上がったようですが、市長が「いや違う！　芸術文化への集中投資は、新しい金沢の産業や経済の担い手をつくるための未来への投資だ」と答え、「伝統だけ守っていても金沢の未来はないので、将来の人達に投資をする」と言って説得をしたということです。

　まちの中心にある「金沢21世紀美術館」以外にも、その周りには様々な種類の美術館や博物館が金沢市にはあります。行かれると分かりますが、歩いていると結構面白いです。公共交通はもちろん大事ですが、歩いて中心部が楽しめるという場所がないとやはり点から点になってしまいます。面的に楽しめるだ

金沢21世紀美術館

けの博物館や美術館があって、その周りには工芸のお店やアトリエがあるとなると、産業面において伝統工芸や未来へ向けた工芸というものがたくさん散りばめられることになります。つまり、宝石箱のようになるわけです。そうなると、海外からも多くの人が訪れてまちの中を周遊するようになります。こういう仕掛けが創造都市の中には必要なのです。そこから新しい産業が生まれてくる、このような考え方を金沢市はとったわけです。

21世紀の創造経済の時代にあっては、都市基盤を形成するインフラは文化になります。これまで文化は贅沢なもので、暇があったら文化にお金を使えばよいという風潮がありました。私はそうは思いません。21世紀の創造経済の時代に入ったら、都市の優劣はそのまちの文化資本によって決まるのです。素晴らしい芸術をつくり出す場所がどれだけあるのか、単に鑑賞するだけではなく、まちのあちこちに新しいアイディアやビジネスを模索するような創造的な雰囲気の場があるのかということです。全体として見た場合、文化への投資ということをきちんと実行している都市が必ず生き残ります。これが、創造都市論というものの一つの帰結なのです。

日本では、横浜市もクリエイティブシティーという事業を進めていますし、神戸もやはりユネスコの創造都市ネットワークに加わってデザインを中心としたまちづくりを進めています。こういう創造都市を目指す都市が集まって、「創造都市ネットワーク日本」というのが2013年1月に立ち上げられます。文化庁や経済産業省、そして総務省からも応援をいただいております。

私が座長になって報告書を出しているのですが、総務省のほうでは「定住自立圏構想」というのが進んでおり、久留米市も定住自立圏の協定を結んでいると聞いていますが、定住自立圏構想を進める際、創造人材を誘致して定着するということを軸にしようという方向性が出ています。また、経済産業省では2011年7月に「生活文化創造産業課」がスタートし、創造産業というものをどのようにして広めたらいいのかという仕組みづくりも揃ってきていますので、是非久留米市も、クリエイティブでコンパクトな都市に向かうということで、これからの都市のあり方を展望していただければありがたいと思う次第です。

基調講演

芸術文化活動とまちづくり

是永　幹夫

　私は、ここにいらっしゃる先生方や行政の方ではなく経営の実務者です。現在は、ふるさとでもある大分市の「ホルトホールおおいた」（2013年7月オープン）の館長をしています。5年前に指名いただいて、ホルトの設計段階から参加しております。その前は「株式会社わらび座」におりました。

「ホルト」という言葉ですが、大分市民でも知らない人が多いのですが、大友宗麟（本名・義鎮、1530～1587）の南蛮文化が中世から近世にかけて盛んなころにポルトガルの木が生えたことに由来しています。大分市の木ということが理由で、市民投票で選ばれた名前です。

　本日、いただいたテーマは「芸術文化活動とまちづくり」です。様々な経緯のもと私が入ったわらび座は、まさに地域協働・多機能連携ということを行ってきた組織です。ここで、随分鍛えられました。

　わらび座では、40～50代の頃は主に海外公演を担当し、イタリアを含めて25年間くらい海外で公演をしていました。公共の仕事はしたことがないのですが、少しの期間、文化庁の国立文化施設のパブリックリレーションズの機能向上調査研究会に関わっています。簡単に言えば、国立劇場、国立美術館、国立博物館、国立能楽堂の経営改革委員会の実務者ということです。

　明後日も会議があるのですが、テーマは「自己収入を増やす」と「チャンネルを増やす」ということで、かなり拘束力のある報告書をつくらなければなりません。野村総研が受託した仕事を6人の委員で行っているのですが、かなり面白く、言ってみれば国内の博物館、美術館、劇場のブランド力を上げるという内容のものです。

　2014年、秋田で国民文化祭が開かれます。これまでは開催県の総合学園祭みたいなものでしたが、クリエイティビティを持ち込んでほしいということで、秋田県と一緒に3年前から企画をしています。テーマは、「発見」、「創造」、「価値観」です。クリエイティビティをつくりながら準備をしているところです。

原点としてのわらび座は、私なりの地域密着型の文化の事業化です。文化庁はこれまで文化事業の産業化を脇に置いてきたのですが、現在ではその方針転換を図っています。そういう意味では、一つの先例をつけた事業と言えます。そして、もう一つ挙げられるキーワードが複合的文化事業体です。多機能連携を行って運営をしているということです。もちろん、最初は劇団単体でした。

表1　原点としてのわらび座

地域密着——地域協働・地域共生
文化の事業化——地域資源を経営資源に
複合的文化事業体——多機能連携

＊この原点は愛媛・大分にも共通→愛媛の風土、大分の風土のなかで

さて、「ホルトホールおおいた」ですが、多機能連携の全国モデルになるという位置づけで、大分市誕生100年の経緯のなかで計画されました。その機能は大きく7分野（文化・教育・福祉・健康・産業・情報・交流）にわたってい

ホルトホール大分

ます。指定管理者制度で行っていますので、サービス向上の面でも発展性があります。大ホールなどが2014年の３月まで埋まっており、稼働率も高くなっています。

　現在、大分駅ビルが建設されていますが、これは博多駅ビルに次ぐ大きさです。近隣ゾーンには市立美術館や芸術文化短大もあり、中心市街地をアートゾーンにするという大きな計画となっています。

　一方、わらび座ですが、ハウステンボスのように事業規模を一気に大きくしたわけではなく、徐々に増やしていきました。複合的文化事業体にして、劇団の足腰を強くしていきました。250名の正社員が力を発揮しつつ、地元（秋田県仙北市）の応援をいただくと同時に文化庁の補助金もいただいています。大きな劇団ではないのですが、わらび座は行政や大学と提携して、県民市民のためにという願いを受けて運営されているということです。

　私の考えでもありますが、わらび座がモデルとしたのは、オレゴン州アッシ

わらび座のイラスト

ュランド市です。人口2万人ほどの町ですが、毎年開催される「シェークスピア・フェスティバル」では集客数48万人を誇る演劇鑑賞都市です。このアッシュランド市や韓国とは20年近くにわたって交流しており、2012年からは中国とも交流を始めました。イタリアとの交流は、劇団関係の雑誌に5年間連載したことがきっかけです。1985～1989年にかけて集中的に調査をしたのですが、イタリアの場合、文化芸術が社会の動脈として存在しているということを学びました。

21世紀のわらび座の生き残りを考えた時、そのミッションは「組織をどうするか」ということです。文化庁からは、「劇団と劇場は公益財団法人にしたほうがいい」と言われ続けているのですが、わらび座は株式会社一本でやっております。一方、アメリカの劇場がミッションとして掲げているのは、「人生の友としての劇団・劇場」です。そこまで行くのにはまだ時間がかかりますが、それを目指してやっています。

掲載した**図1**は、市民にも発表された大分市のグランドデザインです。大分市は、古代の中心地（国府）もこの辺りにあり、中世から近世には大友氏の館、江戸時代には大分城、そして今は県庁や市役所があるということで、古代から現代にかけてまちの中心街が大きく移動していないという珍しい都市です。

ホルトホールの位置づけは、人と文化と産業を育み、創造、発信する新都心拠点であり、15くらいの機能が一つの施設として動いていきます。2年後には新しい県立美術館が造られるほか、同時期にJR九州が「アミュプラザ」を造ることになっています。

大分市にはとてもよい市立美術館があります。ここから南北軸をとって、新しい美術館までを「アートの通り」にします。車線問題を含めてたくさんのハードルがありますが、何とか完成させるということです。中心地は今までと変わりません。2キロにわたる旧線路跡は大分県の土地ですが、こちらのほうも話し合いがついており、食事をしたあとに散歩やサイクリングができるような道にします。なかなか面白い造りになっているので、市民の皆さんにとっても楽しい道になると思います。

50年振りの大工事、おそらく全国初の試みとなります。周辺の大きな道も含

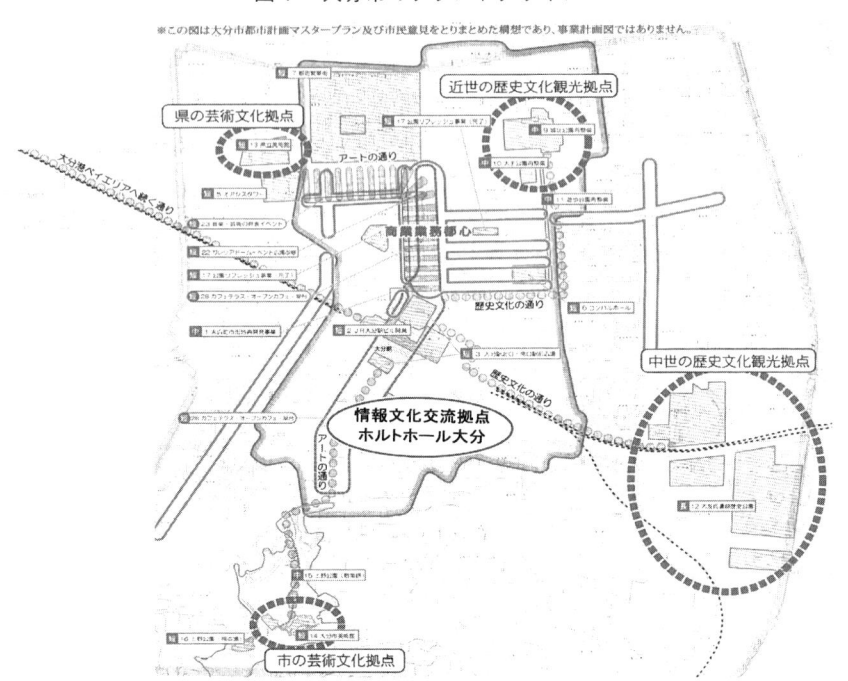

図1　大分市のグランドデザイン

めて、短期・中期・長期の計画がすでに始まっています。

　最後に、「今、必要なこと……」として述べておきます。第一に、地域資源を経営資源にするというミッションです。第二が、文化を産業にする挑戦力、第三に、領域を横断するだけの勇気と知恵、そして最後に、全方位に向けてのチャンネルづくりに対する寛容性です。「ホルトホールおおいた」では、この四つのことを大事にして、一緒に活動している皆さんと様々な機会で語り合っています。

パネルディスカッション

これからの都市デザイン
―― コンパクトシティの実現を目指して

藤田　パネルディスカッションに入りたいと思います。まず、今日のパネルディスカッションの進め方につきまして説明させていただきます。最初に、私のほうから簡単な趣旨説明をしまして、次にパネラーの方にプレゼンテーションを行っていただきます。そのプレゼンテーションにつきましては、テーマの「コンパクトシティ」に関連して、現在取り組まれていることなどを中心にお話をしていただきます。

　順番は、まずドイツで環境ジャーナリストとして活躍されている村上さんから「フライブルクのまちづくり」についてプレゼンテーションを行っていただき、続いて、関西大学の宇都宮先生から我が国の都市における「公共交通がつくるコンパクトシティ」についてプレゼンテーションをしていただきます。3番目には、本学の濱崎先生から高齢社会という観点から「コンパクトシティと高齢社会」というテーマでプレゼンテーションをしていただき、最後に、本学の駄田井先生から「コンパクトシティの実現に向けて」ということでプレゼンテーションをしていただきます。

　そして、先ほど基調講演をされました佐々木先生と是永先生から講演では話せなかったことなどを補足していただき、その後に、各パネラーのプレゼンテーションをふまえまして、いくつかの事項を取り上げて討論を行っていきたいと思います。会場からの質問などはその後に受けたいと思っておりますので、積極的な発言をいただければありがたいと思います。そして最後に、コーディネーターとしてのまとめをさせていただきます。

　それでは、今回このテーマにした趣旨について説明させていただきます。今さら申し上げるまでもありませんが、我が国は人口減少、そして超高齢社会を迎えていますが、そのなかで、これまでの急速に進行したモータリゼーション、郊外での大規模商業施設の立地による都市機能の拡散、いわゆる都市のスプロ

ール化を背景として、中心市街地や地域コミュニティの衰退といった問題が発生しています。この都市のスプロール化や公共交通の弱体化、中心市街地の空洞化の進行といった事態に対処しつつ持続可能な地域社会をつくっていくためには、これからの都市デザインというものに何が求められているのかという問題意識をもってディスカッションを行っていきたいと考えた次第です。

市民からすれば、環境が良好で中心市街地が新しい魅力をもち、まちなかを歩いて暮らせ、生活の拠点となるようなまちであること、そして中心市街地へアクセスするために人と環境にやさしい公共交通手段が整備されていることなどが望まれています。

それを実現するためには、富山市長の特別講演やお二人からの基調講演でもお話があったように、芸術・文化という視点をもって中心市街地における賑わいの核づくりを促進させ、人と環境にやさしいLRTなどの交通手段を整備していくことが必要となるでしょう。これらが実現すれば、都市全体が生活の質（QOL）の高いまちになると考えます。中心市街地が便利で快適なまちに再生されると、住民交流の場、楽しめるコミュニティ空間になるということです。また、中心市街地が文化や芸術などの創造的活動の場になれば、周囲から人々を惹きつける大きな魅力にもなります。

これからの都市デザインというものは、公共交通ネットワークを軸とした中心部への都市機能の集積が図られ、これからの超高齢社会を見据えて、高齢者を含む人々にとって暮らしやすいコンパクトなまちづくりを実現するものでなければならないと思います。このような視点をもって、コンパクトシティを実現するための方策についてパネラーから具体事例を交えたプレゼンテーションを行っていただき、コンパクトシティをいかにして実現していくのかという戦略について討議を行いたいと思います。

それでは、村上敦さんのほうから「フライブルクのまちづくり」についてということでプレゼンテーションをお願いします。

村上　こんにちは。本当は2時間くらい時間をいただけるとフライブルクの状況をきっちりとお話しできるのですが、15分という短い時間でどのようにしてフライブルクの事例やその他の取り組みを紹介しようかなと思っていたので

すが、用意してきた資料はまさに富山市長が語られた内容と重なっておりまして、私のほうからの報告は省けたなということで気が楽になっています。

国土交通省が出しています「国土の長期展望」を見ると、2050年に日本の人口は9,500万人になるということです。富山市長のお話だと、約3,000万人というところが首都圏で配分されるというようなお話でしたが、実際に日本全土を1キロメッシュで区切って、そこに人口動態の年齢別の分布を入れて、それを2050年までの時間軸で社会層の流入・流出、それから亡くなられる方、生まれる方というものを予測していくとどうなるかという資料が既にあります。

ですから、久留米市や富山市に限ったことではなく、日本全国がそれを指標にして、よくないことがそこに書かれているのであれば、それをひっくり返すようなことをしなければならないわけです。当然、ドイツをはじめとしたヨーロッパの自治体はこのようなことを行っています。人口動態を入れて、将来的にどう動くかということは人口3,000〜5,000人の村でも行っています。役所に行くと、パソコンの中にそのデータが入っています。それに基づいて、介護施設をどこに造る、何をどこに造るのかといったまちづくりを行っているのです。このあたりは、参考にしてもらったほうがいいと思います。

正直な話、9,000万人とか9,500万人という人口になった時、首都圏、名古屋圏、福岡圏、それから沖縄といった所の人口が維持されるのではなく、増加する場所というのもあります。その反対に、人口が飛び抜けて減少するような地域があります。全体の63%については人口が半分以下になります。おそらく、このような時代になってくると、ほとんどの社会的インフラが維持できなくなるでしょう。この問題については、ドイツでもまったく同じ状況であると書かれています。

表1　国土の長期展望

- 2050年には国土の6割の地域で人口が半数以下になる。
- 今の時点で、人口規模が小さい、すでに人口減少傾向が始まっている所はそれが極端になる。
- 2030年には、国土の基盤インフラ維持のために今の約2倍のお金が必要。
- 多額の財政赤字の返済、高齢化による社会福祉費の増大は、今後も天文学的に上昇する

ベビーブームがあって団塊の世代があり、そのジュニアがほんの少しだけ小さい形をつくり、その後に少子化となっているわけですから、2004年とか2005年くらいから移民を受け入れていても人口は維持できていません。旧東ドイツのルール工業地帯、今、北ドイツは一生懸命に何をしているかというと「撤退の都市計画」です。まちの範囲をどんどん小さくしていって、人口密度をいかに保つかということを行っているのです。日本でもこのような取り組みを迅速に始めていかないと、運搬だけでなく下水道・道路・電気といった生活基盤のインフラをはじめとして、小売店や病院、そして学校までもが維持していくのが難しくなるでしょう。

　久留米市の場合、市の中心部には私鉄も通っていますし、有利な状況を抱えていると言えます。

　富山市長のお話によると、人口密度はバスの軌道の所で1ヘクタール当たり30～40人ということでした。普通、バスの運行で採算をとるためには70～80人は欲しいところです。それが、目標の2035年で50人ということでした。私が調べたところ、久留米市の場合は今の状態で50人程度維持されている所が多くあります。したがって、この人口密度をこれ以上低下させないための取り組みがより重要になるかと思います。

　ドイツの場合、どういうところで人口密度を確保しているのかというと、住宅の供給量を世帯数とか人口動態に合わせて制限しています。それで、密度がある一定程度保たれるのです。今日、いかに誘導して路線のなかに家を建ててもらうかというお話がありましたが、ドイツではそういう所以外の建設許可は基本的に下りません。地価が今後下がっていくであろうと予想される地域に家を建てるということは、ほぼ100％不可能なのです。つまり、地価が毎年2～3％上昇していくという所にだけ建物や家が建てられるような都市計画の制度になっているのです。

　このあたりが大きく違うところです。ちなみに、ドイツには8,300万人いて4,019万世帯ありますが、戸数は4,018万戸でしかないのです。計算上、空き家はないということです。

　日本は空き家率が13％を超えていますし、過疎化している所になると30％以

上の空き家を抱えている所があります。これは、明らかに供給過剰です。30％も空き家がある所の地価は下がるに決まっています。それでもまだ新築していく所というのは、コンパクトシティという高尚な話をする前提条件をもっていないということです。LRTとかどうのこうのという問題の前に、まずは住宅政策や土地計画の政策というものをしっかりとやっていかなければなりません。

　今、日本は消費税が上がるということで、2013年から来年にかけて約100万戸が新築されると言われています。ものすごい数を造るという計画になっています。これをいかに見直していく、あるいは土地が安い郊外ではなくて中心部のほうに密度を高めていくような努力をしないと、都市のコンパクト化はなかなかできないのではないかと思います。

　ドイツでは、実は「コンパクトシティ」という言い方はしません。どのような言い方をするかというと「ショート・ウェイ・シティ」で、「移動距離の短い都市」という意味です。最終的な結果というものはほとんど同じですが、移動距離の短い都市と面積の小さい都市ということで何が違うかというと、移動の目的地をどこに造って、それぞれの人がどのような居住形態にあるのかという点が重要視されるところです。

　同じような敷地内に、2軒の家が隣同士にあるとします。そうすると、潜在的なポテンシャルとして、一方の家からもう一つの家に移動するという可能性が出てきますよね。農村であればこれで構わないわけですが、都市の場合は、人だけでなく情報とかモノが交流して初めて成立します。それを行うためには、どのような居住形態が必要になるかということです。

　6世帯ずつが隣同士で居住している場合、合計すると36個の移動および交流する可能性が出てきます。たくさんの移動してくる可能性というものを、いかに小さな面積で、かつ短い移動距離でつくるのかということがコンパクトシティそもそもの前提となります。

　ここのすべてを住宅にしてしまうと移動の可能性は36通りとなりますが、1階部分だけを店舗にしたらどうなるでしょう。もう少し、雇用や買い物で移動するという可能性が増えてくることになります。短い距離で、いかに移動する可能性をどのように取り込んでいくのか、それを考えて造っていくかというこ

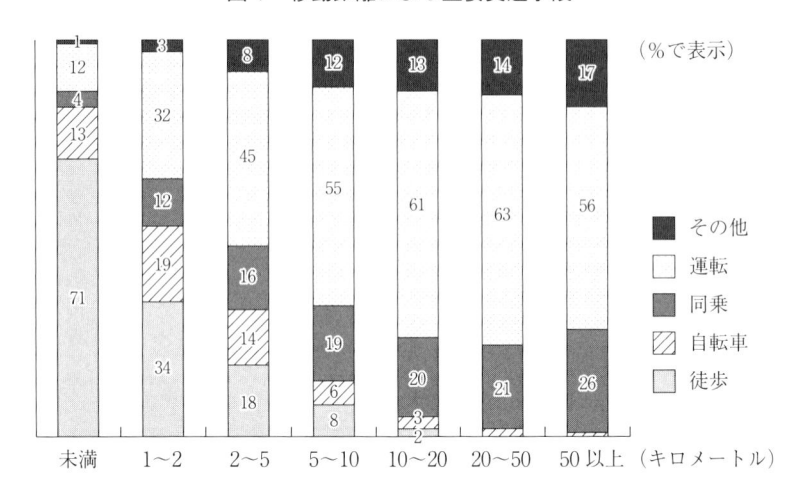

図1　移動距離による主要交通手段

（％で表示）

凡例：
- その他
- 運転
- 同乗
- 自転車
- 徒歩

未満／1〜2／2〜5／5〜10／10〜20／20〜50／50以上（キロメートル）

未満：その他1、運転12、同乗4、自転車13、徒歩71
1〜2：その他3、運転32、同乗12、自転車19、徒歩34
2〜5：その他8、運転45、同乗16、自転車14、徒歩18
5〜10：その他12、運転55、同乗19、自転車6、徒歩8
10〜20：その他13、運転61、同乗20、自転車3、徒歩2
20〜50：その他14、運転63、同乗21、自転車1
50以上：その他17、運転56、同乗26

とがコンパクトシティの場合は非常に重要になります。

図1は、ドイツにおいてどのような手段で移動しているかを表している交通分担率の統計です。全ドイツの平均値ですが、1キロ未満の移動については、71％の人が歩いて移動しています。車で移動するという人は16％で、同乗者の人が4％、運転する人が12％となっています。そして、13％の人が自転車で移動しています。1キロ未満であれば、ほとんど公共交通の必要性というものはありません。しかし、1〜2キロの間であると、誰でも感覚的に分かるでしょうが徒歩の人が減ります。

注意してほしいのは、2キロを超えると、ドイツに限らずどこの先進工業国でも自動車を利用する人が50％を超えるということです。ですから、町の2キロ以内で何ができるかということが重要になります。日用品や準日用品、また非日用品というものに関して、どういう店の配置をして、どのくらいの密度で人が住んでいくのかということが非常に重要になってくると思います。

フライブルク市の人口は22万人です。久留米市より小さい都市で、両市とも微増しています。「入植地」と言われるまちの市街地から農地・森林・河川と

いった諸々の荒地を引いたところでの人口密度を見ると、久留米市とフライブルク市とでは1.7倍の差があります。富山市の中心部は、フライブルク市の市域全体の入植地とほぼ変わらない人口密度となっています。

通常、フライブルク市の市街地と言われる所の人口密度は80〜120人です。ですから、路面電車は7分に1本間隔で走っており、朝の5時半から夜中の12時半まで運行されています。また、金曜日と土曜日は、夜中の1時11分と2時22分、そして3時33分にディスコバスが市内を循環するという公共交通システムとなっています。

それができる一番の前提条件というのが、やはり人が集まって住んでいるかどうかということです。それから、居住形態が久留米とはまったく違います。フライブルク市には22万人の人がいるのですが、一人で住む学生が多いために11万世帯という数になるのですが、建物は25,000棟しかありません。要は、集

表2　フライブルク市と久留米市との対比

	フライブルク市	久留米市
経済圏	南バーデン地方の上位都市 （総人口60万人規模）	55万人
土地利用	総土地面積　153km^2 森林64km^2　農地・緑地41km^2 入植地・交通48km^2 →入植地人口密度46人／ha	総土地面積　230km^2 森林16km^2　農地・緑地100km^2 入植地・交通114km^2 →入植地人口密度27人／ha
総人口	22万人（0.5％の微増）	30.3万人（0.5％の微増）
総世帯数	11.3万世帯	11.3万世帯
住居総棟数	2.5万	13万戸（戸建て52％、集合48％） ＊注
住民数	1棟に8.8人	1戸3.9人

・入植地の人口密度1.7倍の差。
・1棟当たりの住人で2.3倍の差。
・土地を有効有効に利用していない（都市計画がない）。
（注）例えば、集合住宅1棟当たりの世帯を平均すると…13万×0.52＋13万×0.48÷6＝7.8棟

合住宅しか建てさせていないのです。

　都市計画上、戸建住宅というのは容積率が低すぎるので４階建てや５階建てといった中層の建物が一般的になっています。これを1965年頃から50年間続けているのがフライブルク市なのです。とはいえ、集中してみんなが住むようになると生活環境というものはどうしても下がります。その部分を公共空間でどのようにして緩和していくのかということが、フライブルク市でも重要なテーマとなっています。

　宅地内に強制的に軽工業や商業地域を入れ込んでいくというのも、今のコンパクトシティを推進している都市のやり方です。あるいは、宅地内にメイン通りを走らせ、アーケード化を図ったりして人が集まる場をたくさん設けていくというのが現状です。

　フライブルク市は、1960年代前半までまち中はこのような形でした。トランジットモールといって、公共交通と歩行者だけの区間にするということが1970年に決まりまして、その後、路面電車や自転車交通というものを推進してきたわけですが、人口22万人の都市で平日の朝10時半くらいには写真のような状態になっています。

フライブルク市のまち中の様子

写真に写っているのはクリスマスの時期です。クリスマスの4週間前になると、多くの人が買い物に出掛けます。ドイツ人というのはプレゼントをたくさん買いますので、人ごみで歩けないぐらいになります。これはお祭りではなく、平日の状態です。こういう形のまちづくりというものができているのです。

　先ほど、公共交通のカバー率という話がありました。市街地の中心に近い所は停留所から300メートル、郊外のほうはもう少し頑張ってもらって500メートル歩いてもらうという形で円を描いて、市域のなかにおいて円の中に住んでいる人の割合を増やしていかなければならないという話でした。

　富山市の場合、今、28％が31％にまで上がり、それを将来的には42％まで押し上げようとしているわけですが、フライブルク市の公共交通のカバー率を見ると95％となっています。このような都市がほかにどこにあるかというと、スイスとデンマークとオランダくらいです。ドイツでも珍しい事例ですが、スプロール化を40年間にわたって抑えてきて、区域のなかでまちづくりを行ってきた成果であると言えます。

　今、ドイツでコンパクトシティと言った時に挙がる有名な場所はフライブルク市とチュービンゲン市です。フランスやイタリアをはじめとして様々な国から視察に来ていますが、だいたいこの二つの町を見本にしています。住宅地の場合、ヘクタール当たり120人ぐらいの人口密度を入れ込むということなので、4～5階建ての集合住宅地になります。緑が豊かで、まちの規模が小さくても構わないということです。

　3,000人でも800人でも構わないのですが、その人数が膨大な区域に住んでいるのか、それとも線引きされた範囲のなかに住んでいるのかによって、5分に1本バスが走ったり、7分に1本路面電車が通るようになるわけです。このあたりのことが、コンパクトシティの境になるのではないでしょうか。

表3　フライブルク市と並ぶコンパクトシティの見本都市・チュービンゲン市

・人口わずか9万人の都市――住宅地120人／ha、宅地250人／haの開発、再開発。
・バス交通が網の目のように走っている。
・市街地は活気あふれている。

高層の建物はほとんどなく、だいたい6階を上限としている場合が多いのですが、これが現在ヨーロッパのコンパクトシティと呼ばれるものとなります。もちろん、駅の近くに人を集めるような施設を造ったり、文化交流というものを活性化して、まちの顔というかアイデンティティといったものを推進していくことも大切であると思います。

日本では、一方でこのような政策を推進しておきながら、他方でまだまだ新築すると補助金がもらえたりするわけです。郊外の、タダのような土地に戸建ての住宅を造っても、誰からもお咎めがないわけです。国はまさにそれを推進していこうとしていて、自治体も同調するような状態になっているわけですが、穴の開いたバケツにいくら水を入れても溜まらないように、まずは穴をふさぐような対策が大切ではないかと思います。

藤田　どうもありがとうございました。村上さんには、久留米市でこれからのまちづくりを考えていく時に参考になる「フライブルク市のまちづくり」についてお話をしていただきました。のちほど、パネルディスカッションで補足していただければと思います。それでは、続きまして宇都宮先生からプレゼンテーションをお願いします。

宇都宮　こんにちは、関西大学の宇都宮です。今日は「公共交通がつくるコンパクトシティ」というお話ですが、実は私は、先ほどから話が出ているLRTという新しい路面電車を使ったまちづくりについて10年ほど研究を続けてきました。その理由は、1990年代前半にサラリーマンをしていたころ、スイスのバーゼル市によく出張に行ったのですが、それがきっかけとなりました。バーゼルからは、約30分で先ほど紹介されたフライブルク市に行けます。ここは、人口が決して多くない都市にもかかわらず、本当にものすごく賑わっているわけです。これは何なのだろうか、と思ったのです。

バーゼルから特急列車に乗って、フライブルク駅の階段を下りたらすぐそこから電車に乗れます。この利便性のよさ、そしてみんながそれを利用していることによってまちが賑わっているという光景に感動しました。日本ではもっと大きな都市が何故寂れているのかという思いもあり、路面電車やLRTがまち

づくりに与える影響ということを20年近く考えてきたわけです。

まず一つ言えることは、何もしないことはコストがかかるということです。100円バスを運行させるにしても、LRTを敷設するにしても、住宅補助を行うにしても、お金がかかります。

各地方自治体に行くと、「財源がない」と言われます。そうすると市民は、交通にそんなお金をかけるぐらいなら、もっと違うところに使ったほうがいいのではないかと思うかもしれません。ところが、交通やまちづくりにお金をかけないということは、実は膨大な浪費を生んでいることになるのです。

富山市長が講演のなかで数字を出されなかったのでお話しますが、富山市は様々な項目において数値化しています。例えば、2005（平成17）年から2025（平成37）年まで、市域が拡散するだけで行政経費が12％アップするという数値を出しています。人口密度が下がっていくと、いかに行政経費が膨らんでいくかということも分かっています。

実を言うと、節約することがお金を浪費することなのです。

図2　何もしないことはコストがかかる

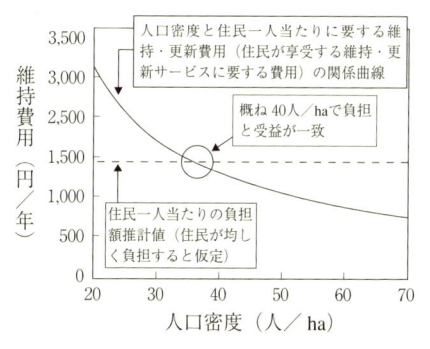

人口密度と住民一人当たりに要する維持・更新費用（住民が享受する維持・更新サービスに要する費用）の関係曲線

概ね40人／haで負担と受益が一致

住民一人当たりの負担額推計値（住民が均しく負担すると仮定）

維持費用（円／年）

人口密度（人／ha）

（注）ここで、取り上げた都市施設の維持とは除雪、道路清掃、街区公園管理、下水道管渠官理。

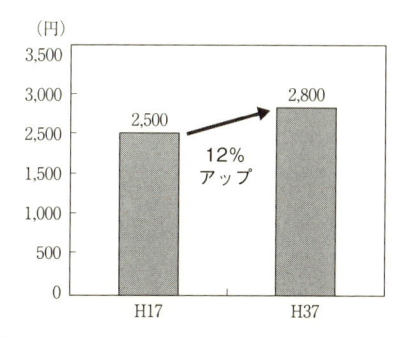

（円）

H17: 2,500　H37: 2,800　12%アップ

人口の拡散によって、市街地の低密度が進行することにより、住民1人当たりの行政コスト注[1]が今後12％アップ

（注）都市施設の維持管理費（除雪、道路清掃、街区公園管理、下水道管渠管理費用）が現在のトレンドで推移した場合の試算。

（出典）富山市資料。

だから、効率的に投資をすることでまちづくりを進めたほうがよいということになるのです。今日は、住宅の話や芸術の話もありました。文化経済学的な発想、創造都市ということで言えば、20世紀は比較的ハードを造ってきました。商業施設や市民ホールなどが挙げられますが、コンサートや祭りといったソフト面も必要であると言われています。

　そのような状況のなか、何故、交通なのでしょうか。私は、交通というのはハードとソフトを融合させるための触媒であると考えています。交通があると、各地がもつよいコンテンツに化学反応を起こさせることができます。これを語ったのが、富山市のお団子と串の話です（177ページの**図3**参照）。串があるとお団子になってくる。串がないとお団子がしなびて腐ってしまう。腐ってしまうと、だんだん犯罪に代表されるようなよくないことが起こるわけです。私達は、このような触媒によるまちづくりを「交通まちづくり」と呼んでいます。

　公共交通において、どのようにハードとソフトを融合させるかというと、「絆」という言葉が使えると思います。例えば、富山ライトレールでは、バレンタインの時に沿線の高校生と社員いっしょになって手作り感のあふれる飾り付けを行っています。デコレーションをすることで、人々がほっとするような

沿線の高校生がデザインしたバレンタイン模様をラッピング

富山ライトレールのマスコットは沿線高校生のデザイン「とれねこ」

気分になり、喜ぶわけです。そして、それが全国区になっていくわけです。ちなみに、ポートとトラムを合わせて「ポートラム」と言うのですが、バレンタインのポートラムは「ポートラブ」と呼んでいるそうです。

　上のイラストは富山市の高校生がデザインした「とれねこ」ですが、7種類あり、それぞれ性格が違うということです。都市伝説まで出来ていて、「赤い電車に乗ると恋が実る」とかで盛り上がっていくわけです。このような形で行っているから、富山市長も自信をもたれるのでしょう。さらに言えば、写真を見ていただければ分かるように、電車からバスへとすぐ乗り換えられるという利点もあります。

　久留米市でも「このようなライトレールがあるといいよね」と言う人がいらっしゃると思います。バス路線のようにはライトレールを網の目のように敷くことはできませんが、久留米市であればJR久留米駅から西鉄久留米駅に敷設するのがいいでしょう。電車が着くとバスが出るようにダイヤをちゃんと調整して、大きなネットワークにすればよいのです。

　富山市では、電車は15分に1本出ています。バスは支線なので30分に1本ですが、2本に1本は電車が着くとバスが出ていく、あるいはバスが着くと電車が出るという状態になっています。乗り換えに時間がかからず、割引で行けるわけです。一体的な交通体系をつくって、車よりもバスや電車を使ったほうがいいよねという公共交通網が形成されると、触媒機能がさらに増してまちが活性化していくわけです。

ダニエル・ビュランによる架線柱デザイン

　上の写真に写っているのは、スイスとフランスの国境にあるミュールーズ市という所のものです。バーゼル市の隣なのですが、私が出張に行っていた時にはこういうものはなかったのですが、現在は真っ赤なアーチが造られています。ダニエル・ビュラン（Daniel Buren）という有名な工芸デザイナーを雇って、トラムの路線エリアをアートにしたわけです。

　電停によって、赤、緑、黄色と色が違っています。そうすると、今まで見向きもされなかった都市が、わざわざ行きたくなる所と変わるわけです。そして、行ってみると感動する。こうなると、まちのみんなが「これが我がまちのシンボル」であると思うようになり、電車自体も一つのまちの顔になっていくわけです。これが、公共交通のよさでもあります。

　このような観点からすれば、バスよりもライトレールのほうが魅力を発揮することができるのでないかと思います。ただ、あまり鉄道のことばかり言っていると、お前は鉄道が好きだからではないかとか言われそうですが、私はバスも大好きなので、韓国のバスを紹介しておきましょう。

　韓国のバスは、専用レーンを道の真ん中に走らせています。渋滞知らずで、路面電車の停留所のような形でバス停を設けています。こういう形で、公共交

通がまちの核として生きてくるわけです。

モロッコにも、フランス製の新しい路面電車が出来ています。異国の旧市街を私達はヒヤヒヤしながら歩くわけですが、これにさえ乗れば安心して移動することができます。しかも、電車は時間通りに来ますし、変な所にも連れていかれません。地元の人も、「これが出来たおかげで渋滞がなくなった」と言っていました。

今は様々な人がLRTの横を歩いていますが、かつてこの道は渋滞していたそうです。電車が通っている所だけは整然としているわけです。これならば、車に乗るよりも電車で行こうという人が増え、さらに車の渋滞も緩和されることになります。

日本でこういう話をしていると、先ほども言ったように「お金がない」、「財政危機だ」、「やれ渋滞だ」と言われますが、モロッコの名目GDPというのは日本の15分の1でしかありません。重要なことは、どこにお金を使って、どういうまちにしたいか、ということです。

その結果、ライトレールと言われるものは、ヨーロッパ、アジア、アフリカなど全世界で増えています。先ほど富山市に台湾から視察に来るという話があ

モロッコのLRTとアート

りましたが、その台湾も今度新しくライトレールを造ります。

そうは言っても、やはり車が渋滞するのではないかと思われるかもしれません。確かに、ストラスブールでもライトレールを造る時には大反対がありました。渋滞に対する懸念と、車で来てくれたお客さんが買い物出来ないということで商店街の人々が反対運動を繰り返しました。

それに対して市がどのようなキャンペーンをしたかというと、「車であったら大渋滞ですが、バスだったら3台ですみますよ。電車だったら1両編成ですよ」ということを訴えました。結局のところ、自動車が多いことが道路混雑の原因なので、道路建設を進めれば進めるほど自動車を誘発するだけだということに気が付いたのです。LRT を使ったほうがまちは効率的になり、経済活動も低下しないわけです。実際、フライブルク市は、かつて渋滞していた街中が今は蘇って、先ほど紹介のあったような賑わいになったわけです。

お金はどうかということについては、富山市長も言われていたように、公費を投入することはある程度仕方がないでしょう。しかし、中心市街地が賑わうことで、中期的には固定資産税が増えるわけです。結局、我々は、短期間に運賃で交通費用を賄うという呪縛、つまり高度経済成長期の呪縛に取り残されているのです。公共交通はまちやそこに住む人のためにあるわけで、まち全体が

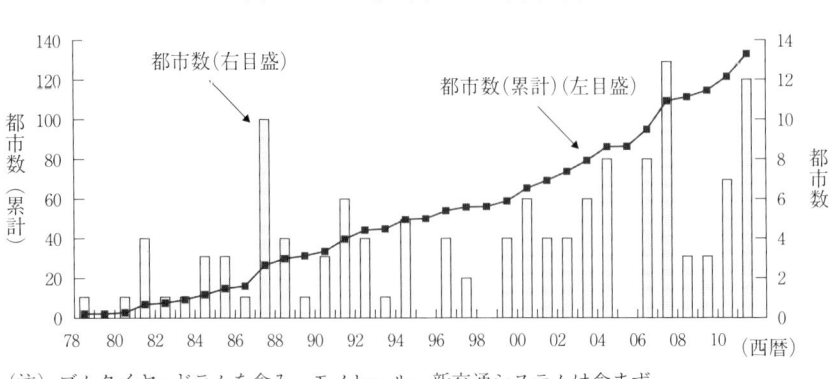

図3 1978年以降の LRT 開業都市

(注) ゴムタイヤ・ドラムを含み、モノレール、新交通システムは含まず。

2 これからの都市デザイン——コンパクトシティの実現を目指して 237

表4 公共交通を整備するお金は？

・公共交通は街の「装置」
　——交通事業単体で収支を見るものではない。
　——海外では安価に運賃を設定。
　——アメリカでは都心部無料のケースも（「動く歩道」が無料であるのと同じ）。
　——道路、駐車場、上下水道、公民館、市営プールなどと同じ。
・中心市街地活性化で固定資産税が増加すれば、中期的にみた都市経営としては成功
・まちづくりという観点から社会全体が儲けを得ること（社会的便益＞社会的費用）

活性化して、社会的なベネフィットが費用よりも上がればいいのです。

公共交通の整備には、何百億円もかけなくて出来るわけです。ところが今は、例えば1,000万円の公費を公共交通に投じるとなるとものすごい反対の声が上がるわけです。少し考え直して、まち全体でどのようにして儲けていくべきかについて考えるべきではないでしょうか。

ここまで述べても、「久留米市はブリジストンだろ。やはり、車の環境が重要ですよ」と言われそうな気がします。これは久留米市に限らず、立派な人から「宇都宮君、いいことを言うね。だけど、日本という国はそう甘くないのだよ。自動車産業で生きているわけだから」と諭されるわけです。

でも、そんなことはありません。ドイツはどうでしょう。ベンツやポルシェが走るまちにはライトレールがあり、公共交通が生きているわけです。シュットットガルト駅のマークはベンツのマークですが、ちゃんとライトレールもあり地下鉄もあります。先ほどのミュールーズも、プジョーの工場があるまちなのです。

私は、自動車を否定しているわけではありません。棲み分けと共存ができるのではないかと思っているのです。ドイツやフランスの事実関係を見ずに、感性だけで物事を考えてはいけません。自動車産業がだめになるから日本では出来ないということを言ってはならないと思います。

ドイツでは、ワーゲンの工場がドレスレン市内にあります。日本で言えば、トヨタの工場が二つあって、一方の工場に部品を運ばなければならない時、それを運ぶのはトラックです。しかし、ドレスデンでは電車なのです。部品を運

部品を運ぶカーゴトラム

　ぶ電車は「カーゴトラム」と呼ばれています。これぐらいの環境意識をもつことによって自分達も環境とまちに優しいということをアピールし、世界中に車を売っていくワーゲンという誇りをもっているわけです。これも、自動車と共存していくということです。

　まとめとして言いますと、公共交通を一つのまちの核として考え、他の所で行っていることを私達もやっていこう、ということです。日本人はネガティブチェックが得意ですが、それを止めて、もっとポジティブに夢を考えてみましょう、ということです。

表5　自動車関連産業に頼る日本で大丈夫？

- 交通まちづくりは自動車を否定するものではなく、鉄道と自動車の「すみわけと共存」によるまちづくりをめざすもの。
　　――フランスやLRTは、中心市街地の郊外のショッピングセンターを結ぶ。
- 日本は自動車産業が主力だから鉄道・LRTが復権しないという議論は、ドイツ・フランスの事実を誤認。
　　――ドレスデンのフォルクスワーゲン社は、専用の路面電車を用いて自動車部品を輸送している。

これから高齢社会になります、成熟社会になります、だから豊かな生活を保つために知恵を出し合いましょう。自動車があってもいい、けれどもそれ以外の選択肢も求める。これを経済学の用語で言うと「love of variety」となります。多様な選択肢のなかにおいて、我々が豊かな生活をするということを一緒に考えていける空間がいいのではないかということで、私の話を終わりたいと思います。

藤田　どうもありがとうございました。「公共交通がつくるまちづくり」という考え方でコンパクトシティについてのプレゼンテーションをいただきました。では続きまして、本学の濱崎先生から高齢社会におけるコンパクトシティのあり方はどうかということにつきましてプレゼンテーションをお願いします。

濱崎　私が今日お話ししたいのは、「コンパクトシティと高齢社会」というテーマです。いわゆる地方都市に暮らす高齢者の生活視点から、コンパクトシティというものを考えていきたいと思います。

　今、超高齢社会ということで様々な社会問題が浮上しています。孤独死の問題、買物難民という問題などです。厚生労働省も頑張っていまして、やっと日本も、厚生労働省と国土交通省が手をとって高齢者向け住宅制度に取り組み始めたかなというところです。そういう高齢者のいろいろな問題を考える時、福祉サービスというソフト面も大事ですが、まちづくりというハード面と融合させていくことも生活を支えるという意味では重要となります。今日は、コンパクトシティとからませながらお話をしたいと思います。

　三つのポイントがあります。「近隣住区論の再活用」というものを最初に挙げたいと思います。これを最初に挙げた理由は、私の個人的な体験からそれがイメージされてきたということです。「近隣住区論」という言葉にはなじみがないかと思いますが、日本のいわゆるニュータウンと言われる大規模な新興住宅開発をする時の基本として、だいたい小学校を中心に半径400～500メートルの範囲、人口にして8,000～10,000人の範囲をコミュニティの一つの単位とし、それを近隣住区と捉えて都市基盤整備が進められたということです。

　その範囲の中心に近隣センターというものを造って、そこに商店や郵便局、

散髪屋さんなども配置することで400メートル圏内に生活利便施設というものを整備していったわけです。

この時は、もちろん現在のような高齢社会ではありませんでした。私が思いますに、1年生が歩いて小学校に行ける、つまり抵抗なく歩けるというのがこの範囲だったのではないかと思います。このニュータウンが、ご存じのようにオールドタウンになってきました。高齢者が抵抗なく歩ける範囲も、同じくこの400～500メートルの範囲となっています。

先ほど、富山市長さんも駅から500メートルの範囲に住宅を建てたら助成金を出すとおっしゃっていました。あの500メートルも、おそらくこのあたりの考えから来ているものと思います。日本でコンパクトシティと言われるようになる前のアメリカで、「ニューアーバニズム（New urbanism）」というサスティナブル・コミュニィテイ・デベロップメントというものを行っていた時も、駅からだいたい400～600メートルの範囲に公共サービスの出張所をはじめとした利便施設を集約させていました。物理的に人間が抵抗なく歩ける範囲のなかにそういうものを集約して、そのなかで歩いて暮らせるまちづくりをするということかと思います。

実は、学生時代に私は千里ニュータウン（大阪府）の端っこにある大学に通っていまして、頻繁に大学に泊まり込んでいたものですからニュータウンの一角に住んでいるという感じでした。近隣に銭湯があって、コミュニティが生活感のなかに溢れていて、楽しい町でした。ですから、それを取り戻そうとする時には、やはりその圏域のなかで生活を考えるというのがよいのではないかと思っています。

とはいえ、そういう所も今はモータリゼーションで、近隣センターも結構空き店舗になっています。現在、千里ニュータウンで話題になっているのは、その近隣センターの空き店舗を利用して訪問介護ステーションになっていることなどです。豊中市が、1年間だけ社会実験的に空き店舗を使って、民生委員が中心になって100円でコーヒーが飲めるサロンのようなものを開きました。そうしたところ、日頃は全然見かけなかった高齢者がニュータウンのなかからゾロゾロ出てきたということでした。このまちには、こんなにも多くの高齢者が

住んでいたのか、と。

　昔、つまり若い時にそこを使っていたのだが、近くに店がなくなってきたものだからみんな閉じこもっていたということです。身近に集まれる場所をつくることがいかに大事かということがよく分かる例です。

　現在、私は大学で地域福祉を教えています。そのなかで、孤独死をどのようにして防げばいいのかということが非常に重要なテーマとなっています。共助という、いわゆるフォーマルではないインフォーマルのなかでの見守り活動というものを行わないと防げないということで、地域福祉という枠のなかで共助というものはどうしたらできるのだろうかについて考えた時、やはり顔の見える範囲での助け合いだろうということになりました。事実、社会福祉協議会などが校区の見守りネットワークを設けたり、認知症の人が増えていることから徘徊ネットワークなども小学校区単位で推進しています。このようなことから、この圏域が地域コミュニティをつくっていくという意味では適切な範囲となるのではないかと思って、近隣住区論の再活用というのを最初に挙げました。

　二番目として、「中心市街地活性化」が挙げられます。中心市街地は「シャッター街」とも言われていますが、この中心市街地というのは、考えてみればインフラ整備のなかで歴史的にものすごい資本が投資されてきた所です。持続可能な社会づくりという意味でも、そのエリアを使わない手はありません。駅をはじめとした中心商店街の周りには古いお寺や神社があって文化や歴史の拠点ともなっています。博多で言えば、櫛田神社が山笠の出発点になっているように、このような拠点を都市が失えば魅力も低下してしまいます。

　確かに、商店街が活性化しないという問題もありますが、私は商店主にも責任があると思っています。商店主自身が郊外に住んでいて、閉店後は商店街にいないですよね。やはり、住まないと愛着心は出てきません。本気で商店をやり直したい、活性化させたいという気概が欠けているのではないかと思います。

　先ほどから話題として出ていますが、高齢者が住む場所を街中につくって、24時間都市として再生させることが重要なテーマとなっています。2011年からサービス付き高齢者住宅整備というのが始まりまして、上層階には高齢者の安否確認と相談員が日中在駐できるようなスペースを設け、緊急呼び出しがあっ

ても対応できるような施設、また低層階に介護サービス事業所が入るような住宅を整備するというのが最近見られるようになりました。

長崎県島原市の例で言うと、商店街の一番端っこの一階にデイサービス事業所のある住宅があります。上に住んでいらっしゃる方は比較的元気で、介護保険などは利用していないのですが、アパートを下りてくれば商店街で自由に買い物が出来、自立した生活が出来るようになっています。もう一つの効果というのは、街中に住むようになってからお孫さんがよく遊びに来るようになった、ということでした。これまでは、おばあちゃんの家が遠かったから行かなかったけど、おばあちゃんの家に行くと帰りにいろいろと買い物が出来るということでまちに人が集まりだしたのです。

このような空き店舗利用で成功しているのが松江市です。東京・巣鴨が「おばあちゃんの原宿」と言われていますが、松江市を巣鴨にしようということで、高齢者中心のまちづくりをして中心街が活性化しているという例があります。

三番目に行きます。今日は公共交通のことが話題になっています。交通にからめた話では、コミュニティバスの社会的効用ということについてお話をします。

交通というのは、連続性ということが非常に大事となります。久留米市のなかでもバス交通の赤字路線が増えており、空白地帯をマップに落として都市計画をつくっています。もちろん、その空白地帯が広がるという傾向にあります。そのような所にコミュニティバスを走らせて、うまくいっている所があります。

私は、久留米に来る前には佐世保に住んでいました。佐世保では、都市計画課が空白地帯に対してコミュニティバス運行の立ち上げの１年間だけはお金を出しますが、あとは住民でやって下さいということで、空白地帯にジャンボタクシーを走らせることにしました。ジャンボタクシーの会社の社長も、タクシーで儲けるだけではなく社会貢献もしたいから、最初は赤字でもいいからうちのジャンボタクシーでやりましょう、ということで始まりました。市のほうでは１年しか面倒を見ないという約束ですので、町内会の人達がバスを走らせるための委員会をつくって、絶対に赤字にしないようにみんなで乗ろうとしたわけです。

ここのいいところは、出発点と終点に高齢者が買うような対面式の昔ながらの市場があることです。その市場の周辺に、高齢者がいつも行くような病院などが何か所かあるわけです。バス停の位置やルートも住民達が使いやすいようにつくってもらって、ジャンボタクシーを走らせたわけです。その結果、黒字となり、みんなの思い通りにまちが活性化しています。

　この実験の報告書を読んでいると、もう一ついいことが現れてきました。バスの中で高齢者同士が仲良くなって、あのバスに乗ればあの人に会えるということになり、孤立化だとか閉じこもりという問題が解消されたのです。このような高齢者を取り巻く問題を防ぐ絆づくりとしてもコミュニティバスに社会的な効用があり、高齢福祉社会に役立つものになっていると思います。

　ソフトおよびハード面でコンパクトシティを考えた時、高齢社会においても大いに活用できるものだと思います。ただ、地域福祉をやっていて思うことは、地域特性というものをしっかりと見定めて、他の都市の真似をするだけではなく、久留米市の地域特性を十分に考えたうえでコンパクトシティ構想を計画する必要があると思っています。

藤田　どうもありがとうございました。では、最後になりますが、本学の駄田井教授からコンパクトシティの実現に向けてというテーマでプレゼンテーションをお願いします。

駄田井　スプロール化した土地によって道路ばかり造っても車が行き交うだけでほかに使い道はないのですから、これは貴重な土地を失っているという考え方もできるのではないでしょうか。

　このような観点から考えると、やはりまちをコンパクトにして、公共交通を使わなければならないということは、人口減少時代に向けて必要なこととなります。この点に関しては、専門家のなかでは一致しているでしょうし、「それは違う」と言う人はわずかではないかと思います。もちろん私も、コンパクトシティというものを実現していかなければならないと思っています。

　コンパクトシティの実現には市民の同意が必要です。それで、一般市民がどれだけこのことを意識しているのかが問題となります。毎年、久留米市が「環

表6　コンパクトシティについてのアンケート　　　　（%）

コンパクトシティのことを知っていますか？		はい	いいえ	計 無回答を含まない
久留米の街もコンパクトシティになったほうがよいと思うか？ （説明後）	思う	17.1	39.5	56.6（68.8）
	思わない	0.7	25.0	25.7（31.2）
計（無回答を含む）		21.7	78.3	

(注) 縦の計の欄の（　）の中の数字は内数の%である。

境デー」というのを主催しております。ここで、学生を使って「コンパクトシティというのを知っていますか？」というアンケートを取りました。

なんと、知らないという人が約80%です。環境デーに来ているような人ですから、環境問題について関心をもっている人に対しての結果なのです。そして、「久留米市もコンパクトになったほうがよいと思うか？」という質問に対しては、知っている人のなかではほとんどの人が「そうすべきではないか」という答えでした。知らなかった人でも、コンパクトシティの説明を聞くと、3分の2くらいの人が「コンパクトにしたほうがいいでしょう」ということでした。

これと同時に「パークアンドライド」とか「トランジットモール」ということについてもアンケートに取ったのですが、こちらのほうも80%くらいの人が知らないという結果となりました。しかし、内容を知ると、そうしたほうがいいという人が圧倒的でした。このような結果を考えますと、コンパクトシティを実現していく時には、まず市民の方々に周知してもらう必要があるということです。

たぶん、創造都市の概念というものも同じだと思います。十数年前、文化経済学科というものを立ち上げる時に文部科学省に説明に行ったのですが、その際、「文化経済学とはなんだ」、「そういうものは聞いたことがない」と言われました。文化経済学とはどういうことか、ということを説明するところから始まったわけです。

しかし、今の段階になってくると、文化経済学というものに関する認識が高

くなっています。実業家の方に話すと、これからは文化経済学が重要であるということはだいたい分かっていただけます。行政の方はあまり分かってもらえないですが、今回のような会合などを通じて周知していくことが大事だと感じています。

　さて、佐々木先生の創造都市という話は非常に重要なことなのですが、これを久留米市で実行するとなると、ちょっと難しいところがあるのではないかと思います。私は筑後川流域の河川関係の環境問題などに携わっているのですが、流域全体であったら創造都市というものも可能であろうと思います。筑後川流域は約2,800平方キロメートルありまして、人口がだいたい110万人くらいです。流域各地に様々な文化資源がありますし、八女地方などは伝統工芸の宝庫でもあります。この辺りでは、流域で考えるほうがいいと思います。モデレートしながら地域に合うようなやり方を見いだし、そのなかでコンパクトシティというものを流域にある都市のなかで実施していくという構想が必要になってくるように思います。

藤田　どうもありがとうございました。それでは、これからパネラーの皆さまと討論を行っていきたいと思います。討論を始めるにあたりまして、基調講演をされたお二人の先生から、基調講演のなかで話し足りなかったところや、今のパネラーのプレゼンテーションをふまえてのコメントをいただければと思います。

佐々木　駄田井先生のほうから指摘があった流域圏についてですが、流域圏を創造都市にするという話にからめて言いますと香川県高松市の例が挙げられます。ここは、2012年4月に創造都市推進局というのを50人体制で立ち上げました。先ほど私が言いましたように、総務省には定住自立圏というものがあります。その定住自立圏の協定を周辺自治体と結んだわけです。

　若い方で、関心のある方は瀬戸内国際芸術祭に行かれたことがあると思います。2013年は春と夏と秋と3回行うのですが、この芸術祭の中心が高松市です。つまり高松市は、高松瀬戸内交流圏という形で創造都市にするというビジョンを掲げています。これが案外参考になるかもしれません。ですから、久留米の

中心部はコンパクトシティにして、定住自立圏とイコールになるかもしれませんが、筑後川流域圏で創造圏域というか、そういうものを設定していくとうまくいくかもしれません。

駄田井　創造都市というのは、たぶん国内はもとより世界的な競争もあるので、やはり流域圏くらいで考えないと勝てないと思います。そういった意味でも、久留米市は今後考えていかなければならないのではないかと思います。

藤田　では、是永さんお願いします。

是永　今の話で、創造都市圏というか創造ゾーンというものを考えた時、九州のなかでは大分県が瀬戸内海に面していることを忘れてはなりません。瀬戸内海は日本で最初に国立公園として指定されたエリアで、2014年には80周年の記念式典が開催されることになっています。こういうこともあって、大成功している瀬戸内国際芸術祭や、2013年から本格的に国東半島芸術祭が始まることになっています。それから、広島県と愛媛県にはミュージアムがものすごくあります。両県はミュージアムラリーというものを行っておりまして、これらの三つをつなぐことを文化庁としても考えてほしいと文化庁長官に「瀬戸内海文化圏」を提案しました。長官も、「できるだけそういうことを進めていきたい」とおっしゃっています。

　先ほどの話を引き継いでですが、私は政策提言をずいぶん文化庁に対して行ってきました。例えば、劇場法が6月に制定されましたが、今、首都圏のホールは3分の1補助になっています。一方、首都圏以外は2分の1補助です。私は、首都圏のホールは5分の1でもいいのではないか、その代わり首都圏以外を3分の2補助にしてほしいと訴えています。これは、財務省との関係でどうなるか分かりませんが。

　それから、大分市の関係では年内に条例を一つ変えてもらうことになっています。これは、ホルトホール大分のなかの文化ホールの開館時間の延長です。23時までで、特別の場合は7時から24時まで使えるというふうに条例を変えてもらいます。今後、細かい様々な作業が必要になりますが、このような政策提言をどんどんしていきたいと思っています。

藤田　ありがとうございました。補足のコメントを含めまして各パネラーか

らお話がありましたが、これまで出されましたキーワードを少し整理しますと、「都市計画」、「公共交通」、「中心市街地活性化」、「スプロール化」、そして最後に、「久留米市でのコンパクトシティの実現」といった五つになるかと思います。また、創造都市ということにからんで都市計画をどうするかという議論もありました。

このようななかで、都市計画の関係につきましては村上さんからフライブルク市の都市計画についての具体的な話、そして濱崎先生からは近隣住区論という考え方からの話がありました。これらについて、少し議論が深められればと思います。非常に駆け足のお話になってしまった村上さんに、まず補足していただければと思います。

村上 あまり補足出来ることもないのですが、ドイツで都市計画という時には、土地利用計画というマスタープランを作成しています。それからある程度の開発、例えば5軒とか10軒くらいの住宅地を造る時には、市議会の方が決議する形で土地計画の書類を作っています。計画の前提として、地権者と都市の間で契約書を結びます。計画にかかる費用、都市計画局が調査する人件費、規模がある程度大きかったら幼稚園の費用、あるいはLRTの費用といったものを地権者が払うことになります。開発することによって地価の水準が上がりますので、その上がった分の8割くらいは土地計画に注ぎ込むということになっています。ですから、必ずそこの地価が上がるような所でないと開発というものはできないようになっているのです。人口が増えなければ、そもそも開発を行う方法がないということなのです。

日本の例で言えば、鉄道系のデベロッパーが宅地開発をして集合住宅を造り、そこを分譲しようという開発とまったく同じ考え方です。しかし、そのなかには幼稚園やLRTとかは入っていない場合が多いでしょう。土地があるからとりあえず建ててみよう、車が使えるからとりあえずそこに住んでみようというようなことは止めるべきなのではないでしょうか。このような形でたくさんの住宅供給をしているからこそ、住宅産業というものが存在感をもっているのです。

地方に行くと、製造業があまりないため建設業で食べているような自治体が

多いです。そういった所に向けて、人口が減っているのだから家を造るなというと、そこのGDPが落ちて生活出来なくなってしまいます。それだけに、経済的に代替になるような何らかの新しい事業をつくっていかなければならないと思います。

　ドイツの場合は改修工事で雇用をつくり出しました。新築はやめて、エネルギー改修というのですが、窓を断熱のものに替えるなどの改修工事をする時には補助金が出るようになっています。昔は新築事業のほうが多かったのですが、今は新築市場と比べて改修市場のほうが約3倍となっています。

　地域の雇用とか経済を維持していく制度には移り変わりがあります。新しいものを造っていきましょうということから維持補修とか改修に目を向けていく、成熟した社会にあったような経済体制を考えていかなければコンパクトシティというものは実現できないのではないかと思います。

佐々木　今、本当にいい問題提起があったのですが、基本的に高度成長期以降の日本の社会は、住宅や不動産というものが景気対策として進められてきました。それに加えて、金融危機以降は都心の、特に東京の地価が下がり、大銀行の信用不安が起こりました。ですから、小泉内閣の時に行った都市再生事業のように集中的に東京に予算を注ぎ込んだわけです。その結果、5年間で東京の地価が戻ったので大銀行は一息ついたわけです。つまり、本来の都市政策というのは日本の場合ないということです。

　ところで、リフォームとかリノベーションのマーケットというのが、実はクリエイティブエコノミーにつながるという話があります。イタリアの有名デザイナーと話をする機会があったのですが、例えば住宅関連の事業においても、これまでは狭い間仕切りで、居住空間が貧弱な住宅をどんどん提供してきたということでした。そして今後は、間仕切りをとって広い空間にして、新しい照明であるとかインテリアだとかをデザイナーと一緒になってリフォームをしていくというビジネスが出てきます、と言います。そこにデザインという業種やインテリ関連のものが加われば、すべてクリエイティブ産業に結び付いてくるわけです。だから、景気対策を行うにしても、既存の業界への支援という後ろ向きの景気対策ではなく前向きの、つまり今後クリエイティブエコノミーにな

っていくわけですから、そちらのほうに誘導していく政策をとらなければなりません。

実際、クリエイティブ産業というのは日本で唯一伸びている産業です。しかし、その6〜7割が東京に集中しているのです。それだけに、地方圏でこそ創造産業を伸ばしていくという特別な手当てがないと雇用が増えていかないわけです。若い人は地方に魅力を感じなくなって、どうしても首都圏に行っていますよね。

このような状況のなか、新しい傾向も出てきています。徳島県の上勝町が、創造的過疎といったようなことを唱えています。人口が減るのはやむを得ないが、これからはクリエイティブな仕事をする人達を惹きつけるために何ができるかということを集中して考えています。「葉っぱビジネス」がその代表ですが、うまく回っていけば転入が増えるということです。

まちづくりの中心に何を置くか、もちろん交通も大事ですが、クリエイティビティーというものを置かないと若い人達は集まってこないわけです。その力と高齢者がうまく結び付いていくことが、地方都市では重要であると思います。

藤田　ありがとうございます。クリエイティブなまちづくり、文化が根付くまちづくりが大切であると私も思います。小泉内閣時の都市再生事業の話が出たので思い出したのですが、当時の都市再生というのは高層のビルを東京湾岸にどんどん建てていくというものでありましたので、環境面から考えてヒートアイランドが進むなどよくないという見解のもと、「都市再生は環境再生から」という論考を日本経済新聞の「時論」に書いたことがあります。これについてコメントがあればお願いします。

駄田井　日本全体の人口は減っていくが東京は減らないという話が先ほどありましたが、私は減ると思っています。河川環境に関係をしていますと、必ず災害の話が出てきます。世界の巨大都市のなかで一番危険なのが東京です。もし、首都圏で地震が起きれば数十万人が被害を受けるという危険な都市なのです。こういうことを地方から発信したら、東京ではなく地方でクリエイティブな仕事をしようと考えるはずです。

藤田　久留米市の環境基本計画は、環境先進都市を目指して、をテーマとし

ています。それを世界に発信し、世界から久留米はいいまちだから行ってみたくなるようにしたい、と言うことです。今回のテーマもそのことを含めていますが、濱崎先生は何かありませんか。

濱崎　コンパクトシティというと、どうしても中心市街地の活性化という都市開発を指す場合が多いのですが、もっと大きな視点で見ればコンパクトシティとは、グリーンベルトというか都市周辺の緑を保全しつつ機能を集約させるという意味です。都市だけに目を向けるのではなく、地球がもつ緑の財産を保持するというコンパクトシティもあることを忘れてはなりません。

藤田　ありがとうございます。それでは次のテーマ、公共交通に移らせていただきます。村上さんからお願いします。先ほど公共交通についての前提条件というのがありましたが、そこのご説明がなかったので、少し補足していただけるとありがたいです。

村上　最初の前提条件は何かというと、渋滞です。渋滞がある都市では、公共交通というものは基本的に機能します。ですから、首都圏は公共交通が機能しますが、渋滞がない都市では今の価格であると公共交通は機能しないことがあります。渋滞があること自体が悪いという発想自体を変えていく必要があると思います。

　それ以外では、人がある程度固まって住んでいることです。先ほどお話があったように、都市のなかだけを言っているのではなく、郊外であっても30分に1本ずつ鉄道を通すことは可能なのです。ただし、そこの人達がある程度固まって住んでいないと公共交通を通すことはやはり難しいでしょう。農地に密接して1軒1軒バラバラになっていると公共交通以外の対策が必要となり、前提条件はクリアできないと思います。

　公共交通というものを考えた時、ヨーロッパでは道路などと同じように公共のインフラになっていることをふまえなければなりません。日本は地形的に恵まれていて、多くの人口が密接して暮らしている所ですから、高度経済成長期であるとか首都圏、あるいは福岡を中心とした場所でも私鉄があって、利益を出すことが出来るわけです。このような国はヨーロッパにもないし、世界中探しても稀でしかありません。

前提条件としてはものすごく恵まれているわけですが、やはり道路などと同じく公共インフラの一つとして、ある程度有効な場合は投資をする必要があるでしょう。有効でないのに投資をしているという場合が全国各地で見られます。バスを運営するのに、毎年バス会社の赤字補填のために税金を使っているというまちもあります。今はいいかもしれませんが、将来にわたって維持できないような事業がたくさんあるわけです。

　将来的に維持していけるような形にするための誘導策が必要です。一つだけ言うと、2025年が、団塊の世代が車に乗れなくなる時期となります。その時までに、公共交通の前提条件を整えて計画をする、これが重要となります。これまで車に乗っていた人達が一斉に乗れなくなるのですから、ユーザーがたくさん出てくるわけです。

宇都宮　今、「日本は恵まれている」というお話がありました。私は、それが呪縛になっていると思います。高度成長期に日本は人口密度が高くなって、鉄道を走らせれば儲かった。確かに、世界中ではあり得ないことです。いわゆる鉄道路線や公共交通において、赤字ではダメだという所は日本だけです。公共交通は、まさに社会インフラなのですから。

　私は、公共交通は水平なエレベーターであるという話をよくします。久留米大学の建物でエレベーターを使われた方がいらっしゃると思います。エレベーターだって移動手段です。当然、エレベーターにも設置費用はかかるし、メンテナンス費用もかかる、もちろん保険にも入っているわけです。では、エレベーターに運賃払って乗っていますか、ということです。あのエレベーターは赤字だからやめましょう、とはならないわけです。百貨店のエレベーターもタダですが、設置することによって百貨店の使い勝手がよくなるからあるわけです。

　私が言う水平のエレベーターとは、つまり街中の交通というのは、縦に伸びているビルが横になった時のことを指します。それが運賃で収支が合わなければ無駄、という発想にはならないはずです。ですから、公共交通に対する見方を変えなければならないわけです。

　日本は、たまたま高度成長期に交通網をつくると事業者は儲かった。九州でいうと、西日本鉄道なんかが有力企業になったわけです。文化においては、先

ほども出ていましたが、補助金が3分の1とか3分の2かというところで、文化でお金を儲けるという発想はさすがにないわけです。ですから、政府のお金で行います。

　先ほど市長が述べられたように、富山市では公費を投じているのです。公共交通にはお金を使ってはいけないという変な文化（カルチャー）が日本に根付いてしまったわけです。これは、変えなければならないと思っています。

　もう一つ言わせてもらいます。都市計画を担当する人はいても、公共交通は、公共と言いながら西鉄とかJRという事業者が行ってきたわけです。しかし、それではいけないということで交通基本法案が2012（平成24）年3月に閣議決定されて、国会に提出されています。残念ながら、衆議院で審議入りしたにもかかわらずぶら下がったままになっています。ほとんどの人が交通基本法という議論が行われていること自体知らないわけですが、結構重要な法案です（交通基本法案は「交通政策基本法」と名称を変更し、2013年11月に成立している）。

　あともう一点、自分は自動車を使うから、公共交通はバスや電車を使う人の運賃で賄うべきではないかという考えがあるかもしれません。公共交通というものは、その瞬間においては使っていなくても、将来使うかもしれないわけです。あるいは、今日は使わないが、何月何日何時何分に行けば使えるというメリットがあるわけです。これを「オプション価値」と言います。金融をやっていらっしゃる方は、将来の金利を買う権利、これ自体が金融の世界では売買されているわけです。いわば選ぶ権利です。

　公共交通のよさというのは、必ず定刻に一本来るということです。東京にいると、駅から歩いて10分の所なんかは地価が高いわけです。なぜかというと、その人は常に電車に乗るわけではないが、子どもが将来学校に通うようになった時には使うかもしれない、あるいは自分が年をとった時に使うかもしれない。そう思うから、今は使わないけど、その辺りの家を買うという人もいるわけです。そうすると、こういう方々も含めて、広く公共交通の受益者と呼ばれる人に若干の金額を負担していただくということは理にかなっています。繰り返しますが、運賃収入で経費を賄えない公共交通は無駄であるという発想は切り替えていかなければなりません。

藤田 ありがとうございます。公共交通の関係につきましては、コンパクトなまちづくりをしていく際の核になるものなのでもっと議論を深めたいところですが、残ったキーワードについて少し議論をしていただきたいと思います。中心市街地の活性化ということが出ていましたが、そのためには新しい魅力をもたなければならないということから、文化・芸術などの創造的活動の場にして人々を惹きつけることが大切であると思います。この点について、是永さん、補足がありましたらお願いします。

是永 この点についてはまったくこれからで、私が元気な間にそうなるかどうかは分かりません。大分市には「パークプレイス」という商業施設がありますが、リーマンショックと東北大震災以降、若干減っているとはいえ年間1,300万人もの買い物客が来ています。「パークプレイス」と「わさだタウン」、そして半分ぐらいの規模の「アクロス」という巨大ショッピングセンターが市内にあります。これらに次ぐものとして、今の「トキハ百貨店」や商店街がなられければならないと思っています。その可能性を大分市のグランドデザインでも目指しており、100年の経緯で計画を立てています。その一つとして、我々のグループも動いていかなければならないと思っています。そのためには、県と市が垣根を越えて協力しなければならないでしょう。

　公共施設において、県立と市立の枠を超えて協力するというのはここ3年間くらいのことです。つい先日も、県と新しい美術館の局長達が来た時にそのことを強く言いました。特に、大分くらいの規模で県と市の仲が悪いということはやめてほしいのです。新しくできる県立美術館においても、市の美術館とともに企画をやるということが重要だと思います。

佐々木 今、新しい美術館やアウトセンターの話が出ました。拙著でも書いていることなのですが、金沢21世紀美術館というのが世界的に注目を集めています。地方都市だが世界的レベルの現代アートの作品があるというだけではなく、まちに溶け込んでいるのです。その大きな理由は、初代館長が市長を説得して、開館後の半年間に市内の小中学生全員を無料で招待したわけです。招待した子ども達に「もう一回券」という券を配って、次は家族を連れてきてください、ということをしました。

文化経済学の常識では、所得に余裕があるからといって美術館や映画、あるいは劇場に行くわけではないのです。美術館や劇場によく通う人達にアンケートを取ると、実は子どものころからよく行っていたというのです。所得に余裕があるかないかが問題ではない、ということが分かっています。つまり、学校教育と結び付けてやればかなりの形で面白い人材が育つのです。それは、行政にしかできないことです。トップがちゃんとした判断をすればもっと面白いことができるということなのです。是非、総合的な政策展開をしてもらいたいものです。

　もう一つ別の事例を述べます。高松市の商店街が非常に元気がいいと言われているのは、所有と経営が分離をしているからです。店舗を所有者から長期リースで商店組合が借りまして、そこに必要な店を誘致したり、あるいは病院とか市民がよく通うような機能をもたせているのです。しかも、まちのなかに現代美術館があります。ですから、美術館や病院に人が訪れるようになれば、それに付随して店の商品も売れていくわけです。こういう行動パターンを考えると、いくらでも活性化は出来ると思います。問題は、その商店街の理事長のリーダーシップです。このあたりのことをふまえれば、まだまだ道はあると思います。

駄田井　中心街と商店街の活性化は別の話だと思うのですが、深く結び付いてくることは確かです。それから、文化経済学会の初代会長である資生堂の福原さんの話なのですが、「資生堂は商品を売っているのではない」と言われています。何を売っているのかというと、「美」を売っているということでした。女性を美しくすることを売っているのだ、ということです。最近、百貨店が駄目になりましたが、かつての百貨店は「文化」を売っていたのだと思います。ところが、モノを売るようになってから駄目になったわけです。百貨店の特性がなくなって、スーパーと同じようになってしまったわけです。

　そう考えると、商店街というものは一体何を売っていたのかということです。また、何を売るべきなのかということです。単に商品を売るのではなく、資生堂が「美」を売るといったのと同じように、また百貨店が「文化」を売っていたのと同じように、根本から考え直しさない限り活性化はできないのではない

藤田 ありがとうございました。実は、久留米市および久留米広域定住自立圏における交通環境政策の将来あるべき姿について久留米大学の経済社会研究所と久留米市とで共同研究を行っていますが、先般その報告をまとめました。久留米市は、環境先進都市を目指した都市づくりをしていくという時に、やはり環境負荷の少ない交通網の構築を根幹として、交通環境政策を環境基本計画の目標および推進エンジンとして位置づけて成長的な展開ができればと考えています。もう一つは、健康と人間を支えるまち中の創出ということで、回遊を促す市街地づくりをするという提言をしております。三つ目は、環境が良好でエネルギー少消費型の都市への誘導という観点からの提言、そして四つ目が、広域圏という考え方での人口、機能集積のあり方ということで、アーバンセンターとトランジットモールの提言、そして五つ目が、利用者のための適切な交通手段ということで環境に配慮したLRTなどの選択肢の提供ということで、少し具体的な提案をしております。これらを参考にしていただき、久留米でのコンパクトシティの実現ということについて会場のほうからご質問などをいただく時間にしたいと思います。

会場 村上さんの話にありましたドイツでは、都市計画にかかる費用はすべて地権者が負担するということに大変興味をもちました。今、私は佐賀で農業も少しやっているのですが、農業のほうでは土地持ち農家が耕作放棄をして、土地が荒れるということが問題になっています。住宅行政も同じで、住宅をもっているが住んでいない所有者に権利を主張され、まちの再開発にとって阻害になっているように感じるのですが、それに関して、村上さんのご意見を聞かせていただければと思います。

村上 ヨーロッパにはあまり空き地というのがありません。都市の場合は公共住宅の割合が非常に高いので、もし空くような人口動態になるとどんどん壊してしまいます。そのため、空かないようにするために撤退の都市計画をやっている場合が多いです。とは言っても、ドイツでも農村部の場合、過疎地がたくさんあります。そのような所でどうやって維持していくかというと、やはりドイツの農村部もほとんど持ち家ですので、効果的な解決策がないというのが

現状です。

　結局、今までの世の中というのは人口が増えることを前提にしていたので、今あるドイツの制度であっても、都市の場合（例えばフライブルク市）は40％の住居が市の所有となっています。だから、住民が４割減ったらこれを順番に壊していくだけなのでそれで済むのですが、持ち家が多い所ではなかなか効果的な対策が生まれないのではないかと思います。

　一方、日本の場合、ある程度大きな規模の都市であっても農村部のほうに行くと持ち家率が非常に高いですよね。これに対して参考になる例を述べます。

　オーストリアとかでは、農地を相続した時には兄弟に均等配分していきます。そうではなく、長男なりに相続させて、一定以上は細かく区分けできないという国がヨーロッパにはあります。均等にしていくような地域の場合、世代がどんどん進んでいくと所有権というものがすごく細かくなり、農業や林業は機能しなくなってきます。このような状況になった場合は、その地域で基金のようなものをつくって、細かくなってしまった土地すべてをまとめて管理を委託する形になり、所有者自体がその土地について自ら何かを行う権利を放棄します。要は、株券のような形で権利だけをもらうわけです。そのなかで全体のとりまとめをして、農業や林業をやって利益が得られたらそれを配分していくという形にしています。

　おそらく、自治体のなかで３割が空き家になってしまったら、このような解決策をとらなければならないと思います。今は、空き家の所を防火法とか犯罪があるからという理由で壊すようなところまで日本の自治体は踏み込んでいますが、それ以上のことというのはできないわけですから、新しいことを考えないと根本的な解決は無理だろうと思います。

藤田　　予定の時間をすぎてしまいました。まだ議論を深めたいところでありますし、コーディネーターとしてのまとめをしたいと思っておりましたが、これをもちましてパネルディスカッションを終わりとさせていただきます。長時間にわたりましてのご静聴、ありがとうございました。

あとがき

　本書は、「はしがき」にも記したように、久留米大学経済学部文化経済学科の創設10周年を記念して開催した公開講座の講義内容をもとに執筆された5篇の論文と、同じく創設10周年を記念して開催した二つのシンポジウムをもとに編纂したものである。

　文化経済学科は、全国の大学に先駆けて創設したことから、先例がないなかで地域経済と文化の相互作用に関する分野並びに環境と経済・社会に関する分野を中心として教育、研究を進めてきている。この間には幾度か試行錯誤することもあったが、「文化」というキーワードと「持続可能な社会の形成」というコンセプトのもとに取り組んできた。

　21世紀は環境や文化を大切にする時代であり、文化経済学科はそうした時代の要請に応えることの出来る人材の育成に努めていくとともに、持続可能な社会の実現に向けて環境と経済と文化の統合を目指した研究をさらに進展させていかなければならないと思考する。

　文化経済学科の創設から10年という期間では、いまだその成果を世に問うのは早いと思われるが、一つの区切りとして、現時点での取り組みを紹介すべく刊行に至ったものである。

　読者の皆様には、このような事情をご賢察のうえ、忌憚のないご指摘などをいただければ望外の幸せである。

最後に、膨大な草稿を読みやすいものに仕上げるため、様々な助言をいただいた新評論の武市一幸氏に感謝の意を表したい。

2014年2月吉日

駄田井　正
藤田　八暉

執筆者紹介 （執筆順編著者は奥付参照）

第1部　論文集：環境と経済と文化の統合

伊佐淳（いさ・あつし）
　1962年、沖縄県生まれ。琉球大学法文学部卒業後、明治大学大学院政治経済学研究科博士後期課程単位取得。秋田経済法科大学経済学部専任講師等を経て、2003年から久留米大学教授。地域づくりに果たすNPO、コミュニティ・ビジネスの役割などをテーマに実践研究・教育を行っている。著書として『ボランティア・NPOの組織論』（学陽書房）、『市民参加のまちづくり［グローカル編］』（創成社）などがある。

浦川康弘（うらかわ・やすひろ）
　1953年、福岡県生まれ。1882年福岡大学大学院商学研究科修士課程修了、2005年久留米大学大学院比較文化研究科後期博士課程満期退学後、久留米大学比較文化研究所研究員。専門は流通論。著書として『文化の時代の経済学入門』（新評論）などがある。

森正直（もり・まさなお）
　1938年、東京都生まれ。東京大学教育学部卒業。同年文部省入省。内閣審議官、文部省主任視学官、国立メディア開発センター教授を経て、1998年から久留米大学教授等を歴任。専門は文化・教育行財政論、文化経済学。著書として『文化経済学原理』（九州大学出版会）などがある。

第2部　シンポジウム1「筑後川流域の陶芸文化と小鹿田皿山」

山本康雄（やまもと・やすお）
　福岡県田川郡生まれ。早稲田大学卒業。西日本新聞社文化部、東京支社など勤務を経て、香蘭女子短期大学非常勤講師。著書として『反骨の陶芸家佩山』、『美心游歴　河北倫明聞書』などがある。

森醇一朗（もり・じゅんいちろう）
　1943年、佐賀県伊万里市生まれ。佐賀県立博物館副館長、佐賀県立名護屋城博物館館長、久留米大学比較文化研究所教授を経て、現在久留米大学比較文化研究所客員教授。

坂本茂木（さかもと・しげき）
　1937年、日田市生まれ。1952年中学校卒業後坂本晴蔵に師事。2002年に窯業主を子に譲り、現在は陶土の管理を行っている。

浅見良露（あさみ・よしつゆ）
　1953年、滋賀県生まれ。筑波大学大学院博士課程を経て、1984年より久留米大学勤務。現在、久留米大学経済学部教授。専門は経済地理学。地理学の視点から地域の経済、ツーリズム、地域づくりを研究している。著書として『筑後川下流域における土地利用の変化――クリーク地帯を中心として』などがある。

中川千年（なかがわ・ちとし）
　1931年、日田市生まれ。熊本県、大分県の公設機関に勤務しデザイン・技術の開発研究を通じてそれぞれの地域の地場産業の振興に携わる。1992年より（財）日田玖珠地域振興センター参事（3年間）、大分県立芸術文化短期大学非常勤講師（18年間）を務める。著書として『小鹿田焼——すこやかな民陶の美』がある。

石丸賢一（いしまる・けんいち）
　1948年生まれ。1997年から手仕事舎の活動に関わる。建築・デザインおよび写真のディレクターとして従事している。

第2部　シンポジウム2「これからの都市デザイン―コンパクトシティの実現を目指して」

森雅志（もり・まさし）
　1952年、富山市生まれ。中央大学法学部卒業。2002年に旧富山市長就任。2005年の市町村合併に伴い、新富山市の市長に就任。2009年再選、2013年に3選、現在に至る。
　日本で初めての本格的LRT（次世代型路面電車）システムを導入するなど、公共交通の活性化を軸に、環境に優しいコンパクトなまちづくりに取り組んでいる。

佐々木雅幸（ささき・まさゆき）
　1949年生まれ。京都大学大学院経済学研究科博士課程修了。金沢大学教授、立命館大学教授等を経て、2003年より大阪市立大学大学院創造都市研究科教授。2008年より文化経済学会＜日本＞会長を2年間務める。著書として『創造都市への挑戦』（岩波書店2001,2012年）、『創造都市の経済学』（勁草書房）などがある。

是永幹夫（これなが・みきお）
　1946年、大分市生まれ。慶應義塾大学文学部卒業。（株）わらび座劇団代表、相談役等を経て、2013年7月開館の大分市複合文化交流施設「ホルトホール」統括責任者。「文化経済学会・日本」「日本アートマネジメント学会」会員。文化庁「創造都市のネットワークのあり方調査研究会」委員など。

宇都宮浄人（うつのみや・きよひと）
　1960年、兵庫県生まれ。1984年京都大学経済学部卒業。日本銀行調査統計局物価統計課長、同金融研究所歴史研究課長などを経て、2011年より関西大学経済学部教授。著書として『鉄道復権』（新潮社）、『路面電車ルネッサンス』（新潮社）、共著に『LRT』（成山堂）、『世界のLRT』（JTBパブリッシング）などがある。

村上敦（むらかみ・あつし）
　岐阜県生まれ。土木工学を専攻。ドイツ・フライブルク地方市役所に勤務の後、2002年から環境ジャーナリストとしてドイツの環境政策、都市計画、エネルギー政策を日本に紹介する活動を行っている。著書として『キロワットアワー・イズ・マネー』（図書出版いしずえ）、『フライブルクのまちづくり』（学芸出版社）などがある。

濱﨑裕子（はまさき・ゆうこ）
　山口県下関市生まれ。大学では建築・都市計画を専攻。都市計画コンサルタントとして従事後、大学教員として高齢者居住環境や地域福祉に関する実践研究・教育を行っている。2010年より久留米大学文学部教授。著書として『コミュニティケアの開拓』（雲母書房）、『地域福祉の今を学ぶ』（ミネルヴァ書房）などがある。

編著者紹介

駄田井　正（だたい・ただし）
　1944年、大阪府生まれ。大阪府立大学大学院経済学研究科修了。1970年から久留米大学に勤務。現在久留米大学経済学部教授。もともと理論経済学・経済学史を専門としていたが、近年はポスト工業社会の観点から地域の振興に関心をもち、文化経済学・地域経済学・観光学などに専門を移している。その関係で、1999年からNPO法人筑後川流域連携倶楽部、2003年からNPO法人九州流域連携会議の理事長。著書として、『21世紀の観光とアジア・九州』、『グリーンツーリズム——文化経済学からのアプローチ』などがある。

藤田　八暉（ふじた・はちてる）
　1945年、福井市生まれ。青山学院大学大学院国際政治経済学研究科修了。環境庁の草創期から環境省の創設に至るまでの約30年間にわたり、公害法や環境影響評価法などの立案、施策の実施など環境政策の推進に携わる。
　退官後、大学教授に転じ、2003年から久留米大学経済学部教授。専門は環境政策学。研究テーマは、環境アセスメント制度、循環型社会形成、地球環境保全政策など。学会・社会活動は、環境アセスメント学会理事、環境福祉学会理事や、久留米市環境審議会長など。著書として、『まちづくりに関する法的概観』、『わが国の環境問題と環境政策を考える』、『容器包装リサイクル法の現状と課題』などがある。

文化経済学科創設10周年記念
〈久留米大学経済叢書　第18巻〉

文化経済学と地域創造
——環境・経済・文化の統合——　　　（検印廃止）

2014年3月25日　初版第1刷発行

編著者	駄田井　正 藤田　八暉
発行者	武市　一幸
発行所	株式会社 新評論

〒169-0051
東京都新宿区西早稲田3-16-28

電話　03(3202)7391
振替・00160-1-113487

定価はカバーに表示してあります。
落丁・乱丁本はお取り替えします。

印刷　フォレスト
製本　清水製本所
装幀　山田英春

©駄田井　正・藤田八暉ほか　2014
Printed in Japan
ISBN978-4-7948-0965-0

JCOPY 〈(社)出版者著作権管理機構　委託出版物〉
本書の無断複写は著作権法上での例外を除き禁じられています。複写される場合は、そのつど事前に、(社)出版者著作権管理機構（電話 03-3513-6969、FAX 03-3513-6979、e-mail: info@jcopy.or.jp）の許諾を得てください。

好評既刊　　新しい経済学と地域づくりを考える本

駄田井正・浦川康弘 著
文化の時代の経済学入門
21世紀は文化が経済をリードする

真に人間の幸福に結びつく経済を創造するために！
「文化力」と「創造的活動欲求」に着目した新時代の経済学。
（A5上製　200頁　2200円　ISBN978-4-7948-0861-5）

マティアス・ビンスヴァンガー／小山千早 訳
お金と幸福のおかしな関係
トレッドミルから降りてみませんか

「幸福と収入の関係」をテーマとする気鋭の経済学者がおくる、
「お金をうまく使って幸せに生きる」ための10のヒント。
（四六並製　340頁　2800円　ISBN978-4-7948-0813-4）

駄田井 正・原田康平・王 橋 編
東アジアにおける少子高齢化と持続可能な発展
日中韓3国の比較研究　　［久留米大学経済叢書　第17巻］

喫緊の課題「少子高齢化」を巡る国境を越えた協力関係構築の
ために！　日・中・韓の現状と対策を比較検討した本格論集。
（A5上製　428頁　5000円　ISBN978-4-7948-0845-5）

近江環人地域再生学座 編／責任編集：森川稔
地域再生　滋賀の挑戦
エコな暮らし・コミュニティ再生・人材育成

琵琶湖を中心に独特の文化圏を形成する滋賀。環境や人づくりを
めぐるその創造的な取り組みに、地域再生の要諦を学ぶ。
（A5並製　288頁　3000円　ISBN978-4-7948-0888 2）

近江環人地域再生学座 編／責任編集：鵜飼修
地域診断法
鳥の目、虫の目、科学の目

「三つの目」で、地域を構成する多様な要素を総合的に捉え、
「診断」する斬新な手法。まちづくりの指針に役立つ実践書。
（四六上製　252頁　2800円　ISBN978-4-7948-0890-5）

＊すべて税抜本体価格